大学生职业素养教育规划教材

人际关系与沟通

林 宁 李 明 主 编

常素芳　左慧琴　副主编

U0360530

清华大学出版社

北 京

内 容 简 介

本书采用"案例引导、任务驱动"编写方式,共分为"基础篇""技能篇"与"拓展篇"3 篇,涉及 9 项任务,包括人际关系与沟通概述、人际交往的社会心理学效应、人际沟通障碍与沟通原则、语言沟通、非语言沟通、职场沟通、团队沟通、交友沟通及家人沟通。本书通过案例分析和讨论,使学生学、做相结合,强化技能训练,逐渐提高人际沟通和交流能力,建立良好的人际关系,提高工作与学习效率。同时,本书精选了相关案例及实训资料,在每项任务后附有"问题与讨论""实训练习"与"拓展阅读"等,方便学生课后能力拓展和兴趣阅读。

本书可作为高等院校的公共基础课教材和相关专业的专业基础课程教材,可作为社会人员提高人际沟通能力的阅读书籍,也是各类公司、企业进行岗位培训的培训教材。

图书在版编目(CIP)数据

人际关系与沟通/林宁,李明主编 . —北京:清华大学出版社,2018(2022.7 重印)
(大学生职业素养教育规划教材)
ISBN 978-7-302-50273-9

Ⅰ.①人…　Ⅱ.①林…②李…　Ⅲ.①人际关系学-高等学校-教材　Ⅳ.①C912.11

中国版本图书馆 CIP 数据核字(2018)第 114968 号

责任编辑:孟毅新
封面设计:傅瑞学
责任校对:刘　静
责任印制:丛怀宇

出版发行:清华大学出版社
网　　　址:http://www. tup. com. cn,http://www. wqbook. com
地　　　址:北京清华大学学研大厦 A 座　　　　　邮　编:100084
社 总 机:010-83470000　　　　　　　　　　　　　邮　购:010-62786544
投稿与读者服务:010-62776969,c-service@tup. tsinghua. edu. cn
质量反馈:010-62772015,zhiliang@tup. tsinghua. edu. cn
课件下载:http://www. tup. com. cn,010-83470410
印 装 者:三河市龙大印装有限公司
经　销:全国新华书店
开　本:185mm×260mm　　　**印　张:**14.75　　　**字　数:**373 千字
版　次:2018 年 6 月第 1 版　　　　　　　　　　**印　次:**2022 年 7 月第 8 次印刷
定　价:38.00 元

产品编号:075333-01

美国社会心理学家戴维·迈尔斯说："人与人之间的相互依赖性，使得人际关系成为我们生存的核心需要。"的确，生活中的你、我、他，从内心深处都有一种强烈的社会关系认可需求。人们渴望被关爱，渴望与他人建立牢固的友谊，同样渴望减少不必要的摩擦，处理好各种各样的人际矛盾，这也再一次验证了马克思所说的"人的本质在其现实性上是一切社会关系的总和"。

和谐的人际关系不仅可以促进团结、提高效率、增强群体凝聚力，而且可以使人心情愉悦、更好地适应社会环境，从而实现人生目标。

但是，近年来，对于大学生尤其是独生子女大学生群体，人际关系成为影响健康、学习以及未来职业生涯的重要因素之一。一些大学生在人际关系处理方面呈现种种社交障碍症状，如不合群、不善于用合适的方式表明自己的观点、不善于倾听和理解别人的意见、自卑、以自我为中心等。

为了让大学生系统地了解人际关系的发展规律，掌握大学生及初入职场者的人际交往与沟通能力，调节人际交往与沟通中遇到的困扰，促进他们的身心健康发展，提高文明素养和社会交际能力，我们在多年教学实践的基础上编写了本教材。

高校教学改革的突破点之一是编写与新的教学模式配套的特色教材。本书旨在反映现代大学教育教学改革的最新理念，根据高等职业教育"理论够用、重在实践"的教学特点，打破传统教材的章节编写体例，采用"案例引导、任务驱动"的编写方式。任务驱动型教学是指在课堂学习过程中，学生在教师的帮助下，紧紧围绕一个共同的任务活动中心，在强烈的问题动机驱动下，通过对学习资源积极、主动地应用，进行自主探索和互动协作的学习，并在完成既定任务的同时，引导学生产生一种学习实践活动。"任务驱动"是一种建立在建构主义教学理论基础上的教学方法，它要求"任务"的目标性和教学情境的创建，使学生带着真实的任务在探索中学习。在这个过程中，学生还会不断获得成就感，可以更大地激发他们的求知欲望，逐步形成一个感知心智活动的良性循环，培养独立探索、勇于开拓进取的学习能力。

因此，本教材采用"任务驱动"的编写思路，注重教材与学习主体的内在关系，把"教程"转变为"学程"，让学生在一个个典型"任务"驱动下展开学习活动，引导学生由简到繁、由易到难、循序渐进地完成一系列"任务"，从而得到清晰的思路和方法，在完成"任务"的过程中培养分析问题、解决问题的能力。本教材的突出特点是：案例丰富、可操作性强，突出实训环节,强调职业特色,注重学习者实践能力的培养。

　　本书由林宁、李明任主编,常素芳、左慧琴任副主编。具体分工为:李明负责全书的总指导与统稿工作;林宁负责全书体例和框架设计,并编写任务1、任务2和任务3;常素芳编写任务8和任务9;孟晓辉编写任务4和任务5;左慧琴编写任务6和任务7。另外,李明和苏会君负责全书文字的校对工作。

　　本书在编写过程中参阅了大量同类书籍、报刊文献及网络资料,在此向各位专家、学者表示衷心的感谢。

　　本书是编者对长期教学实践的总结与提升,敬请同行学者与专家不吝赐教。

编　者

2018 年 3 月

目 录

基 础 篇

技 能 篇

拓　展　篇

任务1 人际关系与沟通概述

一个人的成功,15%可以归功于他的专业知识,85%却要归功于人脉关系。

——戴尔·卡耐基

任务目标

● 明了人际关系的重要作用与地位;

● 认识中西方人际关系的差异;

● 掌握人际关系与沟通的密切关系;

● 把握人际沟通是良好人际关系的重要保障。

案例导入

青蛙和蜘蛛是一对好朋友,有共同的爱好——吃飞虫。年轻时,青蛙体健貌端,身手敏捷,水陆两栖,过得自在,蜘蛛很羡慕。暮年时,情况发生了逆转。老青蛙对老蜘蛛大吐苦水:"我一生辛劳,却只能勉强糊口。现在年老力衰,将要饥饿而死。而你如今却衣食丰足,这世道真是不公!"老蜘蛛说:"你之所以艰辛,是因为你靠4条腿生活,而我是靠编织一张网。"

1.1 人际关系概述

1.1.1 人际关系的概念、类型与特点

1. 人际关系的概念

人际关系是人类最古老、最普遍、最重要的关系。社会学将人际关系定义为人们在生产或生活活动过程中所建立的一种社会关系。心理学将人际关系定义为人与人在交往中建立的直接的心理上的联系。本书中的人际关系是指人们在社会生活中,通过相互认知、情感互动和交往行为形成和发展的人与人之间的相互关系。在此意义上理解,人际关系的前提是相互认知,手段是交往行为,特征是情感互动,本质则是人与人之间的心理关系和距离。

人是社会动物,每个个体均有其独特之思想、背景、态度、个性、行为模式及价

值观,而人际关系对每个人的情绪、生活、工作有很大的影响,甚至对组织气氛、组织沟通、组织运作、组织效率及个人与组织之关系均有极大的影响。每个人的发展都离不开他人的关照、帮助,每个企业的兴旺发达都需要和谐的人际氛围,每个国家的稳定与发展也离不开国际关系的协调有序。《吕氏春秋·恃君》中说:"凡人之性,爪牙不足以自守卫,肌肤不足以捍寒暑,筋骨不足以从利避害,勇敢不足以却猛禁悍,然且犹裁万物,制禽兽,服狡虫,寒暑燥湿弗能守,不唯先有其备,而以群聚邪。群之可聚也,相与利之也。"因此,无论是对个人或是对组织,和谐的人际关系都是一笔价值连城的财富,它能给个人带来生活的快乐和成功的机遇,给组织带来无穷的活力和巨大的效益。

2. 人际关系的类型

现代社会人际交往与人际关系错综复杂。对人际关系的分类已有众多的研究。根据不同的分类标准和方法,人际关系的类型可以有不同的划分。根据交往的主体情况分为个体人际关系与群体人际关系,如两个好朋友之间为个体人际关系,班级同学之间、校友之间则是群体人际关系。根据交往的密切程度可以分为家人关系、熟人关系与陌生人关系。最完善的人际关系类型是根据人际关系联结的纽带划分的,分为血缘人际关系、地缘人际关系、趣缘人际关系、业缘人际关系与网缘人际关系。其中,血缘关系是指因血缘联系和婚姻联系而形成的人际关系,如亲子关系、夫妻关系;地缘关系是指以地理位置为联结纽带,由于在一定的地理范围内共同生活、活动而交往产生的人际关系,如老乡关系、校友关系等;趣缘关系是指人们在社会生活中因情趣相投交往而建立的人际关系,如"驴友"关系、"车友"关系等;业缘关系是指以职业、行业、专业或事业为纽带而结成的人际关系,如同事关系、事业合作伙伴、师生关系等。

3. 人际关系的特点

人际关系是人与人在社会交往过程中建立的相互关系,其基本特点如下。

(1) 社会性。在人与人的社会交往过程中形成的人际关系,社会性是其首要特点。脱离社会的人际关系只会在封闭的环境中慢慢枯萎,即使是亲密的恋人关系或者是以血缘为基础的家人关系也不例外。

(2) 直接性。人际关系是人们在面对面的交往过程中形成的,个体可切实感受到它的存在,没有直接的接触和交往不会产生人际关系,人际关系一经建立,一定会被人们直接体验到。

(3) 情感性。人际关系的基础是人们彼此间的情感活动。情感因素是人际关系的主要成分,但是人际间的情感倾向有两类:一类是使彼此接近和相互吸引的情感;另一类是使人们互相排斥分离的情感。

(4) 互利性。在交往过程中,交往各方均可以得到精神上和物质上的收益和心理需要的满足。在现代化社会中,人们之间的联系能够得以维系和加深,在于这种交往能够为双方提供方便和帮助。

1.1.2　大学生人际关系的特点

社会生活中的每个人都生活在人际关系网中,每个人的成长和发展都依存于人际交往。特别是对于学习、成长中的大学生,人际交往是生活的基本内容之一。培养良好的人际交往能力,不仅是大学生活的需要,更是将来适应社会的需要。一个没有交际能力的人,就像陆地上的船,永远无法进入辽阔的大海。

1. 大学生人际关系特点

比起中学生，大学生的人际交往更为复杂、更为广泛，同学之间、师生之间、老乡之间、室友之间、网友之间、个人与班级以及和学校之间等错综复杂的社会交往，构成了大学生立体式的人际交往网络系统。在大学校园里建立良好的人际关系，形成一种团结友爱、朝气蓬勃的环境，将有利于大学生形成和发展健康的个性品质。

大学时期的人际关系独立性更强，更具社会性、多样性和群体互动性，也成为这个时期人际关系的主要特点。个体开始独立地步入准社会群体的交际圈，大学生开始尝试独立的人际交往，并试图发展这方面的能力。而且，交往能力越来越成为影响大学生心理健康发展的重要因素之一。然而，并不是每个大学生都能处理好人际关系。在这一过程中，有相当数量的人会产生各种问题。认知、情绪及人格因素都影响人际关系的建立，一旦在这一过程中受挫，就可能表现为自我否定而陷入苦闷与焦虑之中，或因企图对抗而陷入困境，并由此产生心理问题。

2. 当前大学生人际交往存在的困惑

现在的大学生很多人都在人际交往中存在困惑及不适，主要有以下几个方面。

（1）缺少知心朋友。这类大学生通常能够正常交往，人际关系也不错，但自己感觉缺乏能互诉衷肠、肝胆相照、配合默契、同甘共苦的知心朋友，没有关系比较密切的朋友，没有人值得他牵挂，也没有人会想念他。他们难以发展和保持良好的人际关系。这类同学多会感到空虚、迷茫、失落，甚至感到孤独和沮丧。

（2）与个别人难以交往。这类大学生与多数人交往良好，但与个别人交往不良。这些个别人可能是室友、同学或父母等与自己关系比较近的人。由于与这些人相处不好，常会影响情绪，造成一块"心病"。

（3）社交恐惧症。这类大学生对人际交往特别敏感、害怕，极力回避与人接触，不得不交往时出现紧张、恐慌、心跳加快、面红耳赤、难以自制等症状。他们经常处于焦虑状态，与人交往，甚至在公共场所出现，对他们来说都是一件"恐怖"的事情。

相关链接 1-1

案例一　又是新学期的开始，大二学生李霞郁闷地返回校园。自从跟同宿舍的两个同学因琐事争吵后，6 个人的宿舍生活变得尴尬和别扭，一直到现在，两位吵架的同学还丝毫没有要缓和关系的意思。李霞很担心自己大学四年生活会在这么糟糕的室友关系中度过。

案例二　女大学生刘英为了获得别人的重视，千方百计地要与其他同学一块吃饭、一块行走，即使洗脸也要拉上个伴。为了使自己不再孤独，她常花钱请客。假如别人不跟她说话，她便会胡乱猜想，搞得自己心神不宁。

案例三　大三学生吴征因为在学业上受了挫折，变得很内向，不能融入同学中去，于是开始一天到晚上网。他说："我喜欢网络，因为在网上可以给我自重感，没有人看不起你。我在网上交了许多朋友，他们说我有个性、幽默。但是，我又担心这会使我更加脱离现实。"

实际上，人际关系的基础是你和你自己的关系，只有能够接受自己的人，才能使自己的身心得到充分的发展，获得和谐的人际关系。面对镜子的时候，觉察一下自己对镜中人是爱还是恨。憎恶自己的人，也会憎恶别人。不能接纳自己的人，情绪常不稳定，不是有意表现优越，便是相当自卑。自己和自己相处不好，就很难好好地与他人相处。如果发现自己的人际关系并不良好,不妨反省一下自己和自己的关系如何,先调整自我关系,进而改善人际关系,才是有效的途径。

大学生正处于一种渴求交往、渴求理解的心理发展时期。良好的人际关系是大学生心理正常发展、保持个性健康和具有安全感、归属感、幸福感的必然要求。每个人生命的主宰其实就是自己,关键是你要有所改变,要有强烈成功的愿望,针对自己人际交往中存在的问题,结合自己的个性特点,以积极的态度和行为对待人际交往,一定会找到合适的方法培养自己的人际交往能力,逐渐学会交往,建立和谐的人际关系,走向成功的大道。

1.1.3　良好人际关系的意义

良好的人际关系是社会正常运转的润滑剂。和谐、友好、积极、亲密的人际关系是社会生活中人与人交往的基础,在日常生活及各种社会活动中是必不可少的。营建良好的人际关系氛围具有十分重要的意义。

1. 良好的人际关系是人身心健康的需要

我国著名的医学、心理学专家丁攒教授曾指出,人类的心理适应,最主要的就是对人际关系的适应。现代心理学研究表明,人类的心理病态大多是由于人际关系失调所致,主要原因如下。

(1) 与人发生冲突会使人心灵蒙上阴影,导致精神紧张、抑郁,不仅可致心理障碍,而且可刺激下丘脑,使内分泌功能紊乱,进一步引起一系列复杂的生理变化。

(2) 每个人都有快乐和忧愁,快乐与朋友分享会更快乐,忧愁向朋友倾诉就会减轻。倾诉的过程就是减轻心理压力、缓解心理紧张的过程。缺乏必要的人际交往会导致心理负荷过重。大量的研究证实,离群索居会使人产生孤独、忧虑,可导致心理障碍。

(3) 愉快、广泛和深刻的心理交往有助于个性发展与健康。如在青少年心理咨询中发现,绝大多数青少年的心理危机都与缺乏正常的人际交往和良好的人际关系有关。健康的个性总是与健康的人际交往相伴随的。

心理健康水平越高,与别人交往越积极,越符合社会的期望,与别人的关系也越深刻。心理学家专门研究了身体、智力和心理健康水平都很优秀的宇航员、研究生和大中学生,得出了一个共同的结论,即心理健康水平高的人人际关系都很好。他们有一系列有利于积极交往和建立良好人际关系的个性特点,如友好、可靠、体贴、温厚、诚挚、信任等。

相关链接 1-2

英国《每日邮报》2012年1月28日报道,发表于《美国科学院学刊》的研究报告指出,人际关系对身体健康的影响不容小觑,特别是在心脏病、高血压、癌症的发病率上,其作用甚至不亚于饮食和休息。

美国加州大学洛杉矶分校医学院科学家进行的这项新研究发现,人际关系处不好可能导致身体严重恶化,进而引发一系列疾病,如心脏病、高血压、癌症等。研究人员通过对122名健康的年轻人进行跟踪观察研究,并根据他们的日记判断其心情状态和周边人际关系后发现,保持积极向上的心态,周围人能跟自己相处良好且没有竞争关系的状态,更容易让人保持身体健康,避免生病。

资料来源:甄翔. 人际关系不好或导致心脏病[N]. 生命时报,2012-02-03.

2. 良好的人际关系是人获得安全感与幸福的需要

在马斯洛的需求层次(Maslow's Hierarchy of Needs)理论中,除了最底层生理上的需求外,其他需求如"安全上的需求""情感和归属的需求"以及"自我实现的需求"都与良好的人际关系有直接的联系。当人置身于自己不能把握或控制的社会情境时,十分缺乏安全感。新入校的大一新生,脱离了原来的人际关系支持,新的人际关系尚未建立,会一直处于高度的自我防卫状态。获得社会安全感的最有效途径同样是与人交往,并由此建立稳定的人际关系。但是一个人要获得充分的社会安全感,仅有别人的陪伴或表面交往还很不够,还要有人与人之间的深刻的情感联系。只有通过交往,同别人建立了可靠的人际关系之后,人们的社会安全感才能得到确立。

在日常生活中,有些人认为,人的幸福是建立在金钱、成功、名誉和地位的基础之上的。实际上,对于人生的幸福来说,所有这些方面远不如健康的交往和良好的人际关系重要。复旦大学教师于娟博士因乳腺癌于 2011 年辞世,她生前在日记中写道:"在生死临界点的时候,你会发现,任何的加班,给自己太多的压力,买房买车的需求,这些都是浮云。如果有时间,好好陪陪你的孩子,把买车的钱给父母买双鞋子,不要拼命去换什么大房子,和相爱的人在一起,蜗居也温暖。"

西方心理学家克林格做了一个广泛的调查,结果发现,良好的人际关系对于生活的幸福具有首要意义。当人们被问到"什么使你的生活富有意义"时,几乎所有的人都回答,亲密的人际关系是首要的。自己的生活是否幸福,取决于自己同生活中其他人的关系是否良好。如果同配偶、恋人、孩子、父母亲、朋友及同事关系良好,有深刻的情感联系,就会感到生活幸福且富有意义。反之,则会感到生活缺乏目标,没有动力和幸福。在这些被调查者的回答中,人际关系的重要性远远超过成功、名誉和地位,甚至超过西方人最为看重的宗教信仰。一项调查表明,在我国,心理压抑、人际关系不和谐和孤独是导致自杀的三大因素。法国社会学家指出,社会关系的丧失是自杀的主要原因之一。

3. 良好的人际关系是人发展与成功的重要保障

人际交往是个人社会化的起点和必经之路。社会化即个人学习社会经验、生存技能和文化知识,开始发展自己的过程,如果没有与他人的合作,个人是无法完成这个过程的。人一生的成长、发展、成功,无不与同他人的交往相联系,并且通过从人际关系中得到信息和机遇,帮助人们走上一条成功之路。美国著名发明家和政治家本杰明·富兰克林说:"成功的第一要素是懂得如何搞好人际关系。"好莱坞也流行这么一句话:"一个人能否成功,不在于你知道什么(what you know),而是在于你认识谁(whom you know)。"随着现代科学技术的发展人们更是越来越依靠群体的力量,人与人之间的情感沟通和智力交往使某些工作出现质的飞跃,这种"群体效应"已越来越成为各项工作的推动力。

有人曾经用几个数学公式对比人际关系对成功的重要性:

成功=(努力+机会)×人际关系

$(1+1)×0=1$ ——事倍功半

$(1+1)×1=2$ ——一分耕耘,一分收获

$(1+1)×2=4$ ——事半功倍

$(1+1)×3=8$ ——天时、地利、人和,一个好汉三个帮

因此,保持良好的人际关系,赢得好人缘是当今经济社会生活中生存乃至成功的关键。

1.2　中西方人际关系比较

1.2.1　中国传统人际关系的特征

从人际关系的发展看,中国人与西方人的人际关系相似。但如果从特征及其影响看,中国人却有自身文化决定的独特的人际关系模式。从某种意义上讲,正是这种人际关系决定中国社会的特色。

决定人际关系特征的是人际关系取向。对中国人传统人际关系的取向问题,东西方的研究者已经做了大量的研究。许多研究者认为,中国人的人际关系是一种社会取向,而西方人的人际关系模式则是以个人取向为主。

受心理学本土化研究以及生态学和互动论观点的影响,杨国枢等人结合中国的历史与文化传统从深层次分析了中国人社会取向的特征,这些分析对认识中国人传统人际关系特征有着重要意义。[①]

中国人的人际关系社会取向有 4 个主要特征:家族取向、关系取向、权威取向和他人取向。从内在关系上看,这 4 种取向是紧密联系在一起的,它们分别代表个体如何与团体融合(家族取向)、如何与个体融合(关系取向)、如何与权威融合(权威取向),以及如何与特定他人融合(他人取向)。

1. 家族取向

家族主义是中国传统社会最主要的特征之一。中国人的家族主义体现在对家族的认识、情感和意愿 3 个方面:从认知上讲,中国人的家族主义强调家族延续、家族和谐、家族团结、家族富足以及家族荣耀;从情感上讲,中国人的家族主义则包含一体感、归属感、荣辱感、责任(忠诚)感及安全感;在对家族的意愿方面,中国人的家族主义则包含繁衍子孙、崇拜祖先、相互依赖、忍耐、顺从、为家奋斗、长幼有序以及内外有别等。如此取向使得中国人处处以家族为主,家族的荣辱重于个人的荣辱,家族的团结重于个人的自主,家族的目标重于个人的目标。

2. 关系取向

人际关系是中国文化与中国人日常生活中最重要的层面,这种关系取向的特征如下。

(1)关系角色化。中国人强调在人与人的社会关系中界定自己的身份,比如"我是某某的儿子""我是某人的学生"等。

(2)关系的互赖性。中国人的人际关系有很强的互赖性,中国人与他人发展关系的目的之一就是要利用这种由互赖性所引起的回报。

(3)关系的和谐性。在中国人的人际关系模式中,和谐性是非常重要的方面。中国人强调天与人、人与人的和谐性甚至到了不问理由的地步,如果有人破坏了这种和谐,不论他是否有理,都是不对的。为了维持关系的和谐,个人要去做符合他人期望的事情,并且在做人的时候处处小心,要注意给他人面子,尽可能地避免冲突。

(4)关系决定论。关系在任何社会中都存在,但是在中国社会中,关系的作用远远超出在其他社会中的影响。因此,中国人的人际关系依亲疏程度不同可以分为三类:家人关系、熟人

---

① 杨国枢.华人本土心理学[M].重庆:重庆大学出版社,2011.

关系和生人关系。

3. 权威取向

在传统中国社会中,大多数的家庭实行父权家长制。在这种制度下,父亲是家庭的权威和领导者,不论是在经济上、思想上、家庭法规方面还是尊卑等级上,父权思想的影响根深蒂固。当这种思想推广到社会生活中时,就体现在人们对权威的崇拜上。这种崇拜的具体表现如下。

(1) 权威敏感。中国人对权威的存在非常警觉与敏感,他们在任何一个场合总是细心观察有没有权威的存在。比如人们见面时总是要花费相当多的时间打听他人的信息,以获取每个人的辈分、年龄、职位等资料,并据此对他人进行排序,以确定老幼尊卑。

(2) 权威崇拜。中国人很崇拜权威,并且有绝对化倾向。这种绝对化表现在 3 个方面:首先,无条件地崇拜,而且不加批评。在中国人的心目中,权威是不会犯错的,或犯错是无所谓的,甚至是应该的,人们常用"圣人也是人"为权威的过错开脱。其次,中国人对权威的崇拜范围很广,如果一个人在某一方面是权威(职位),那么在其他方面也会变成权威(如学问和道德)。这种权威泛化很容易形成"全能权威"的观念。最后,中国人对权威的崇拜在时间上也有绝对化的现象。在中国人的心目中,权威并无时间上的限制,家长永远是家长,老师永远是老师,"一日权威,一世权威"。

(3) 权威依赖。由于认为权威是可信的、全能的、永远的,所以在行为上会对权威产生依赖。这种依赖表现在面对权威的时候常会产生一种暂时性的心理失能(Psychological Disability),比如即使最能干的部属,在权威的上司目前也会自觉无能。

4. 他人取向

他人取向是指中国人在思想与行为上易受他人影响,对他人的意见、标准、褒贬、批评等特别敏感且重视,这种取向表现如下。

(1) 顾虑人意。中国人对他人的意见非常敏感,往往花很多时间打听别人的观点,尤其是对自己的看法。中国人看重他人意见的原因有多种,最为重要的是中国人的避异趋同性,通过别人的意见决定自己的行为,以达到与他人的和谐。

(2) 顺从他人。无论是在意见上还是在行为上,中国人的社会顺从倾向都比较高,不愿意自己表现得与众不同,而是尽量与他人一致。

(3) 关注规范。在中国人的心目中,社会规范是自己言行的主要依据。以孝顺为例,中国人把孝道看成是人生最大的成就之一。在传统中国社会,孝被认为是衡量一个人人品的重要指标。当然,这里的规范不是指法律,在某种意义上中国人对人际规范的重视程度更甚于法律。

(4) 重视名誉。中国人很看重自己的名誉,所以他们经常调整自我监控的方式与内容,以使自己给别人留下一个良好的印象。

1.2.2　中国现代人际关系的演变

伴随城市化和社会转型步伐的加快,中国人际关系与以往时代发生了很大变化,呈现如下基本特征。

1. 开放性和多元性

在计划经济体制下,人际关系较为单一,相互之间以"同志"相称,相互间的利益关系没有明显的突出。在市场经济与网络时代下,竞争、流动、分化等动态交往形式活跃,打破了以往单一管理、服从的静态交往形式,形成了多层次的立体式人际关系。而网络化的交往超越了时空限制,消除了"这里"和"那里"的界限,人际交往对象变化的频率高,拓展了人际交往和人际关系;人际交往的视野开阔、人员广泛、范围宽广,使人际关系更具开放性与多元性。

2. 互利性和失范性

在现代化社会中,人际关系更多地呈现互利性特征。人们之间的大部分联系,取决于对方能否给自己提供方便和帮助,并且给对方合理的、力所能及的回报。那种只想从对方得到利益,使自己需要获得满足,而不考虑对方利益的人际关系是难以持久的。同时由于人际关系过于注重物质的利益性,其失范性逐渐显示,具体表现为人际情感的疏远与信任危机。人们普遍感觉到,人际交往中重钱轻德,失去情感和爱心,心理逐步变得冷酷、麻木、孤独、苦闷。另外,无论是熟人之间还是陌生人之间,缺乏信任已成为阻碍人与人之间正常交往的重要因素,根据朱虹博士 2011 年对 2000 份全国范围的抽样调查和 30 个深度访谈的调查研究,全景式地勾勒了社会转型时期的人际信任危机的状态,揭示了中国人的人际信任冷漠化、不信任化的转向。[①] 例如,今天搀扶老人竟然包含了很大的信任风险,一些聪明的老人,在洞悉路人利害权衡的复杂心理之后,会事先向围观人群大声表明"我是自己摔倒的",以达到消除助人者预设的信任风险而顺利获得救助,如图 1-1 所示。

图 1-1　信任风险示例

3. 间接性和广泛性

网络社会改变着人际交往方式,使人与人之间的直面交流变成了人—机—人之间的间接交流。这种间接性也决定了网络交流的广泛性。过去,时空局限一直是人们进行更广泛交往的主要障碍,而在网络社会,这一障碍已不复存在,技术可以轻而易举地实现异步异地交往,只要愿意,在网上可以与任何人直接"对话",很多人被称为不出家门的"宅男""宅女",就生活在虚拟的网络世界中。

---

① 朱虹."亲而信"到"利相关"——人际信任的转向[J].学海,2011(4).

相关链接 1-3

河南女子与波兰总统候选人网恋结婚

吴木兰是河南人,她有过一次婚姻经历,有一个女儿。她的异国夫君叫蒂明斯基,比她大 20 岁,是波兰 2005 年总统大选的候选人之一。素不相识的两个人不仅远隔万里、年龄悬殊,而且语言又不通,但正是奇妙的网络世界使两个人走到了一起。

吴木兰告诉记者,她最初有意寻求跨国婚姻是看了凤凰卫视的"中国人在他乡"节目。她说:"我以前不会上网,也不懂英文,是同事教我上网,并帮助我翻译。"2003 年,她在一个交友网站进行了注册。在与网友的交流中,一开始吴木兰请同事帮助翻译邮件,后来开始自己借助翻译软件写电子邮件。这样,她在网上认识了远在加拿大的蒂明斯基。

经过几个月的接触,蒂明斯基提出要吴木兰办理前往加拿大的签证并寄来从深圳到北京办理签证的路费。吴木兰说:"他是个十分心细的人。"但她的签证申请被加拿大驻华使馆以无结婚签证为由拒绝。蒂明斯基找到他所住地区的一位议员朋友,请他向加拿大政府质询。最终在加拿大移民部长的关心下,吴木兰拿到签证,于 2004 年 4 月前往多伦多和蒂明斯基完婚。经过短暂的网恋,两人闪电结婚,开始了一段先结婚后相知的奇异情缘。经过一年的共同生活,吴木兰逐渐地了解了蒂明斯基,并连连用"想不到"来形容她这位异国夫君。目前,吴木兰已伴随蒂明斯基从加拿大回到波兰,协助夫君筹备竞选工作。

4. 非现实性与匿名性

网络社会的人际交往和人际关系的定义,已经突破了传统人际交往和人际关系的内涵。在网上,人们可以匿名进入,网民之间一般不发生面对面的直接接触,这就使得网络人际交往比较容易突破年龄、性别、相貌、健康状况、社会地位、身份、背景等传统因素的制约。部分网民在网上交际时,经常扮演与自己实际身份和性格特点相差悬殊甚至截然相反的虚拟角色。比如,五尺壮汉可以将自己伪装成妙龄少女,与其他网民共演爱情悲喜剧;一旦"坏了名声",又可以很方便地改名换姓,以新的面目出现。在这种情况下,很多网民往往会面临网上网下判若两人的角色差异和角色冲突,极易出现心理危机,甚至产生双重或多重人格障碍。

1.2.3　西方人际关系的特征①

与中国传统人际关系注重社会性不同,西方的人际关系以个人为主。西方人认为,社会由个人构成,个人自由独立,但是必须加以适当的规范,也就是实施法治,才能够维持整体的秩序。个人在法律许可的范围内自由、平等、独立是西方的人际基础。

1. 西方人以个人为单位,中国人以家庭为单位

西方文化强调"个体重于群体""个体先于群体",一切群体都是人为的契约所造成的。因此,西方人看到一个小孩,通常会直接问他叫什么名字;对长辈也是直呼其名,最多是 uncle(叔叔)、aunt(阿姨)、grandmother(祖母)、grandfather(祖父)。中国文化认为是"群体重于个体""群体先于个体",没有父母哪里会生出自己这一个体。中国人看到一个小孩,通常会问他是谁家的小孩,然后根据小孩的爸爸判断他的品性,而不是根据他自己。同理,如果小孩做错事,人们通常把错误归到他父母的头上,责怪他们不会教育小孩。中国人的亲属关系复杂多样,有堂

①　曾仕强．中西方人际关系[M]．北京:北京大学出版社,2008．

姐(哥)、堂妹(弟)、表姐(哥)、表妹(弟)、叔叔、伯伯、舅舅、婶婶、伯母、舅母、爷爷、奶奶、姥爷、姥姥等。中国人很早就认识到,人之所以成为万物之灵,完全是由于人能合群,有群体的思想,知道群体是天然形成而不是后天人为契约所造成的。因此,荀子说:"力不若牛,行不若马,而牛马为用,何也,曰,人能群彼不能群。"

2. 西方人重视平等,中国人重视合理的不平等

西方人认为人生而平等,个体独立自由,儿子可以直呼爸爸的名字,因为大家是平等的。而中国人认为人一出生就不平等,而且是合理的不平等。爸爸与儿子、上司与下属、老师与学生等永远有高低上下之分,不可能站在同一水平线上。中国人对上的态度和对下的态度不同,对下属敢讲的话,不一定敢对上司讲,这是很正常的。对上级是一个说法,对下级是另一个说法,这就是伦理的体现。但是,过分的不平等,中国人也会反抗,同时,中国人也不相信绝对的平等,资源有限,机会太少,怎么可能绝对平等?

3. 西方人人际交往注重法律和诚信,中国人注重血缘与亲情

西方人的人际关系,都必须遵守法律与诚信原则,任何关系都不能够超越法律与诚信的道德原则,一旦违背了这一底线,统统是行不通的。涉及法律或者其他纠纷方面的事务时,避嫌或者回避是一项非常"硬"的程序,更是要及时"脱离关系",才能够行得通。所以西方人(如美国人)其人际关系不但公开、高调,而且从小就在学校作为一种能力来培养。另外,美国人在涉及公职公权方面的事情,即使拉关系,效果也不会明显。送礼去做违法的事情,或者有违诚信的事情更不会被容许。那样反而可能让事情变得更糟糕。

而中国的人际关系核心是以血缘为核心的家庭与家族关系,以此类推就是亲戚关系、老乡关系、同学关系、战友关系、同事关系、朋友关系,维持这些关系的力量是金钱、利益、权力与血缘这几样,真正起作用的也是这些,至于法律、道德,也常常是因人而异的。因此,中国的人际关系多而复杂,而且常常伴随阴暗的东西。在中国依靠人际关系办成的事情,很多是不能公示于众的。这与美国人写一封推荐信,把一个有才学的人推荐给某一个著名的大学,或者把一个有职业天赋的人推荐给某一位总裁,是大不相同的。

相关链接 1-4

朋友的孩子小 D 在澳大利亚留学。她就读于某中学,品学兼优,为人坦诚可爱。有一次小 D 发现自己的班主任老师喜欢一种用于装饰的漂亮围巾,在当地标价是 50 澳元,折合人民币 300 多元。但是当她放假回到广州时,发现广州也有一样的围巾,而标价只有 40 元人民币。她想到自己的老师喜欢,又这样便宜,便买了一条,包装好邮寄给老师。小 D 知道在澳大利亚给老师送礼物价值不能超过 7 澳元的规定。40 元人民币只折合 6.5 澳元,自然是在规定范围内的。这个事情在中国是小事一件,花钱不多,又利于建立良好的师生关系,而且是举手之劳。但是,等小 D 再次回到澳大利亚学校时,等待她的却是非常尴尬的事情。她的老师因为莫明其妙地收到了一份礼物而被学校以涉嫌受贿勒令退赔,并且作为不良事件记录在案。老师也感觉莫名其妙,但是,澳大利亚的学校规定每个老师收到的礼物价值不能够超过 7 澳元,即约 43 元人民币。这条围巾在澳大利亚的标价是 50 澳元,大大超过了规定的范围。她的老师被学校勒令退赔她 50 澳元。任凭小 D 怎样辩解也无济于事。这件小礼物在广州确实不到 7 澳元,但是当它被寄到澳大利亚时,就得按照当地的价格计价。无意之中小 D 与自己敬爱的老师做了一笔"生意",而且狠狠地"赚"了老师一笔。这是小 D 没有想到而且也是极不愿意做的。但是,在美国、英国、日本、澳大利亚等西方法治国家,教师、医生、警察、法官以及其他公务员,在收受礼物方面是有严格规定的。给这些公职人员送礼,弄不好就是害了他们,因此,他们面对这样的人情关系,常常会唯恐避之不及,而且常常会为避嫌而惊慌失措。因为,弄不好,他们的"饭碗"就丢了。为了一点小礼物而丢掉收入丰厚的"饭碗"是很不值得的。

　　资料来源:许锡良.美国与中国的人际关系有什么不同(OL).blog.sina.com.cn/xuxiliang 6988.

4. 西方人彬彬有礼,中国人充满关怀

西方人见面会亲切地打招呼,看起来彬彬有礼,但实际上缺少发自内心的关怀。比如,你的嘴巴破了,西方人看到了也会视而不见,还是会问候你:"你好吗?"此时,就算你疼痛难忍,也只能说:"我很好,谢谢。"相比起来,中国人就会很关心你,看到你嘴巴破了,中国人会直截了当地问:"嘴巴怎么破了,是不是上火了? 来,吃点儿药吧。"西方人更注重个人隐私的保护与独立性。比如,你看到西方的老人走路比较吃力,去帮他,他反而不高兴,他更愿意凭借自己的能力处理自己的事情。

5. 西方人会保持距离,而中国人亲密无间

西方人重视隐私权,而中国人有很强烈的认识对方的欲望,"一回生,两回熟,三回见面是朋友",这样慢慢地由不认识到相互了解,再到亲密无间。

人与人之间是要先建立信任才能共事的,不相信别人,就无法与其合作。西方人之间建立信任靠的是法律的保障,双方在合作前会签订合同,稍有不轨,就会受到法律的制裁。中国人之间建立信任多是靠心意的传递和相互了解。

总而言之,西方的人际关系相对单纯,而中国的人际关系相当复杂。西方人以"二分法"区分事物,对就是对,错就是错。中国人早已摆脱"二分法","错,绝对不可以;对,常常没有用"。对错之外,还牵涉是否圆通。人们厌恶是非不分的人,也不欢迎是非分明却不圆通的人,"水至清则无鱼,人至察则无徒"就是这个道理。一方面,中国人讲求"在圆通中分是非",把是非分得大家都有面子,不得罪人,但也不讨好人,人际关系才可能良好;另一方面,中国人只在家庭、家族、同学、同事之间讲关系,出了这个"微型社会",在"大社会"里,大家彼此是没有关系的,事不关己、高高挂起。这种讲关系的方式正好与西方讲关系的方式相反,西方人可能不注重小型生活圈里的关系,但他们更注重大社会,因为社会成员的心态和思维影响整体社会特性的塑造。

1.3　人际沟通概述

　　一个人能够与他人准确、及时沟通,才能建立牢固长久的人际关系。沃尔玛公司总裁沃尔顿说:"如果你必须将沃尔玛管理体制浓缩成一种思想,那就是沟通,因为它是我们成功的真正关键之一。"

1.3.1　沟通与人际沟通

　　沟通,在中国的本义是指开沟使两水相通。在《左传·哀公九年》中有"秋,吴城邗,沟通江淮"的记录。《大英百科全书》中把沟通定义为"用任何方法在人与人之间交换信息的过程"。《韦氏词典》对沟通的定义为"通过文字、文句或信息的交流,进行思想或意见的交换"。可见沟

通是指信息发送者遵循一系列规则,凭借一定媒介将信息发给信息接收者,并通过反馈以达到理解的过程。

对沟通的完整理解应包含如下几个方面的认识:

(1) 信息传递是沟通进行的首要载体;

(2) 信息的充分准确是形成有效沟通的必要条件;

(3) 沟通应该是一个双向、互动的反馈和理解过程。

人际沟通是指人与人之间在共同的社会活动中彼此之间交流思想、感情和知识等信息的过程,主要是通过语言和非语言符号系统实现,其目的更侧重于人们之间思想与情感的协调和统一。人际沟通是一种本能,更是一种能力,要靠有意识地培养训练不断提升。它是形成良好人际关系的重要保障。

1.3.2 沟通的类型

依据不同划分标准,沟通可以划分为不同的类型。

(1) 根据不同类型的传递信息,可分为语言沟通与非语言沟通。

语言沟通是指建立在语言基础上的沟通方式。语言沟通又可细分为书面语言沟通、口头语言沟通。口头语言沟通是日常生活中最普遍的沟通形式,包括交谈、讨论、开会、讲课等。口头语言沟通是保持整体信息交流的最好沟通方式。在沟通过程中,除了语词之外,其他许多非语词性的表情、动作、姿势等,都会对沟通的效果起积极的促进作用。口头语言沟通时可以及时得到反馈并据此对沟通过程进行调节,沟通者之间相互作用充分,因而沟通的影响力也大。

非语言沟通是指通过语言符号之外的沟通方式,即使用非语言符号系统进行的沟通。非语言符号系统内涵十分丰富,包括副语言(声调、语速功能性发声等)、态势语言、人际距离、环境、空间距离、时间等体系。非语言沟通可以使语言沟通表达更生动、更形象、更丰富。

(2) 按照组织管理系统和沟通情景,可分为正式沟通和非正式沟通。

正式沟通指在正式社交情境中发生的沟通,而非正式沟通指在非正式社会情境中发生的信息交流。每个人在日常生活中都离不开这两种沟通。在正式沟通过程中,如参加会议,情人初次会面,发表讲话等,人们对于语词性的、非语词性的信息都会高度注意;语言上用词会更准确,并会注意语法的规范化;对于衣着、姿势和目光接触等也会十分注意。人们希望通过这些表现为自己塑造一个好的形象,给别人留下良好印象。在正式沟通过程中,往往存在典型的"面具"效应,即人们试图掩盖自己的不足,行为举止也会变得更符合于社会期望。

在非正式沟通过程中,如小群体闲谈、夫妻居家生活等,人们会更放松,行为举止接近其本然状态。沟通者对于语词和非语词信息的使用都比正式沟通随便。每个人都会有体会:在自己家或宿舍,与在老师办公室的感觉有明显区别。不同背景的心理紧张度不同,整个沟通过程也具有不同的性质。

(3) 根据沟通中信息的传播方向,可分为向上沟通、平行沟通、向下沟通。

向上沟通是指组织或群体中,从低层次向高层次进行的沟通活动,多用于从下属人员流向管理者的汇报或其他工作活动;平行沟通是指组织内部同一阶层或职级人员之间的横向沟通,多用于各部门及朋友之间的协调合作;向下沟通是指在组织或群体中,从高层次向低层次进行的沟通活动。

(4) 根据沟通者的对象,可分为自我沟通与人际沟通。

自我沟通也称内向沟通,即信息发送者和信息接受者为同一个行为主体,自行发出信息,自行传递,自我接收和理解。自我沟通过程是一切沟通的基础。事实上,人们在对别人说出一句话或做出一个动作前,就已经经历了复杂的自我沟通过程。国学家翟鸿燊曾说,一个很会沟通的人,一定是很会和自己沟通。自我沟通过程是其他形式的人与人之间沟通成功的基础。精神分裂患者由于自我沟通过程出现了混乱,因而也不能与别人有真正成功的沟通。

相关链接 1-5

自我沟通失败与良好的两个对比案例

李达风度翩翩、英俊潇洒。一天,他女朋友说:"李达,我们分手吧。"听到"分手",李达心里非常难受。"我怎么这么倒霉? 她为什么不要我了? 为什么我不如别的男人? 为什么我从小就被别人抛弃? 我被抛弃八次了,现在已经是第九次了,到底我还要被抛弃多少次?"李达越想越难受,伤心地去酒吧喝酒。他盯着邻桌的一个女孩说:"来,喝酒,干杯,你长得好难看,哈哈。"结果遭到对方男朋友的一顿暴打。

王凯善于自我沟通,也经历了与女朋友分手,但是处理方式截然不同。与女朋友分手时,王凯问自己:"我是不是最棒的? 是的,我是最棒的! 她抛弃我是她的损失,我只是少了一个不爱我的人,她却少了一个爱她的人,我根本没有损失,而且我得到什么好处呢? 我自由啦! 我可以找到一个更好的,我可以找到一个更爱我的人!"王凯回到家里照镜子、换衣服、系领带、整头发、擦皮鞋,非常自信。到酒吧去喝酒,王凯跟一位漂亮的女孩说:"可以跟你喝杯酒吗?"女孩答应了。小王又说:"可以跟你跳个舞吗?"女孩又答应了。就这样王凯结交了这位漂亮的女友,半年后他们步入婚姻殿堂,过着幸福快乐的日子。

人际沟通特指两个人或多个人之间的信息交流过程。这是一种与人们日常生活关系最为密切的沟通。与别人关系的建立和继续,都必须通过这种沟通来实现。本书所涉及的沟通问题,就主要是以人际沟通为核心的。更多的沟通分析,都是有关人际沟通的知识。

1.3.3　沟通过程模式

沟通是信息传递的过程。1948 年,美国学者 H. 拉道威尔第一次提出沟通过程模式,如图 1-2 所示。他提出传播过程的 5 个基本要素,即"5W",并按照一定的顺序将其排列,分别是:信息发送者(Who);信息内容(Say What);渠道(in Which Channel);信息接收者(to Whom);什么结果(with What Effect)。

一个完整的沟通过程主要包括以下几个环节:编码、通过渠道发送、通过渠道接收、译码、反馈。沟通过程包括以下要素。

(1) 发送者与接收者。这是沟通的双方主体,发送者的功能是产生、提供用于交流的信息,是沟通的初识者,处于主动地位;而接收者则是接收信息的个体,处于被动状态。但是由于沟通的互动性,信息的发送者与接收者往往随时发生转换。

(2) 编码与译码。编码是发送者将自己所要传送的信息转变成适当的传递符号,例如语言、文字、图片、模型、身体姿势、表情动作等,简单地讲就是用一种方法让别人能够领会本人意图。译码可以说是编码的逆过程,指的是信息接收者对传递过来的信息进行翻译、还原的过程。编码与译码只有在完全对称的情况下,信息 1 与信息 2 才有可能对等,接收者才会完全理解发送者的意图,否则沟通障碍就会产生。

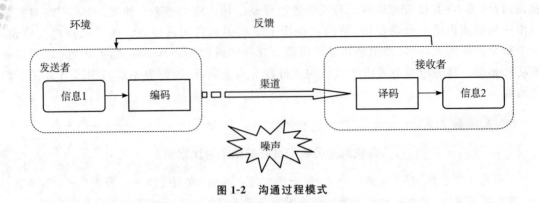

图 1-2　沟通过程模式

（3）信息。在沟通过程中，人们只有通过"符号—信息"的联系才能理解信息的真实含义，但是，由于不同的人在编码与译码过程中会存在偏差，发送者传递的信息往往与接收者接收到的信息之间也会存在不同程度的偏差。

（4）渠道。渠道是发送者把信息传递到接收者那里所借助的媒介物，比如口头语言沟通借助的是声波与肢体语言，书面语言沟通借助的是纸张，电子网络沟通借助的是互联网与手机通信等。

（5）反馈。在沟通过程中，接收者把接收到的信息反馈给发送者，及时修正沟通内容，形成双向的互动交流过程。及时的反馈是达成有效沟通的重要环节。

（6）环境。环境是指沟通过程中面临的综合环境，一般包括物理背景、心理背景与文化背景。

物理背景是指沟通中所处的场所。不同的物理背景可以显示不同的沟通气场与效果。如嘈杂人多的饭店与典雅幽静的咖啡屋会让人不由自主改变交流沟通的内容与方式，交流效果也会截然不同。

心理背景是指沟通双方当时的情绪与态度。兴奋、平和、激动、悲伤、焦虑、友好、冷淡或敌视等七情六欲及不同态度对沟通效果有重要影响。

文化背景是指沟通者的教育背景、价值取向、思维模式、生活背景等。例如，亚洲国家重礼仪与委婉、多自我交流与心领神会，西方国家重独立与坦率、少自我交流重语言沟通。不同的生活背景，造成不同的文化背景，对沟通交流有不同的影响。

（7）噪声。噪声是指干扰沟通有效进展的所有因素，是产生沟通障碍的主要原因，它存在于沟通过程中的任一环节，包含客观性与主观性噪声。

客观性噪声有以下几个方面：①沟通发生的不适宜场所；②模棱两可的语言、难以辨认的字迹；③信息传递媒介的物理性障碍；④不同的文化背景，风俗习惯差异。

主观性噪声有以下几个方面：①沟通者的价值观差异、伦理道德观差异等导致的理解差异；②沟通时的不佳情绪和态度；③沟通者的身份地位、教育背景差异导致的心理落差和沟通距离；④沟通双方在编码和译码过程中所产生的信息代码差异等。

1.3.4　有效沟通是建立良好人际关系的重要保障

人际关系与人际沟通密不可分。人际沟通是人际交往的起点，是建立人际关系的基础，沟通良好，促进人际关系更加和谐；同时，人际关系良好，会促使沟通比较顺畅。反过来，沟通不良，会使人际关系紧张甚至恶化人际关系;不良的人际关系也会增加沟通的困难,形成沟通障碍。

1. 人际沟通是人际关系发展和形成的基础

如果人类社会是网,每个人就是网的结点,人们之间必须有线。如果人和人之间没有线的连接,社会就不再是网,而是一堆的点,社会也就不能成为组织,不能成为社会。人和人之间的连接,就是靠沟通。人的沟通能力随着大脑的发达,随着肌肉的不同,生理结构的不同,沟通的信息传递也越来越复杂,越来越准确。

人际关系是在人际沟通的过程中形成和发展起来的,离开了人与人之间交往的沟通行为,人际关系就不能建立和发展。事实上,任何性质、任何类型的人际关系的形成,都是人与人之间相互沟通的结果;人际关系的发展与恶化,也同样是相互交往的结果。沟通是一切人际关系赖以建立和发展的前提,是形成、发展人际关系的根本途径。

相关链接 1-6

我叫王东,有件事困扰我已经大半年了。我怎么也想不通。我们宿舍有兄弟八个,大家关系都不错。我与李小峰走得更近一些,经常一起打球玩耍,考试前他也总找我帮他复习功课。

大二的一次考试前,我正焦头烂额地在自习室复习,突然收到李小峰的短信:"你在哪儿?"我知道他又找我帮他考前突击复习。当时我真是自顾不暇,于是就回复他:"现在特忙,自己都顾不过来了。"发完这个短信后,我压根儿没当回事,继续复习。晚上回到宿舍后,我依然像往常一样和大家有说有笑。可当我跟李小峰打招呼时,他却看都不看我一眼,像没听到一样。我想可能他心情不好,也没在意。等我洗完脸回来,准备在他床边跟他说一件有意思的事情时,他歪在一旁摆弄收音机,仿佛我根本不存在。我有点蒙了,他生气了?

接下来的几天他一直对我不理不睬的,我在他面前好似空气。真不明白,这几年的友谊就因为这么一件小事没了吗?只要李小峰一回宿舍,我的心就莫名其妙地堵得慌。他和兄弟们兴高采烈地聊什么时,我也插不上嘴,自己在一边待着。时间一长,我有了一种被孤立的感觉。

之后,我总是在纠结一个问题——"是不是自己有不对的地方",我不明白他怎么能这么对我。这大半年也有点交往;比如,有时候我接到找他的电话,会转告给他,他会多问两句,这可能就是我们最多的交流了。想起这些零星的交往,多少会让我心里好受一些,但也只是转瞬即逝。

我们真回不到以前了吗?我到底做错了什么?是我的沟通有问题吗?

2. 人际沟通状况决定人际关系状况

不是所有的问题都能通过沟通交流解决。但是,现实中的许多问题,却是由糟糕的人际沟通造成的。美国国家通信协会的一项全国性调查指出,缺乏有效的沟通是人际关系(包括婚姻)最终破裂的重要原因。所以,提高人际沟通的技能,能够帮助人们改善人际关系。更重要的是,这一研究结果不仅适用于亲密关系,有效的沟通还能改善友谊关系、亲子关系、老板与员工的关系等。

在社会生活中,一个人不可能脱离他人而独立存在,总是要与他人建立一定的人际关系。假如人们在思想感情上存在广泛而持久的沟通联系,就标志他们之间已经建立起了较为密切的人际关系。假如两个人感情上对立,行为上疏远,平时缺乏沟通,则表明他们之间心理不相容,彼此关系紧张。

3. 有效沟通是建立良好人际关系的重要保障

有效沟通是建立良好人际关系的重要保障。有效的人际沟通可以把沟通双方的思想、情感、信息进行充分的、全方位的交换,达到消除误解与隔阂、增加共识、增进了解、联络感情的效果。和谐、团结、融洽、友爱的人际关系能够使人们在工作中互相尊重、互相关照、互相体贴、互相帮助,充满友情和温暖。沟通的过程使积极的情感体验加深,消极的沟通障碍减少,世界上最美的东西就是人与人之间的情感联络,而人与人之间的情感联络就是通过人际沟通实现的。

问题与讨论

1. 与别人建立良好人际关系就是学会讨好别人、迎合别人吗?
2. 网络时代的人际关系与传统人际关系有什么不同?
3. 传统人际关系对现代人的人际关系有何指导作用?

实 训 练 习

1. 人际关系测试

这是一份大学生人际关系行为困扰的诊断量表,共 22 个问题,请根据自己的实际情况,逐一对每个问题做"是"或"否"的回答。

（1）关于自己的烦恼有口难开。

（2）和生人见面感觉不自然。

（3）过分地羡慕和忌妒别人。

（4）对连续不断的会谈感到困难。

（5）与一大群朋友在一起,常感到孤寂或失落。

（6）在社交场合感到紧张。

（7）时常伤害别人。

（8）不知道与异性如何适可而止。

（9）瞧不起异性。

（10）与别人不能和睦相处。

（11）极易受窘。

（12）当不熟悉的人对自己倾诉他（她）的生平遭遇,自己常感到不自在。

（13）担心别人对自己有什么坏印象。

（14）总是尽力使别人赏识自己。

（15）时常避免表达自己的感受。

（16）对自己的仪表（容貌）缺乏信心。

（17）讨厌某人或被某人所讨厌。

（18）常被别人谈论、愚弄。

（19）自己的烦恼无人可申诉。

（20）受别人排斥,感到冷漠。

(21) 不能广泛地听取各种意见和看法。

(22) 自己常因受伤害而暗自伤心。

计分标准

选择"是"的加 1 分,选择"否"的给 0 分。

结果解释

如果总分在 0～6 分,说明与朋友相处的困扰较少。善于交谈,性格比较开朗、主动,关心别人。对周围的朋友都比较好,愿意和他们在一起,他们也都喜欢你,你们相处得不错。能从与朋友的相处中得到许多乐趣。生活是比较充实而且丰富多彩的,与异性朋友也相处得很好。总之,不存在或较少存在交友方面的困扰,善于与朋友相处,人缘很好,能获得许多人的好感与认同。

如果总分在 7～14 分,与朋友相处存在一定程度的困扰。人缘一般,换句话说,和朋友的关系不牢固,时好时坏,经常处在一种起伏之中。

如果总分在 15～22 分,表明同朋友相处的行为困扰比较严重。分数超过 18 分,则表明人际关系行为困扰程度很严重。不善于交谈,性格孤僻,不够开朗,或者有明显的自高自大等行为。

思考与讨论

根据测试结果分析个人人际关系状况。

2. 沟通测试(你善于与人沟通吗)

(1) 跟别人谈话,会试着从对方的角度看问题。

(2) 如果错了,不会害怕承认错误。

(3) 让别人理解的最好办法,是把想法和感受明确地告诉对方。

(4) 如果觉得自己伤害了别人,会马上道歉。

(5) 乐于接受批评。

(6) 对别人正在讲的话题,通常会表示感兴趣。

(7) 开学后能很快喊出同宿舍同学的名字。

(8) 时不时会跟老师聊聊天。

(9) 善于从别人的话里听出弦外之音。

(10) 别人开自己的玩笑可以接受,但不主动拿别人开玩笑。

(11) 做事有原则,但遇到特殊情况,也有灵活性。

(12) 讲话简明扼要,不啰唆。

(13) 懂得如何说"不"而不使对方难堪。

(14) 脸上常挂着微笑。

(15) 懂得如何适度地赞美别人而又没有拍马屁的嫌疑。

(16) 很少抱怨,从不在公开场合与人发生争执。

(17) 跟陌生人接触,善于发现彼此之间的共同点。

(18) 不会表现得比朋友更精明,但也不会让人觉得愚蠢。

(19) 总是勇于表达自己的想法。

(20) 注重细节,经常通过观察细节得出与众不同的结论。

思考与讨论

分析自己的人际沟通能力。

回答"是"不超过 8 个,不及格,需要好好补一下有关沟通的常识。

回答"是"超过 8 个但不超过 15 个,虽然了解沟通之道,但还不够完美,要加把劲。

回答"是"超过 15 个,非常善于与他人沟通。

拓 展 阅 读

昔日"神童"到中年

2005 年 7 月 1 日,中国科技大学 1978 级少年班学员首次班级聚会。宁铂、谢彦波和干政这 3 位当年家喻户晓的"神童"的命运引起许多人的关注与思考。

宁铂的"逃亡"

27 年前,中国有一个家喻户晓的神童叫宁铂。他是中国第一个少年大学生,也是当时国人的骄傲、少年的榜样。他与张华、朱伯儒等人并称为 20 世纪 80 年代初的"时代人物"。

本科毕业后,他留校任教,并在 19 岁成为全国最年轻的讲师。1982 年他第一次报考研究生,但报名之后放弃了考试。第二次,他完成了体检,然后放弃了。第三次,他领取了准考证,在走进考场的前一刻又退缩了。后来他对别人解释说,他是想证明自己不考研究生也能成功,那样才是真正的神童。在第三次退缩时,学校的一位老师抓住了他,逼他去考,他声称,再逼他他就逃跑。

宁铂一直想逃跑。他很少做物理学科的研究,却把大量时间用于围棋、哲学和宗教。20 世纪 80 年代后期,在中国科技大学天体物理系的课堂上,他开始向学生询问托福考试的情况。1989 年、1990 年、1991 年,他连考 3 次托福,均未过关。1988 年结婚之后,他练习气功,吃素,与常见的生活习惯渐行渐远。1993 年,因为与妻子的一次小口角,他跑出家门,四处游荡了半个多月。这之后两年间,他一度"下海",最远跑到了海南,最终却不得不回到中国科技大学。

2002 年,宁铂前往五台山出家,很快就被中国科技大学校方找了回去。这一年,他又一次失败。

谢彦波的"缺陷"

1978 年谢彦波入学(中国科技大学)时刚 11 岁,此前只有小学 5 年的学习经历。

谢彦波受到的困扰要比宁铂晚得多。第一个学年过后,打牢了基础的谢彦波选择了物理系。从此,这个系着红领巾的大学生的潜在天资得到了充分表现,一路成绩骄人,直到毕业。

不过,从入学时起,老师和同学们对谢彦波的担忧就从没消散过。"人际关系这一课,心理健康这一课,他的问题非常严重。"

在朋友面前,谢彦波健谈而放松,但他似乎不懂得如何与决定命运的人相处。1982 年,谢彦波提前一年大学毕业,15 岁在中国科学院理论物理研究所跟随于渌院士读硕士,18 岁在中国科学院副院长周光召院士门下读博士,被看好在 20 岁前获得博士学位。不过,这段最为春风得意的时光,却成为他人生的转折。他没能处理好和导师的关系,博士拿不下来,于是转而去美国读博士。

轰动一时的北大留学生杀死美国教授事件发生后,谢彦波被认为存在潜在危险。此前有传闻说,谢彦波曾用手枪或菜刀威胁过安德森。

回国后,谢彦波以硕士的身份接受了中国科技大学近代物理系教师的工作,并很快结了婚。没有什么积蓄,分到了一套楼下总是有人打牌的小房子。

如今，这位39岁的副教授似乎完全不懂如何与陌生人打交道。记者刚走进他家，谢彦波立刻以相当突兀的动作，把一个盛满浓茶的大瓷杯塞到记者手里。

"跟别的同学比，我算混得比较惨的。"他说。不过，他又表示，这没什么。"关键的问题是，别人总是知道我是怎么想的，这就让我很吃亏。"

干政也在逃避

同样铩羽而归的还有干政。他与谢彦波的轨迹惊人的相似：都是在普林斯顿大学，都是学理论物理，都是与导师关系紧张。

回国后，物理系的一位主管老师找到了干政，表示他可以回中国科技大学读博士。令大家惊讶的是，干政拒绝了。几年后，在家赋闲已久的干政又表示想到科大工作。这一次科大没有同意，当时科大聘用教师已有新规定，博士文凭是必要条件。

就在4年前，汪惠迪老师还劝干政再去读博士，干政表示不想读了，他不信再花一年时间还找不到一份工作。这一年的努力最后化为了泡影。在此期间，他的精神疾病时好时坏。

干政逃避得更为彻底。几乎没有人知道他究竟住在哪里，相当多的科大老师，都认为干政已经回到安徽巢湖老家。2005年5月18日，记者就此赶赴巢湖市，试图通过巢湖市公安局的搜索系统查找，最终一无所获。

事实上，干政的隐居地就在合肥，在一处离科大东校区不远的居民小区，多年来与母亲相依为命，几乎与世隔绝。

资料来源：李海鹏.26年再审视"神童"到中年[N].南方周末,2005-07-21.

成年后的神童卡尔·威特

出生于1800年的卡尔·威特，8岁左右就能自由运用德语、法语、意大利语、拉丁语、英语和希腊语6科语言，并通晓动物学、植物学、物理学、化学，尤其擅长数学，9岁进入哥廷根大学，14岁被授予哲学博士学位，16岁获得法学博士学位。2001年在中国出版发行了老卡尔的书《卡尔·威特的教育》，引起国人重大关注。

但是，老卡尔写作《卡尔·威特的教育》时小威特才14岁。此时的小威特一直在成人目光的注视下，所以，他的个性弱点还没有显示。等他从意大利留学归来，担任教学职务，不得不从事与人打交道的工作时，他童年时的教育缺陷才彻底显示。

小威特进入成年后，变成了一个木讷寡言、拘谨而又不敢发表自己意见的人，直到18岁也不敢跟别人进行激烈的争辩。在公共场合，如果有人对他提出质疑或反对，他便不知所措，不知道如何坚持自己的意见。每当这时，他就会悻悻地离开。

1833年，卡尔·威特到家乡哈雷大学任教，但受到了强烈的质疑。和他的前任及同事相比，他虽有丰富的专业知识，但是他的教学并不成功，因为他面部表情僵硬，不善言辞，跟学生交流困难，非常不讨人喜欢。来威特这里上课的学生寥寥无几。要知道，当时德国教授的收入是跟学生的出勤率挂钩的，因为教授要向学生们收钱。所以，由于自己的课学生不喜欢，威特只能靠政府发的一点津贴过日子。这样，又过去了5年，威特终于写出一篇有一定专业水准的论文。由于他讲课的水平实在糟糕，他的教室依然空空荡荡不见学生。据说，威特终生未婚，这是因为他秉持独身的想法？还是像小塞德兹那样不善表达爱情？还是经济困难没有财力？不得而知。

美国历史上最为惨烈的校园枪击事件

美国弗吉尼亚州弗吉尼亚工学院2007年4月16日上午发生枪击事件，包括凶手在内的

33人(28名学生和5名老师)死亡,20多人受伤。这是美国历史上最为惨烈的校园枪击事件,也是美国有史以来最为严重的枪击事件。

从诡谲的孤僻内向到猛烈的"一鸣惊人"可能只有一步之遥

与凶手赵承熙(持绿卡的韩国人)相识多年的人都说,赵承熙不管是愤怒、沮丧或是心烦,从来没有任何表情。他通常轻声说话,并且完全拒绝向老师和同学敞开心扉。弗吉尼亚理工大学发言人拉里·辛克尔说,赵承熙是个"独来独往的人",学校很难找到关于他的信息。一名叫克雷格·科恩斯的邻居说,数年前,他看到赵承熙站在他父母的房子前。当科恩斯向赵承熙问好时,赵转开头和身子。科恩斯说:"他就好像是一直在跟他自己谈话一样。"住在赵家隔壁的阿卜杜尔·沙什也说,在很多年里,赵承熙似乎没有任何朋友。

所有曾经与赵承熙有过接触的人对他最深刻的印象就是"沉默"。保罗·金说:"他从来不说一句话。即使教授问问题,也不说话。他看起来总是身体和精神都很差,好像他很压抑一样。"2005年,在英国文学课上,第一天老师要求学生们在一张纸上写下他们的名字,赵承熙只写了个问号。偶尔同人讲话时,他总是要等10～20秒才有反应。

不和谐的人际环境是促使某些人心理情绪发生畸变的土壤

韩国《东亚日报》2012年4月19日援引赵承熙外公的话说,赵承熙自小就有语言障碍,在家里少言寡语,而且很少与父母沟通。他认为,与父母沟通不够导致赵承熙缺少亲情观念,"如果他对为使家庭摆脱贫困生活而远渡重洋的父母有一丝怜惜之情,他怎会去做出那种事情?"赵承熙的舅舅说,赵承熙一家搬到美国后,赵承熙就被诊断有孤独症症状,但是他的母亲好像不太重视这件事。他说:"她有时打电话说,她的孩子学习不错,她似乎并不担心他。她只是说自己为了赚钱和养家有多辛苦。"赵承熙的姨祖母说:"他从来没跟我说过话。一般母子之间话会很多,但他们(赵承熙和他妈妈)间却很少。"赵承熙的老师、同学和亲属的描述揭示了他的孤独个性、扭曲心态和仇恨心理。美韩专家说,多种因素促使赵承熙的扭曲心理长期得不到缓解,反而逐渐恶化,最终到达"崩溃点",做出极端行为。

也有专家认为,赵承熙最终走上毁灭之路同他患有与基因相关的精神疾病有关。美国芝加哥一所大学医疗中心首席精神病学家路易斯·克劳斯说,赵承熙与其他类似案件犯罪者有一个显著区别,即他事发前没有炫耀过自己的报复计划。他说,赵承熙的心理问题不完全是由于不断受到欺负和嘲笑而形成,而是一种与基因相关联的精神疾病。随着在大学中受到的压力不断增大,同时离开家后失去父母的精神支持,赵承熙的精神状况恶化。这位专家的分析其实是对人际关系不和谐因素的重要补充。

世界各地激化的穷富对立在国际、族际和人际冲突中推波助澜

赵承熙一家移民美国前,曾在韩国首都首尔道峰区仓洞地区租房生活。当时的房东任凤爱说:"赵承熙一家当时住在半地下房间,虽然不知道他父亲做什么工作,但可以看得出他们一家生活非常艰难。他们移民前曾说,因为生活实在艰难,所以他们觉得倒不如去陌生国家闯一闯。"赵承熙一家到美国后搬入弗吉尼亚州费尔法克斯县森特维尔地区,这里是新兴的在美韩国人聚居区,距弗吉尼亚理工大学有3个半小时车程。赵承熙的父亲今年61岁,母亲51岁,他们一家开了家洗衣店。显然,赵承熙家移居美国前后都算是穷人一族。当警方确定赵承熙为嫌疑人后,赵的父亲曾企图割腕自杀,母亲也试图服药自杀,目前两人都在医院接受治疗。

据报道,赵承熙在视频中声称:"你们有无数次机会和方式避免今天(的情况),但你们决定让我流血。你们把我逼到死角,让我只有这个选择。""当这一时刻到来时,我做了这件事,我不得不这样做。"画面显示,赵承熙对着镜头讲话,他提到了"享乐主义"等。他在视频中还用很大

篇幅谈到他如何痛恨富人。他说:"你们已拥有你们想要的一切,你们的奔驰车还不够,你们这些乳臭未干的小子。你们有金项链也不够,你们这些势利眼。你们有信托基金还不够。你们有伏特加和白兰地还不够吗?你们所有人都沉溺于酒色还不足够。所有这些都无法满足你们所需要的享乐。你们拥有着一切。""你有1000亿个机会来避免今天发生的事情,但是你决定放我的血,你迫使我走入绝境,使我只剩下唯一的选择。这个决定是你做出的,你手上将留下你永远洗不掉的鲜血。"他没有谈到具体人名。

显然,赵承熙有严重人际交往障碍。据报道,整个大学期间,只有一个同学试图与他接近,然而最终还是没有逃出他的魔爪。笔者认为,正是人际关系的失败,自我角色认同混乱才导致了赵承熙事件。

艾里克森认为,如果人们总无法获得明确的认同感,处于漫无目的的混乱水平,最终会使个体变得压抑和失去自信;也有可能导致消极认同,成为害群之马,犯罪或者成为失败者。

罗洛·梅也指出,失败的人际关系会导致人由存在进入非存在,即死亡。而赵承熙事件可以被认为是对死亡的外部投射,当然,其最终的自杀也说明了他的非存在状态。

资料来源:http://bbs.eol.cn,教育在线社区—教育聚焦——美国校园枪击事件警示录,2007-04-22.

任务 2　人际交往的社会心理学效应

任务目标

● 了解人际交往中的社会心理学知识;

● 掌握人际交往中的主要心理效应与人际吸引规律;

● 能利用人际交往心理效应原理进行人际交往;

● 能利用人际交往吸引规律进行人际交往。

案例导入

与人交往时,说话方式很有技巧。说明同样一件事情时,只要改变陈述顺序,就能给人截然不同的印象,举例如下。

"他工作效率高,但是个性随便"——"他个性随便,但是工作效率高"。

"他头脑很好,但是男女关系复杂"——"他男女关系复杂,但是头脑很好"。

"她很努力,但是最近没有精神"——"她最近没有精神,但是很努力"。

"这个便宜,但是难吃"——"这个难吃,但是便宜"。

每句话里都包含了"负面"及"正面"词汇,虽然将正面词汇放在句尾,结构上感觉相差不大,可是给人的印象却变得肯定。

约会迟到时,只要能在临别前好好致意或道歉,就能带给对方好印象。表达时,陈述的顺序很重要,一旦顺序错误,即使讲的是同一件事,给人的印象也会有一百八十度转变,这就是人际关系心理学知识的应用之处。

2.1　人际关系的心理学基础

为什么有些人在人际交往中会如鱼得水、左右逢源,而有些人却举步维艰、进退维谷呢? 同样一句话,不同的人说出来,效果却大为不同;同样一件事,不同的人做出来,结果千差万别。实际上,每个人的行为都受心理支配,不同的心理会促使人们采取不同的行动。即使在相同的情况下,心理不同,采取的行为也会不同。当人们每天面对事业发展、恋爱婚姻、人际沟通、情绪波动等问题时,要想拥有良好的人际关系,建立雄厚的人脉资源,就必须读懂人际交往中的心理学。

2.1.1　人际关系心理学

人际关系心理学是运用现代心理学的研究方法和知识探讨人与人在相互交

往过程中所形成的心理关系,主要研究人际关系亲密性、融洽性和协调性的规律,包含一系列心理成分,如认知成分、情感成分和行为成分等。

人际关系心理学的研究起始于 20 世纪 20 年代,主要是莱维特等对人际关系行为模式的研究,纽科姆等对人际关系结构的研究,梅奥等对人们工作积极性的研究。这些研究为人际关系心理学的诞生奠定了基础。根据这些研究结果,米德提出了象征性交往理论,勒温提出了群体动力学、T 组理论,考夫曼提出了社会互动理论,修茨提出了人际特质理论,马斯洛提出了需要层次理论,费斯汀格提出了认知不协调理论,海德和凯利提出了归因理论,弗鲁姆提出了期望理论,亚当斯提出了公平理论。这里简要介绍几种有影响的人际交往理论。

2.1.2　人际交往理论

1. 象征性互动理论

象征性互动理论又称符号互动理论。美国学者米德是这个理论发展中的一个重要理论家和奠基人。该理论的主要观点如下。

(1) 把个体看作是相互作用的基本分析单元,强调在人类意义上符号和语言的作用。

(2) 研究个体、群体、社会是如何发出信息、传递信息以及对方对此的反应。每个交往者都有一套符号系统。自我意识的形成对人际关系具有很大的影响作用,它是交往者运用信息符号作用的结果。

(3) 提出"刺激→符号的意义→反应"的公式。

(4) 认为人与人在交往中相互影响。

符号互动理论作为西方心理学、社会学的一个代表性理论有其积极的一面,也存在消极的一面。它为后人的研究和实验打下基础。

2. 社会交换理论

社会交换理论是一组解释人际交往活动规律的理论。代表人物为霍曼斯,他于 1961 年正式提出了社会交换理论。该理论的主要观点如下。

(1) 人际交往活动具有社会性。当个体做出某种行为时,必定会引起交往者相应的行为,交往活动实际上是一种直接的、随即发生的交换活动。

(2) 各种交往关系都会涉及谋划者的报酬和代价,即对方的反应给个体带来的直接的奖赏或惩罚。

(3) 交往中存在着一种"分配上的公平"原则,这是与他人交往活动中的心理体验。

此理论把人与人的交往复杂的关系简单化,用单一理论解释复杂的现象,把人与人之间的关系看成是赤裸裸的交换关系,忽视了人们间的相互帮助、支援、无私贡献,甚至献身的行为,贬低了人类社会中人与人的关系。但是,此理论概念表述明确,可操作性强,强调了人与人的平等关系,交往中的平衡关系,重视交往中的物质利益,重视交往的效果,这对后来的人际关系研究特别是遵从行为、竞争过程、社会影响等领域的研究是有启发的。

3. 人际特质理论

心理学家修茨认为在个体心理发展过程中,尤其是在个体的人格体系形成过程中,形成了其特有的人际关系的基本倾向,此理论称之为人际反应特质。

修茨认为每个人都有与别人建立人际关系的愿望和需要,这是人际关系得以建立的内在动力。人们有 3 种不同类型的需要,构成了 3 种不同形式的人际关系。

（1）包容的需要，表现为希望与他人交往、交际，有与别人建立并维持良好的人际关系的愿望。

（2）控制的需要，表现为在权力上有要求控制别人的愿望。

（3）感情的需要，表现为在爱情和友谊上同别人建立并维持良好关系的愿望。

修茨还把人际关系的取向划分为两种：主动型和被动型。从而划分6种基本的人际关系倾向。

另外，心理学家霍妮根据个体与他人的关系，把人们相互作用形成的人际关系分成3种类型：驯顺型，其特征是"朝向他人"；进取型，其特征是"对抗他人"；分离型，其特征是"疏离他人"。

4. 需求层次理论

马斯洛在其《激励与个性》专著中将人的需求分成生理需求、安全需求、情感和归属需求、尊重需求和自我实现需求5个层次，如图2-1所示。另外，还有两种需求，即求知需求和审美需求，但马斯洛并未将这两种需求列入其需求层次中。他认为这两者应居于尊重需求和自我实现需求之间。其主要观点如下。

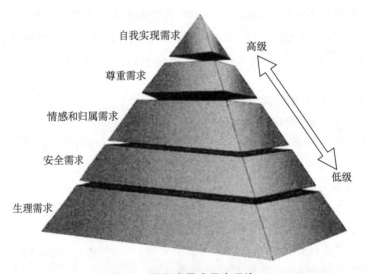

图 2-1 马斯洛需求层次理论

（1）人最迫切的需求就是激励人的行为的直接原因和动力。

（2）需求的激励处于一种动态水平中，它依次逐渐发展变化。当前最迫切的需求决定人的行为。当低层次的需求满足后，就上升到较高层次的需求。

（3）需求的满足次序是从低级到高级。

（4）每个人都具有5种需求，只不过在不同时期、不同年龄阶段，所表现的各种需要的强烈程度不同而已。

马斯洛将生理需求作为需求层次的根本，指出低层次需求是人和动物所共有的，而高层次需求是人所特有，把需求看作一个多层次多水平的系统，提出逐步实现的观点，对实际工作有一定的参考价值。把人的需求看成是一种由低级到高级的发展，有辩证的因素。但他仅指出了需求的层次间的相互关系，而忽视了层次之间的矛盾和斗争。他没有指出人的需求的实质和社会性。认为高级需求只有在低级需求得到满足后才能实现，否定了人的主观能动性，否定了人的理想、信仰、世界观等对需求的重要的调节作用。

2.2　人际交往的心理效应

人际认知是个体对他人的心理状态、行为动机和意向做出理性分析与判断的过程,具备知觉信息的选择性、认知行为的互动性与印象形成的片面性等特征。

人际认知包括自我认知、他人认知与人际环境认知。其中,自我认知是对自己及自己与周围事物的关系的认知,目的是为了更好地适应社会环境,主要通过社会交往中认识自己;他人认知是指在交往过程中对交往对象的情感、情绪、能力、个人倾向和特征的认知,了解他人才能更好地与人交往;人际环境认知是对自身交往的小环境、小空间有目的的观察,包括自己与他人的关系、他人与他人的关系的认知。各种人际认知印象的形成存在许多复杂因素,但是心理效应无疑是制约人际认知印象形成的重要因素,人际交往的心理效应会直接影响人际交往的效果与深度,了解并恰当地运用心理效应可以更好地开展人际交往。

2.2.1　首因效应

心理学上,人们对于一系列出现的人物或事件,往往对最初和最后出现的印象更加深刻。前者叫作首因效应,后者叫作近因效应。这个原理是在关于"记忆"的心理实验里发现的:试验者给被试者呈现一系列无关联的字词,然后让他们以任意的顺序加以回忆,结果发现,位于开始和末尾部分的字词,要比位于中间部分的字词更容易回忆。

1. 首因效应的概念

首因效应也叫优先效应或"第一印象"效应。它是指最初接触的信息形成的印象对人们以后的行为活动和评价的影响,它主要是人的知觉因素与情感因素相结合而产生的综合效应。当人们第一次与某物或某人相接触时会留下深刻印象,第一印象作用最强,持续的时间也长,比以后得到的信息对于事物整个印象产生的作用更强。

首因效应形成的原因是什么呢?心理学研究发现,与一个人初次会面,45 秒钟内就能产生第一印象。这一最先的印象对他人的社会知觉产生较强的影响,并且在对方的头脑中形成并占据主导地位。实验心理学研究表明,外界信息输入大脑时的顺序,在决定认知效果的作用上是不容忽视的。最先输入的信息作用最大,最后输入的信息也起较大作用。大脑处理信息的这种特点是形成首因效应的内在原因。

一篇文章、一套数据、一个人物,之所以最初的内容比后面的部分让人记忆深刻,是因为新的刺激能引起兴奋,在大脑皮层下会留下较深的痕迹,这样以后回顾就比较容易。另外,思维的过程表明,人在思考问题时容易产生"定式"现象,即"先入为主"。初次印象成为思考问题的起点,在思维的坐标图中,人们分析问题、判断问题就是从这个起点开始并向后延续。思维的过程是大脑运动的过程,而运动就有惯性在起作用,因此最初的印象对后面的印象产生了一定的"惯性作用"。在快节奏的现代社会,很少有人会愿意花更多的时间了解、证实一个留给他不美好第一印象的人。

相关链接 2-1

一位心理学家曾做过这样一个实验:他让两个学生都做对 30 道题中的一半,但是让学生 A 做对的题目尽量出现在前 15 题,而让学生 B 做对的题目尽量出现在后 15 道题,然后让一些被试对两个学生进行评价,两相比较,谁更聪明一些? 结果发现,多数被试都认为学生 A 更聪明。这就是首因效应的作用。

2. 人际交往中的首因效应

首因效应使人类有一种特性,在日常生活中,人们总是对"第一"情有独钟:会记住第一任老师、第一天上班、初恋等。而且,人们在和人交往中,往往对第一次形成的印象记忆深刻。就是说,在初次交往中,一个人的谈吐、相貌、服饰、举止、神态,对于感知者来说都是新的信息,它对感官的刺激也比较强烈,有一种新鲜感,这就如同在一张白纸上,第一笔抹上的色彩总是十分清晰、深刻一样。第一印象效应是一个妇孺皆知的道理,如"新官上任三把火""早来晚走""恶人先告状""先发制人""下马威"等,都是想利用首因效应占得先机,力图给别人留下良好的"第一印象"。

首因效应是一种客观存在的心理现象,是不可回避的,它决定交往是否延续,并影响今后的交往质量和结果。第一印象如果形成了肯定的心理定式,会使人在后继了解中多偏向发掘对方具有美好意义的品质;同理,若第一印象形成的是否定的心理定式,则会使人在后继了解中多偏向于揭露对象令人厌恶的部分。某猎聘资深顾问指出:"保持和复现,在很大程度上依赖于有关的心理活动第一次出现时注意和兴趣的强度。"这种先入为主的第一印象是人普遍的主观性倾向,会直接影响以后的一系列行为。

相关链接 2-2

有一位心理学家曾做过一个实验:把被试者分为两组,同看一张照片。然后对甲组说,这是一个屡教不改的罪犯,对乙组说,这是位著名科学家。看完后让被试者根据这个人的外貌来分析其性格特征。结果甲组说,深陷的眼睛藏着险恶,高耸的额头表明他死不悔改的决心。乙组说,深沉的目光表明他思想深邃,高耸的额头说明科学家探索的意志。这个实验表明第一印象形成的肯定的心理定式,会使人在后继了解中多偏向发掘对方具有美好意义的品质。若第一印象形成的是否定的心理定式,则会使人在后继了解中多偏向于揭露对象令人厌恶的部分。

要重视人际交往中的首因效应,力求在人际交往中给人留下良好的第一印象。比如在交友、招聘、求职等社交活动中,可以利用这种效应,展示给人一种极好的形象,为以后的交流打下良好的基础。

人性就是这样,人们总是根据经验、通过第一印象把人归类:张三是这一类人,李四是那一类人。因此,在同陌生人接触时,第一次能否让对方产生认同感,往往会影响后来和对方的关系。周围的人与你接触,如果你说的话他们不爱听,做的事他们看不惯,解决问题的方法同大家扭着劲,就会在开始时给对方留下不好的印象,影响以后的关系。

3. 首因效应在人际交往中的应用

1) 利用首因效应达到人际交往中事半功倍的效果

在交友、招聘、求职等社交活动中,可以利用这种效应,展示给人一种极好的形象,为以后交流打下良好的基础。当然,这在社交活动中只是一种暂时的行为,更深层次的交往还需要硬件完备。这就需要加强在谈吐、举止、修养、礼节等各方面的素质,不然会导致另外一种效应的负面影响,这就是近因效应。要做到这一点,首先,要注重仪表风度,一般情况下人们都愿意同衣着干净整齐、落落大方的人接触和交往;其次,要注意言谈举止,言辞幽默、侃侃而谈、不卑不亢、举止优雅,会给人留下难以忘怀的印象。首因效应在人们的交往中起着非常微妙的作用,只要能准确地把握它,定能给自己的事业开创良好的人际关系氛围。

　　我(一名小学教师)在新学年接教新班级时,在上第一堂室外课前,按不同内容和教学要求,科学合理地布置好场地、器材,并注意运用了色彩(器材或标志物的颜色)的搭配和图形(场地布置图)的美观。课一开始,我以响亮、规范的口令,大方美观的队列动作在全体学生面前展现,同时加强课堂常规教育。让学生明确课上应遵守哪些常规,要求在整个教学练习中,学习态度端正、组织纪律观念强、学练气氛活跃,并深入细致地了解学生的情况,安排病体学生见习活动,使学生身心受益,从而取得了良好的教学效果。

　　既然人际交往中有这样一个首因效应在起作用,人们就可以充分利用它给对方留下良好的第一印象。可以从以下几方面把握。

　　首先,仪表很重要。人们通常把那些外表吸引力强的人看作友善、聪明且善于社交的人。外表吸引力很大程度上依赖于天生,但人们可以通过一些方法使自己的吸引力最大化,穿着打扮就是其中之一。因此,在与人交往的时候,注意自己的仪表非常重要,这包括穿戴是否整洁、得体,头发是否脏乱,指甲是否太长等。

　　其次,注意使用恰当的身体语言。在形成第一印象的因素中,重要性仅次于外表吸引力的就是身体语言。有研究表明,在人际交往中,身体语言的信息要比有声语言信息的内涵更丰富。现实中,大多数人是以直观迅速的方式理解别人的肢体语言的,有时这对于发现积极的或消极的信号有一定作用。为了建立良好的第一印象,要学会通过恰当的身体语言为自己加分。比如,坐的时候两脚要着地,坐和站的时候不要手臂交叉,还有要注意眼神接触等。

　　再次,让微笑拉近距离。有不同地位朋友在的场合,要保持微笑,体贴地招呼那些内向的、不为人注意的朋友,在社交中对弱势者的帮助会得到别人特别的感激。在其他社交场合,也应尽量主动向社会地位较低者打招呼。在有不能适应的生活条件与生活习惯的场合,也要学会克制,不要表现不适感与负面表情。

　　最后,行为举止要得体。恰当的言行举止能拉近与他人的关系,而不恰当的表达和行为则让人反感,这样的细节在生活中有很多。比如,在征询别人意见后再进入别人的房间、动别人的书架或者室内物品;在经别人同意的情况下才用别人的电脑;若坐在别人的私人座位上,通常不应该翻动别人的笔记本。

　　第一印象一旦形成,便很难改变,因此要珍惜这仅有的一次机会。在平时要注意自我修炼,比如观察自己,找到适合自己的打扮风格,不断学习和充实自己,适时展现自己的气质和风采。还有,一个人如果具备一技之长也会给人留下一个美好的第一印象。

　　2) 注意克服首因效应在人际交往中的认知误区

　　《三国演义》中凤雏庞统当初准备效力东吴,于是去面见孙权。孙权见庞统相貌丑陋,心中先有几分不悦,又见他傲慢不羁,更觉不快。最后,这位广招人才的孙仲谋竟把与诸葛亮比肩齐名的奇才庞统拒于门外,尽管鲁肃苦言相劝,也无济于事。

　　首因效应是一种直观的感觉,仅是在很短时间内对人的一种简单了解,受观察者主观认识的影响,具有较强的片面性。古语说"路遥知马力,日久见人心",仅凭第一印象就妄加判断,"以貌取人",往往会在人际交往中带来不可弥补的错误。

　　"知人者智,自知者明",能否正确把握人际认知,关系人际交往能否顺利进行。要走出对他人认知的心理误区,不以第一印象作为取舍判断的标准,应该意识到第一印象得之于较短时间的接触,又无以往的经验作为参照,主观性、片面性较强。所以,一定要注意其消极的一面,既不能因第一印象不好而全盘否定,又要防止被表面的堂皇所迷惑。要练就一番透过现象看本质的本事,在长期的相处中全面、正确地认识和了解他人。

2.2.2　近因效应

1. 近因效应的概念

近因效应与首因效应相反,是指在多种刺激依次出现的时候,印象的形成主要取决于后来出现的刺激,即交往过程中,人们对他人最近、最新的认识占了主体地位,会掩盖以往形成的对他人的评价。心理学家认为,在学习系列材料后进行回忆时,对该系列中的最后几个项目的回忆与对它们的识记相距时间最短,因而是从短时记忆中提取的。这种观点用改变识记与回忆之间间隔时间的方法进行实验可以得到证明。延缓回忆对首因效应没有影响,但却消除了近因效应,这说明短时记忆的提取促成了近因效应。在人的知觉中,如果前后两次得到的信息不同,但中间有无关工作把它们分隔开,后面的信息在形成总印象中起作用更大。这种现象是由于近因效应的作用。前后信息间隔时间越长,近因效应越明显。原因在于前面的信息在记忆中逐渐模糊,从而使近期信息在短时记忆中更为突出。

心理学研究表明,对陌生人的知觉,第一印象有更大的作用;而对于熟悉的人,对他们的新异表现容易产生近因效应。此外,一般心理上开放、灵活的人容易受近因效应的影响;而心理上保持高度一致、具有稳定倾向的人,容易受首因效应的影响。

美国心理学家卢钦斯(A. Ladins)用编撰的两段文字作为实验材料研究了首因效应与近因效应现象。他编撰的文字材料主要是描写一个名叫吉姆的男孩的生活片段,第一段文字将吉姆描写成热情并外向的人;另一段文字则相反,把他描写成冷淡而内向的人。例如,第一段中说吉姆与朋友一起去上学,走在洒满阳光的马路上,与店铺里的熟人说话,与新结识的女孩子打招呼等;第二段中说吉姆放学后一个人步行回家,他走在马路的背阴一侧,他没有与新近结识的女孩子打招呼等。在实验中,卢钦斯把两段文字加以组合:

第一组,描写吉姆热情外向的文字先出现,冷淡内向的文字后出现;

第二组,描写吉姆冷淡内向的文字先出现,热情外向的文字后出现;

第三组,只显示描写吉姆热情外向的文字;

第四组,只显示描写吉姆冷淡内向的文字。

卢钦斯让4组被试分别阅读一组文字材料,然后回答一个问题:"吉姆是一个什么样的人?"结果发现,第一组被试中有78%的人认为吉姆是友好的,第二组中只有18%的被试认为吉姆是友好的,第三组中认为吉姆是友好的被试有95%,第四组只有3%的被试认为吉姆是友好的。

这项研究结果证明,信息呈现的顺序会对社会认知产生影响,先呈现的信息比后呈现的信息有更大的影响作用。但是,卢钦斯进一步的研究发现,如果在两段文字之间插入某些其他活动,如做数学题、听故事等,则大部分被试会根据活动以后得到的信息对吉姆进行判断,也就是说,最近获得的信息对他们的社会知觉起了更大的影响作用。

2. 人际交往中的近因效应

人际交往中关于近因效应的例子,在人们的生活中随处可见。多年不见的朋友,在自己脑海中印象最深的往往是临别时情景;一个朋友总是让你生气,可是谈起生气原因,大概只能说上最近的两三条;某社会名流,一生声名卓著,到了晚年却因为一桩丑闻而臭名昭著;夫妻吵架,一气之下忘记了过去相濡以沫的恩情,闹着要离婚;多年的生死之交,可能因为最近的一次小小的误会而分道扬镳;人们在谈话中总爱把最近看到的事物作为话题,或是把最近看到的一本书上的内容作为例证来说服他人;企业的管理者在对员工进行评价时,往往也是把员工的最近表现作为重要的评价依据。

相关链接 2-5

　　小菲和小玲是一对多年的好朋友。小菲比小玲大一岁,平时就像姐姐一样关心小玲。小玲从心底里感激小菲,把小菲当作知心朋友。每次小玲在学校被同学欺负,小菲总是挺身而出,极力维护她。大家都知道她们关系非常密切。可是最近,小菲和小玲却因为一件小事闹翻了。小玲生气地对别人说:"我把她当姐姐一样的尊重,她却这样对待我。""唉,我对她一直都很关照,却因为最近得罪了她一次,她居然就不理我了。"小菲很伤心地说。原来,小玲因为小菲最近"得罪"了她,便把以往与小菲的友情全给抹杀了。从此,两人形同陌路。

　　在日常言语交流中,往往由于最后一句话奠定了整段话的感情基调。比如,介绍一个人时,前面说了他的很多优点,接下来一个"但是",数落了他的一些缺点,人们往往忽略了前面所听到的那些优点,反而对这些缺点记忆深刻。又比如,老师对学生说:"随便考上一个学校,该没有什么问题吧? 虽然录取率那么低。"或者说:"虽然录取率那么低,总能考上一个学校吧?"这两句话的意思是一样的,只因语序不同,但给人的印象截然相反,前者给人留下悲观的印象,后者则给人一种乐观的印象。

相关链接 2-6

　　清朝时,曾国藩带领他的湘军全力对付太平军。在最初的交锋中,湘军一直处于劣势,连续几次都吃了败仗。曾国藩在上报朝廷的奏折中如实写道:"湘军'屡战屡败'。"他的师爷看后,摇摇头,建议将"屡战屡败"改成"屡败屡战",曾国藩听从了建议。后来事实证明,这一举动是明智的。朝廷看到奏折后,认为曾国藩虽然连遭败仗,仍然顽强战斗,忠心可嘉,不但没有依照军法论处,反而对他委以重任。只是改变了"败"字的位置,便将一个败军之将的形象,塑造成为勇于挑战失败的正面形象,传达了一种百折不挠的勇者精神。

3. 近因效应在人际交往中的应用

　　近因效应提醒人们,在人际交往中要特别注意近期的表现,保持多年树立的良好形象。特别是在与老朋友交往中,对每一次的交往都要认真对待,千万不能因为自己一次出格的行为,毁了多年培养的深情厚谊。与朋友发生矛盾和争吵时,要等到彼此心平气和,再坐到一起促膝而谈,倾听各自的真实想法,避免多年的友情毁于一旦;在朋友临别之际,给予他美好的祝福,即使曾经有过嫌隙,也会在这一刻冰释前嫌。

　　但是,与首因效应一样,近因效应使人们仅根据人的一时一事去评价一个人或人际关系,割裂了历史与现实、现象与本质的关系,影响了人们对人和事做出客观、正确的评价和判断。因此,在认识他人时,不能只看一时一事,被暂时的、个别的行为所迷惑,要培养全面考虑的思维方式,结合对方一贯的行为做出公允的评判,从而消除由于近因效应而产生的认知偏差。

　　罗兰曾说过:"交朋友不是让我们用眼睛专挑选那些十全十美的人,而是让我们用心去吸引那些志同道合的人。"最近的印象往往是最清晰、最深刻的印象,却不一定是最全面、最正确的判断。不能因为对一滴水的厌恶,就否定了大海的浩瀚;不能因为对一片云的恼怒,就放弃了整片天空。

"近因效应"还告诉人们,怒责之后莫忘安慰。也就是说,在批评过程中,难免有些情绪化,但只要结束语妥帖,安慰几句,就能给对方留下一个好印象。尤其是在教育过程中,作为家长、教师如果在对孩子实施批评教育时,能利用近因效应的作用,那么亲子关系、师生关系就会缓和很多。比如,多使用类似"也许,我的话讲得重了一点,但愿你能理解我的一番苦心""很抱歉,刚才我太激动了,希望你能好好加油!"等类话语作结束语,孩子就会有受勉励之感,认为这一番批评虽然严厉了一点,但都是为了我好。相反,如果用"懂了没有""听不听由你,到时候一起算账""如果再犯,我绝不会饶你"等命令式的结束语,只能给孩子留下一个可恶的印象,加深孩子的逆反心理,从而破坏亲子关系,造成师生关系更加紧张的情况。

2.2.3 晕轮效应

1. 晕轮效应的概念

晕轮效应,是指人们对他人的认知由于主观推断而形成的一种夸大的社会印象,往往从一个局部出发,进而扩散得出整体印象,好比在云雾的作用下,日月的光辉扩散到四周,形成了一个光环,因此晕轮效应又被称为"光环效应"。一个人如果被标明是好的,他就会被一种积极肯定的光环笼罩,并被赋予一切都好的品质;如果一个人被标明是坏的,他就被一种消极否定的光环所笼罩,并被认为具有各种坏品质。比如中国常说的"情人眼里出西施""一白遮百丑""爱屋及乌"等俗语都属于晕轮效应的表现。

相关链接 2-7

美国心理学家凯利为了证实晕轮效应的科学性,以麻省理工学院两个班级的学生为对象,精心设计了一个心理试验。一天,凯利向两个班的学生宣布,自己因故离开一段时间,临时请一位研究生代课。他向第一个班的学生介绍这位研究生时,将他描述成具有热情、勤奋务实、果断等项品质的人;而向另一班学生介绍时,将其中"热情"一词换成了"冷漠",其他各项完全相同。

仅一词之差,效果却大相径庭。下课之后,前一班的学生与研究生一见如故,亲密攀谈,而另一个班的学生对他却敬而远之,冷淡回避。可见学生们对"热情"和"冷漠"这两组词的反应比较敏感,当他们戴着有色眼镜评判他人时,这位研究生便被分别罩上了"冷""暖"两种不同色调的晕轮,极大地影响了他受欢迎的程度。

资料来源:陈倩. 改变生活的心理学法则[M]. 武汉:武汉出版社,2009.

日常生活中对他人的知觉大多数都受晕轮效应的影响。由于它使得人们仅根据人的某一突出特点评价、认识和对待人,如某人一次表现好,就认为他一切皆优,犯了一次错误,就说他一贯表现差等。所以,晕轮效应是一种把人们引入对人知觉误区的常见的社会心理效应。

2. 人际交往中的晕轮效应

在日常人际交往中,晕轮效应的影响无处不在。比如沐浴在爱河之中的情侣,彼此相悦,隔着爱慕这层美妙的面纱,便很少从对方身上找出缺点。因为喜欢,对方的缺点在他们看来也成了个性十足的"优点",因为喜欢,心境变得开阔,任何无伤大雅的缺点都可以包容。

　　人们在生活中也常受到晕轮效应的影响，以偏概全地对他人轻下判语。人们通常会认为漂亮的孩子更聪明；成绩好的孩子一定品性优秀；漂亮的女人一定举止优雅，富有教养；风度翩翩的男士一定事业较为成功，家境殷实；偶尔发过一次脾气的同事一定是个脾气暴躁、难以相处的家伙；因为喜欢一个人，便爱屋及乌地喜欢上了与他相关的人或物等。

　　晕轮效应更容易发生在不熟悉的人之间，或者较为感性的人身上。外表是最能产生晕轮效应的因素。除此之外，晕轮效应还体现在以服装评判对方的品位和地位，以初次的言谈举止判定对方的才能与品德，以偶然性的行为判定一贯性的行为等方面。在人际交往中，或许无意中的一个粗俗的举止，便会让你在朋友的眼中大打折扣；或许一个善意的举动，便能让你光彩倍增，在别人心中留下良好的印象。

3. 晕轮效应在人际交往中的应用

　　晕轮效应根据事物的个别特征，由于主观推断而形成的一种夸大事物总体特征或印象的现象。生活中的每个人都会在不同程度上受晕轮效应的影响，要根据其特性，在人际交往中很好地应用。

　　一方面，可以在人际交往中利用晕轮效应的积极因素，因为人与人之间的接触总是有限的，在有限的时间与空间内，人们只能用点滴的了解来全面地概括一个人。因此要注意做好工作与生活中的每一件小事，要敢于展示自己，让更多的人了解自己的优点和长处，尽可能利用自己的优势制造晕轮效应，增加自己的人际吸引力，同时，注意克服不良形象，减少自己在他人心目中的负面形象，勿以恶小而为之，勿以善小而不为。如在应聘、交友过程中，如果能够巧妙地运用晕轮效应，有意将自己最优秀的一面展示出来，便容易博得他人的好感与认可，获得事半功倍的效果。

相关链接 2-8

　　小刘是一位刚毕业的专科生。一天，他来到一家公司应聘，发现其他应聘者大多是本科、研究生学历，顿时傻了眼。他想，如果按照常规程序投递简历，自己肯定没戏。于是，他趁中午招聘人员吃午饭时，拿着一张全英文版的画报在他们面前阅读。不出所料，招聘人员被彩色画报吸引，探过头来向小刘询问。小刘利用自己深厚的英文功底，用一口流利的英语向招聘人员介绍画报上的内容。最后，他们对眼前这位擅长英文的小伙子十分青睐，从众多高学历的应聘者中录用了仅有专科学历的小刘。

　　另一方面，在人际交往中，应注意不要被别人的晕轮效应所影响，陷入以偏概全的误区。在结交朋友时，不要孤立地以貌取人，以某一言行取人，以某一长处或短处取人，否则会形成不正确的认知，妨碍自己全面观察、评价人，既不能从消极品质突出的人身上发现其积极的品质和优点，也不能看到积极品质突出的人的缺点和不足，对人做出"一无是处"或"完美无缺"的评价。其实要真正认识一个人，仅靠自己是不行的，单靠几个朋友的介绍也是不够的，而是需要广开信息渠道，从"内围"到"外围"，从正面评价到反面意见，进行全方位的信息收集，认真分析，这样判断才能比较准确。

　　事实上，在现实生活中，一无是处和完美无缺的人都是不存在的。所以，晕轮效应带给人们认知最大的缺陷便是容易形成偏见，一叶障目，不见泰山，以点带面，以偏概全，容易影响对人的评价的准确性和可信度。认识和掌握这一心理效应，有助于克服认知偏差，也有利于了解别人产生偏见的原因，做到"知彼知己，百战不殆"。

2.2.4 投射效应

1. 投射效应的概念

投射效应是指以己度人,认为他人具有与自己相同的特性,把自己的感情、意志、特性投射到他人身上并强加于人的一种认知障碍。即在人际认知过程中,人们常假设他人与自己具有相同的属性、爱好或倾向等,常认为别人理所当然地知道自己心中的想法。例如,心地善良的人认为世人都是善良的,敏感多疑的人往往认为别人也不怀好意,自我感觉良好的人便认为自己在别人眼中同样也很优秀等。

一般而言,投射效应的表现形式主要分为感情投射和缺乏认知客观性两种。前者认为别人的喜好与自己相同,将自己的思维方式强加给对方,例如,以米饭为主食的南方人到了北方,便对北方人以馒头为主食不理解。喜欢高雅音乐的人对听流行音乐的年轻人嗤之以鼻,认为他们俗不可耐,根本不懂音乐。他们主观地将自己的认知当作客观的评判标准,把自己的感情投射到他人或事物之上,认为自己喜欢的人或物都是美好的,自己厌恶的都是丑恶的,最终陷入主观臆断的泥潭。

心理学家罗斯为了研究投射效应,曾做过一个著名的实验。他在 80 名参加实验的大学生中征求意见,问他们是否愿意背着一块大牌子在校园里走动。结果,48 名大学生同意背大牌子在校园内走动,并且认为大部分学生都会乐意背;而拒绝背大牌子的学生则普遍认为,只有少数学生愿意背。可见,这些学生将自己的态度投射到其他学生身上。

2. 人际交往中的投射效应

在日常生活中,人们常错误地将自己的想法和意愿投射到别人身上,尤其是当对方的年龄、性别、经历等方面的因素与自己相似时,人们在潜意识中习惯将对方当作自己的影子,容易发生投射效应。

"以小人之心度君子之腹"便是一种典型的投射效应。当别人的行为与自己不同时,习惯用自己的标准衡量别人的行为。心胸狭隘的人认为别人大多是小肚鸡肠之辈,喜欢忌妒的人常将别人行为的动机归纳为忌妒,脾气暴躁的人通常认为别人也缺乏耐心。自己喜欢的生活方式,朋友一定也喜欢;父母喜欢的院校和专业,孩子一定有兴趣;女人喜欢逛街,男人一定也乐意奉陪等。

> **相关链接 2-9**
>
> 宋代著名学者苏东坡和佛印和尚是一对好朋友,两人经常一起吟诗作赋。一天,苏东坡去拜访佛印,与佛印相对而坐,苏东坡对佛印开玩笑说:"我看你是一堆狗屎。"佛印则微笑着说:"我看你是一尊金佛。"苏东坡觉得自己占了便宜,十分开心。回家以后,苏东坡得意地向妹妹提起这件事,苏小妹说:"哥哥你错了。佛家说'佛心自现',你看别人是什么,就表示你看自己是什么。"

3. 投射效应在人际交往中的应用

投射效应使人们倾向于按照自己是什么样的人来知觉他人,而不是按照被观察者的真实情况进行知觉。当观察者与观察对象十分相像时,观察者会很准确,但这并不是因为他们的知觉准确,而是因为此时的被观察者与自己相似,他们的发现是正确的。有一句"尔之砒霜,吾之熊掌"的俗语,便是告诫人们不要轻易地以己度人。自己珍视的东西,别人未必喜欢;即使是世人大多认可的东西,也有人不喜欢。人们在认知他人的时候,既不能依据自身的偏好,也不能墨守成规地将世人公认的常理"投射"给他人。

"横看成岭侧成峰,远近高低各不同",因为性别、年龄、性格、经历等因素的差异,人们观看的视角往往不尽相同,各自产生的认知也各有千秋。世界上从来找不到两片完全相同的叶子,更何况是复杂多变的人心呢? 每个人都生活在各自孤立的小世界中,人们很难开启他人的心扉,了解到他们的真实想法和需求。如果用自己的主观感受猜度别人的心思,将无法真正了解别人,也无法真正了解自己。

一位心理学家曾经说过,人们往往认为自己生活的四周是晶莹剔透的玻璃,能够透过这层玻璃看到外面真实的世界。事实上,每个人的周围都是一面巨大的镜子,人们所看到的不是外面的世界,仅是自己投射的一个影子而已。因此,为了克服投射效应带来的认知心理偏差,需要辩证地、一分为二地对待别人和对待自己。

2.2.5 刻板效应

1. 刻板效应的概念

刻板效应又称定型效应,是指人们用刻印在自己头脑中的关于某人、某一事物的固定印象,以此固定印象作为判断和评价人的依据的心理现象。在人际交往中,刻板效应常使人们对他人的认知固定化。刻板效应也是一种认知偏见,人们不仅对接触过的人会产生刻板印象,还会根据一些不是十分真实的间接资料对未接触过的人产生刻板印象。比如,人们一般认为工人豪爽,农民质朴,军人雷厉风行,知识分子文质彬彬,商人较为精明。另外,性别、年龄等因素,也可成为刻板效应对人分类的标准。例如,按年龄归类,认为年轻人上进心强,敢说敢干,而老年人则墨守成规,缺乏进取心;按性别归类,认为男人总是独立性强,竞争心强,自信和有抱负,而女性则是依赖性强,起居洁净,讲究容貌,细心温柔。

2. 刻板效应在人际交往中的应用

由于刻板印象建立在对某类成员个性品质抽象概括认识的基础上,反映了这类成员的共性,有一定的合理性和可信度,所以它可以简化人们的认知过程,有助于对人迅速做出判断,增强人们在沟通中的适应性。但刻板效应在人际交往中表现的更多的是消极作用,它容易阻碍人们对于某类成员新特性的认识,使人认识僵化、保守。一旦形成不正确的刻板印象,用这种定型衡量一切,就会造成认知上的偏差,如同戴上有色眼镜去看人。

> **相关链接 2-10**
>
> 人有亡铁者,意其邻之子。视其行步窃铁也,颜色窃铁也,言语窃铁也,动作态度,无为而不窃铁也。俄而,抇其谷而得其铁。他日,复见其邻之子,动作态度,无似窃铁者。
>
> ——《吕氏春秋·疑人偷斧》

相关链接 2-10 中的小故事大意是说,有一个农夫丢失了一把斧子,怀疑是邻居的儿子偷盗,于是观察他走路的样子,脸上的表情,感到其言行举止都像偷斧子的贼。后来农夫找到了丢失的斧子,他再看邻居的儿子,就觉得其言行举止中没有一点偷斧子的模样了。这则故事描述了农夫在刻板效应作用下的心理活动过程。

刻板印象毕竟只是一种概括而笼统的看法,不能代替活生生的个体,一定要深刻认识其消极作用,否则,在与人交往时,"唯刻板印象是瞻",像"削足适履"的郑人,宁可相信作为"尺寸"

的刻板印象,也不相信自己的切身经验,就会出现错误,导致人际交往的失败,自然也就无助于人们获得成功。

2.2.6 刺猬法则

1. 刺猬法则的概念

心理学上的刺猬法则也称作距离效应,是指人际交往中需要保持恰当的距离,既能保留彼此之间的美好印象,又能避免因为走得太近而带来伤害。

为了研究刺猬在寒冷冬天的生活习性,生物学家曾经做过这样一个实验:把十几只刺猬放到户外的空地上。这些刺猬被冻得瑟瑟发抖,为了取暖,它们只好紧紧地靠在一起。相互靠拢后,刺猬身上的长刺又让彼此不堪忍受,很快又各自分开了。挨得太近,身上会被刺痛;离得太远,又冻得难受。没过多久,刺猬为了抗寒又逐渐靠拢。经过多次的摸索,它们逐渐找到了一个适中的距离,既可以相互取暖,又不致被彼此刺伤。

人们通常希望朋友之间能够亲密无间,夫妇之间能够如胶似漆,上下级之间能够推心置腹。然而,许多人都有类似的经验和体会,即与别人的关系越亲密,越容易经常与其发生摩擦和矛盾,反倒不及与初次见面者交往容易。如家庭成员、情侣之间常相互埋怨,正是人际交往距离中刺猬法则的表现。刺猬法则告诉人们,距离太远让彼此产生疏远感,不易成为肝胆相照的知己;距离太近容易看到对方的缺点,破坏曾经的美好形象,甚至会伤害彼此。唯有保持合适的距离,才能维持和谐美好的人际关系。

2. 刺猬法则在人际交往中的应用

人和人之间需要保持一定的空间距离。人人都需要一个能够把握的自我空间,它犹如一个无形的"气泡"为自己划定了一定的"领域",而当这个"领域"被他人触犯时,人便会觉得不舒服、不安全,甚至开始恼怒。

法国总统戴高乐是一个非常会运用心理距离效应的人,他的座右铭是:"保持一定的距离!"这句话深刻地影响了他与自己的顾问、智囊以及参谋们的关系。在戴高乐担任总统的十多年中,他的秘书处、办公厅与私人参谋部等顾问及智囊机构中任何人的工作年限都不超过2年。他总是这样对刚上任的办公厅主任说:"我只能用你两年,就像人们无法把参谋部的工作当作自己的职业一样,你也不能把办公厅主任当作自己的职业。"这就是他的规定。

后来,戴高乐解释说,这样规定有两个原因:①他觉得调动很正常,而固定才不正常。这可能是受部队影响,因为军队是流动的,不存在一直固定在一个地方的军队。②他不想让这些人成为自己"离不开的人"。唯有调动,相互之间才能够保持一定距离,才能够确保顾问与参谋的思维、决断具有新鲜感及充满朝气,并能杜绝顾问与参谋们利用总统与政府的名义徇私舞弊。

独生子女没有同胞兄弟姐妹共同生活的经验,容易形成感情的"自我中心",容易养成不善于团结,不善于同情,不善于竞争,不善解人意,缺少协作,不尊重人,缺少助人为乐的品质和行为。在平时的家庭生活中,爸爸妈妈、爷爷奶奶、姥姥爷爷都成了孩子支配的对象,大人处处围着孩子转,什么事情都依顺孩子,甚至孩子提出无理要求,也采取迁就纵容的态度。从心理角度看,家长在孩子心目中特殊的心理地位,决定了家长与孩子之间必然存在一定的心理距离,与其像两只刺猬"紧挨在一块,反而无法睡得安宁",倒不如保持一种"亲密有间"的关系,家长对独生子女的正确态度,应该是爱而不宠,养而不娇,对孩子做到严格管教,精心培养才是真正的爱。

人与人之间的交往,一定要把握好分寸。尽管有着良好的愿望,希望自己所拥有的人际关系亲密度越高越好,但还必须记住"亲密并非无间,美好需要距离"。

（1）要尊重别人的隐私。不论多么亲密的人际关系，也应彼此保留个人心理空间。人们总以为亲密的人，比如夫妻之间、父母与子女之间，似乎不应当有什么隐私可言。其实，越是亲密的人，越要尊重对方的隐私。这种尊重表现为不随便打听、追问他人的内心秘密，也不随便向别人吐露自己的隐私。过度的自我暴露，虽不存在打听别人隐私的问题，却向对方靠得太近，容易失去应有的正常交际距离。

（2）要有容纳意识。容纳意识要求尊重个性差异，容纳对方的缺点，谅解对方的一般过错。"水至清则无鱼，人至察则无徒。"没有容纳意识，迟早会将人际关系推向崩溃的边缘。

（3）要懂得运用距离效应。距离效应是指由于时间的阻隔，彼此间有了距离，一旦距离缩短，重新相聚，双方的感情便能得到充分宣泄。在这里，距离成了情感的添加剂。可见，有时距离的存在也能给人以美的享受。因此，应当培养自己保持一定距离看他人的习惯，同时，也不要时刻刻把自己的透明度设置为百分之百。内心没有隐秘虽然能够显示自己的坦荡，但也会因此失去了应有的人际距离，无形中为以后的人际矛盾埋下祸根，从而导致人际关系出现压力，这种做法并不明智。

2.2.7　皮格马利翁效应

1. 皮格马利翁效应的概念

皮格马利翁效应也叫作期待效应，是指在人际交往互动中，人们期待交际对象达到自己期望的标准，并在交际中用这种标准要求、对待对方，最终使他们实现这种目标。在这个心理效应中，期待者将自己的期待投向被期待者，从而对被期待者产生巨大影响，最终使期待变为现实。人们的期望值越高，对方的实现值就越高。皮格马利翁是古希腊神话中塞浦路斯国王。相传，他性情孤僻，一人独居，擅长雕刻。他用象牙雕刻了一尊理想中的少女像，神采飘动，栩栩如生，呼之欲应，为之起名加勒提亚。皮格马利翁深深地爱上了这个石雕少女，如痴如醉，把全部热情和希望都放在了它身上。爱神阿芙罗荻忒（Aphrodite）见他感情真挚，深受感动，便赋予那块冰冷的石头以生命，从架子上走了下来，皮格马利翁遂娶她为妻，他们结婚并幸福地生活。这个美丽的神话故事后来衍化为皮格马利翁效应。

2. 皮格马利翁效应在人际交往中的作用

皮格马利翁效应中包含广泛的组织行为变量，包括人际间期望、沟通、领导、自我期望、激励和绩效。因此，在日常人际交往中，我们可以得出这样一个启示：赞美、信任和期待具有一种能量，它能改变人的行为。当一个人获得另一个人的信任、赞美时，他便感觉获得了社会支持，从而增强了自我价值，变得自信、自尊，获得一种积极向上的动力，并尽力达到对方的期待，以避免对方失望，从而维持这种社会支持的连续性。

皮格马利翁效应告诉我们，对一个人传递积极的期望，就会使他进步得更快，发展得更好。反之，向一个人传递消极的期望则会使人自暴自弃，放弃努力。皮格马利翁效应在学校教育的师生交往中表现得非常明显。受老师喜爱或关注的学生，一段时间内学习成绩或其他方面都会有很大进步，而受老师漠视甚至是歧视的学生就有可能从此一蹶不振。一些优秀的老师也在不知不觉中运用期待效应来帮助后进学生。

3. 皮格马利翁效应的案例

戴尔·卡耐基很小的时候，母亲就去世了。在他 9 岁的时候，父亲又娶了一个女人。在继母进家门的那天，父亲指着戴尔·卡耐基对她说："以后你可千万要提防他，他可是全镇公认最坏的孩子，你就会被这个倒霉蛋害得头疼不已。"卡耐基本来就不打算接受这个继母，在他心中，一直觉得继母这个名词会给他带来霉运。但继母的举动出乎卡耐基的意料，她微笑着走到卡耐基面前，摸着卡耐基的头，然后责怪丈夫："你怎么能这么说呢？你看哪，他怎么会是全镇最坏的男孩呢？他应该是全镇最聪明最快乐的孩子才对。"继母的话深深地打动了卡耐基，从来没有人对他说过这种话，即使母亲在世时也没有。继母的这一句话，使他和继母建立了友谊。这一句话也成为激励他的一种动力，使他日后创造了成功的 28 条黄金法则，帮助千千万万的普通人走上成功的光明大道。

2.3　人际交往吸引规律

人际关系心理由相互联系的三部分组成：认知、情感和行为。其中，情感表现为人与人之间的喜爱或不喜爱，或个体之间主观感受的相互依存程度，即人际吸引。友谊与爱情是人际吸引的最亲近表现。在阐述人际交往吸引规律之前，有必要先认识人际交往过程。

2.3.1　人际交往过程

社会心理学家奥尔特曼和泰勒(I. Altman, D. A. Taylor)对人际关系建立与发展的过程进行了专业研究。他们认为，良好的人际关系一般要经过定向、情感探索、感情交流和稳定交往4 个阶段。

1. 定向阶段

定向阶段包含对交往对象的注意、抉择和初步沟通等多方面的心理活动。在熙熙攘攘的人类世界里，人们不会和任何一个人都建立良好的人际关系，而是对人际关系的对象有高度的选择性。通常情况下，只有那些具有某种会激起我们兴趣的特征的人，才会引起特别注意。在一个团体中，人们在人际关系方面会将这些人放在注意的中心。

注意也是选择，它本身反映某种需要倾向。比如在选择恋人时，某些与观念中理想的情人形象接近的异性，尤其会吸引人们的注意。

与注意不同，抉择是理性的决策。而注意的选择是自发的、非理性的。究竟决定选择谁作为交往对象，并与之保持良好的人际关系，往往要经过自觉的选择过程。只有那些在价值观念上具有重要意义的人，才会被选作交往和建立人际关系的对象。

初步沟通是在选择一定交往对象之后，试图与这一对象建立某种联系的实际行动。目的是对别人获得一个初步了解，以便使自己知道是否可以与对方有更进一步的交往，从而使彼此之间人际关系的发展获得一个明确的定向。由于初步沟通实际上是试图建立更深刻关系的尝试，因此，尽管暴露的有关自我的信息是最表面的，但都希望在初步沟通过程中给对方留下良好的第一印象，以便使以后关系的发展获得一个积极的定向。

人际关系的定向阶段，其时间跨度随情况不同而不同。邂逅相见恨晚的人，定向阶段会在第一次见面时就完成。对于有经常接触的机会而彼此又都有较强自我防卫倾向的人，这一阶段要经过长时间沟通才能完成。

2. 情感探索阶段

情感探索阶段的目的是彼此探索双方在哪些方面可以建立真实的情感联系，而不仅停留在一般的正式交往模式。在这一阶段，随着双方共同情感领域的发现，双方的沟通也会越来越广泛，自我暴露的深度与广度也逐渐增加。但在这一阶段，人们的话题仍避免触及别人私密性的领域,自我暴露也不涉及自己根本的方面。尽管在这一阶段人们在双方关系上已开始有一定程度的情感卷入,但双方的交往模式仍与定向阶段类似,具有很大的正式交往特征,彼此仍然注意自己表现的规范性。

3. 感情交流阶段

人际关系发展到感情交流阶段,双方关系开始出现实质性变化。此时双方的人际关系安全感已经得到确立,谈话开始广泛涉及自我的许多方面,并有较深的情感卷入。如果关系在这一阶段破裂,将会给人带来相当大的心理压力。在这一阶段,双方的表现已经超出正式交往的范围,正式交往模式的压力趋于消失。此时,人们会相互提供真实的评价性的反馈信息,提供建议,彼此进行真诚的赞赏和批评。

4. 稳定交往阶段

在这一阶段,人们心理上的相容性会进一步增加,自我暴露也更广泛深刻。此时,人们已经可以允许对方进入自己高度私密领域,分享自己的生活空间和财产。但在实际生活中,很少有人达到这一情感层次。许多人同别人的关系没有在第三阶段的基础上进一步发展,而是仅在第三阶段的同一水平上简单重复。

2.3.2   人际吸引条件

人际关系在经历定向、情感探索、感情交流和稳定交往的发展过程中,有哪些因素或条件可以影响人际吸引,增加交往个体的受欢迎程度呢?总结社会心理学家在人际吸引领域的研究,可以发现人际吸引主要在于魅力吸引性、邻近性和熟悉性、相似性和互补性、交互性和增减性、自我表露性(约哈里窗户理论)吸引等。

1. 魅力吸引性

一个人的魅力是影响人际吸引的最直接因素,具体体现在仪表、容貌、才能、人格品质等。这些因素在决定人际情感上起很大作用。人们喜欢美的东西,这是一种自然倾向。

1)仪表与容貌

仪表与容貌对于人际吸引的影响是显而易见的。爱美是人的天性,无论在哪种文化背景中,美貌都是一种财富,令人向往。仪表与容貌是人际交往尤其是初步接触中的一个重要的吸引因素。人的长相、穿着、仪态、风度等都会影响人们彼此间的吸引力。同时,大量的社会心理学实验资料表明,外貌魅力会引发明显的"辐射效应",使人们对高魅力者的判断具有明显的倾向性。心理学家兰迪(D. Landy)等人1974年进行了一项相关研究,他们让男性被试评价有关电视影响社会的短文。被试被告知短文的作者都是女性。论文的客观质量有好坏两种。实验分为有魅力组、无魅力组和控制组。有魅力组接到的短文附有作者照片,照片为一个公认有魅力的女性;无魅力组所附的照片则是没有魅力的女性;控制组所读的短文没有附照片。表 2-1 为该实验的结果。

表 2-1   魅力与短文被认为的质量

短文的客观质量	作者外表吸引力			总计
	有魅力	控制组	无魅力	
好	6.7	6.6	5.9	6.4
坏	5.2	4.7	2.7	4.2
总计	6.0	5.5	4.3	

注:表中指数表明短文被认为的质量水平。

从表2-1中可以清楚地看到,同样的文章,当被认为是有魅力的作者写的时候,得到的评价更高,文章本身质量并不好时尤其如此。

实验:戴恩等研究者给大学生看3个大学生的照片:一个外貌漂亮,一个相貌平平,一个相貌丑陋。然后要求这些大学生估计他们3人未来是否幸福。结果发现,外貌具有吸引力的人得到了更多的肯定回答。

但是,进一步的研究表明,人们对有魅力的人所做的判断并不总是朝有利的一面倾斜。西格尔(H. Sigal)1975年做了一个饶有兴趣的研究。研究给被试详细的案件材料,让他们设想自己是法官,对罪犯进行判决。罪犯都是女性,分为3组:一是有魅力组,案件材料中附有漂亮的照片;二是无魅力组,案件材料中附有缺乏魅力的照片;三是对照组,案件材料相同,但没有照片。案件有两种类型,一种是诈骗,另一种是夜盗。表2-2是该研究的结果。

表2-2 判刑的平均年数

罪行	被告人的魅力		
	有魅力	无魅力	对照组
诈骗	5.45	4.35	4.35
夜盗	2.80	5.20	5.10

显然,对于同美貌有关的诈骗罪,被试者倾向于认为有魅力的女性罪犯利用美貌进行诈骗犯罪,因而明显给予重判,平均刑期明显长于其他两组;而其他两组则没有明显差别。而在明显与外貌无关的夜盗罪上,有魅力的罪犯则得到了更多的同情,有明显的光环效应存在,平均判刑年数远低于其他两组。

从以上的研究资料可以看出,外貌在人际情感中的作用较大,尤其是在交往的初期,好的外貌容易给人一种良好的第一印象。人们往往会以貌取人,并产生光环效应,即人们倾向于认为外貌美的人也具有其他的优秀品质,使人们对有美貌的人其他方面作更积极的评价。但是,如果人们感到有魅力的人在滥用自己的美貌,会反过来倾向于对她们实施更为严厉的惩罚。

随着交往时间的延长,仪表与容貌的影响作用将越来越小,吸引力从外在因素逐渐转入人们内在的道德品质与才能。

2)才能

在其他条件相等的情况下,一个人能力越高、越是完善,就越是受到欢迎。因为这种能力和特长本身就有一种吸引力,使他人对之产生敬佩感并欣赏其才能,愿意与之接近。但是,才能与人际吸引力不是简单地表现为正比例关系。当才能对别人构成压力,让对方感到自己无能和失败时,则成为影响人际吸引力的消极因素。E. 阿朗逊做了该方面的研究。

心理学家E. 阿朗逊等曾经研究让被试听4个人的讲话录音,这4个人的情况如下。

A. 一个能力超凡的人　　B. 一个犯过错误的能力超凡的人

C. 一个平庸的人　　D. 一个犯过错误的平庸的人

然后让被试对4个人的可接受程度进行评价,结果发现受欢迎程度从高到低的顺序为:B>A>C>D。

因此,研究结论是有才能的人如果犯一些"小错误",会更增加他们的吸引力。这是因为人对于别人有两种不同的需要,一方面,人希望自己周围的人有很好的才能,有一个令人愉快的人际交往背景;另一方面,如果别人超凡的才能可望而不可即,则会使人感到一种压力。因此,当一个榜样被描绘成在才能和人格完善上都达到了普通人不可企及的地步时,人们就只好敬而远之了。

3) 人格品质

人格品质是人格美的具体表现,外表美是一时的,而心灵美是经久不衰的。比起容貌和才能,个性品质具有无与伦比的吸引力,而且这种吸引力比较持久、稳定与深刻。

美国学者安德森(N. Anderson)研究了影响人际关系的人格品质。他将555个描绘个性品质的形容词列成表格,让大学生被试按照喜欢程度由高到低排成序列。在这一序列中,有代表性的个性品质有3类:排在整个序列最前面的是高度受人喜欢的品质,位于序列中间的是介于积极与消极之间的中性品质,排在序列末尾的是高度令人讨厌不受欢迎的品质。

表2-3是主要研究结果,可以看出,排在序列最前面、喜爱程度最高的6个人格品质是真诚、诚实、理解、忠诚、真实、可信,它们或多或少、直接或间接同真诚有关;排在最后受喜爱水平最低的几个品质,如说谎、假装,都与真诚的对立面有关。所以在人格品质中真诚最令人欢迎,虚伪、撒谎最令人讨厌。

表2-3　影响人际关系的主要个性品质

积极品质	中间品质	消极品质
真诚	呆板	古怪
诚实	大胆	不友好
理解	谨慎	敌意
忠诚	易激动	饶舌
真实	文静	自私
可信	冲动	粗鲁
智慧	好斗	自负
可信赖	腼腆	贪婪
有思想	易动情	虚伪
体贴	羞怯	不善良
热情	天真	不可信
善良	不明朗	恶毒
友好	好动	虚假
快乐	空想	令人讨厌
幽默	追求物欲	冷酷
负责	反叛	邪恶
开朗	孤独	装假
信任	依赖别人	欺骗

在个人魅力吸引性中,外表与容貌、才能以及个人品质几个方面是相辅相成的关系。例如,一个长相和衣着都很漂亮的人粗俗无知、出口伤人,他只能失去外表的吸引力而被人厌恶;一个人很有才华与能力,但是德行很低,属于"有才无德"之人,他的人际吸引力度也会很差;而"我很丑,但很温柔",以内在美、内在人格品质弥补形象的不足,反而会产生吸引力。现实生活中,同时

具备3种吸引力的人不多,但决不能因为人人都不完美,所以就放弃完善自己。"女人不是因为美丽而可爱,而是因为可爱才美丽。"托尔斯泰的至理名言适合于任何国家、任何时代。

2. 邻近性和熟悉性

日常生活中,人们除了在少数时候把喜欢的情感投向自己认同的歌星、影星、体育明星之外,更多的时候把这种情感投向周围与自己有直接交往的对象,并在其中选择交往或合作的伙伴。能够相互接触、彼此之间存在交往的可能性,就形成了人际交往中的邻近性或熟悉性因素,成为人际吸引的另一个重要条件。

研究表明,距离越接近,交往的频率可能就越高,双方就会越熟悉,也就越容易建立良好的人际关系。这是因为,彼此空间距离缩短的同时,拉近了双方的心理距离,消除了戒备心,容易产生比较亲密的感情。邻近性和熟悉性是增进交往的重要因素,尤其在交往的早期阶段。

相关链接 2-13

美国心理学家康恩做过一项实验,进一步证实了空间距离对人际交往中心理距离的影响。这个实验的测验内容是,当一个人与异性谈话时,距离多远时容易产生好感。在这项实验中,如果被试是男性,就让两位外表较为接近的女性(避免魅力吸引性的误差)实验者与他谈话,其中一位女性坐在距离他50厘米处的沙发上,另一位则坐在距离他2米远的椅子上。谈话时,她们两个的态度完全相同。实验结果显示,男性对于坐在自己身旁的女性较有好感。如果被试是女性,一般而言,也是对坐在自己身旁的男性较有好感。

资料来源:陈倩. 改变生活的心理学法则[M]. 武汉:武汉出版社,2009.

在人际交往中,细心观察就会发现,那些人缘很好的人,大多性格活泼开朗,往往将邻近性和熟悉性原则发挥得淋漓尽致。他们善于制造双方接触的机会,提高彼此间的熟悉度,然后互相产生更强的吸引力。例如,当你刚认识一位新朋友时,会觉得他其貌不扬,没有因为较好的外表产生较强的吸引力,但是,经过一段时间的朝夕相处,逐渐觉得他顺眼多了,有时甚至会发现他在某些方面很有魅力。中国有句俗语"远亲不如近邻",亲戚朋友之间多来往能增进感情,否则就可能会慢慢疏远,但是天天见面的邻近之间却会产生较好的关系。也有社会心理学的实验做佐证:在一所大学的女生宿舍楼里,心理学家随机找了几个寝室,发给她们不同口味的饮料,然后要求这几个寝室的女生可以以品尝饮料为理由,在这些寝室间互相走动,但见面时不得交谈。一段时间后,心理学家评估她们之间的熟悉和喜欢的程度,结果发现,见面的次数越多,互相喜欢的程度越大;见面的次数少或根本没有,相互喜欢的程度也较低。

相关链接 2-14

心理学家费斯廷格在1950年曾做了一个简单而有趣的实验。这位心理学家对麻省理工学院17幢已婚学生的住宅楼进行了调查,这是些二层楼房,每层有5个单元住房。住户住进哪个单元,完全是随机的。调查的对象是所有住户的主人,调查的问题是:在这个居住区中,和你经常打交道的、最亲近的邻居是谁?调查结果表明,居住距离越近的人,交往的次数越多,关系越密切。在同一楼层中,和隔壁的邻居交往的概率是41%,和隔一户的邻居交往的概率是22%,和隔3户交往的概率只有10%。多隔几户,实际距离没有增加多少,亲密度却降低了很多。

资料来源:陈倩. 改变生活的心理学法则[M]. 武汉:武汉出版社,2009.

若想增强人际吸引，就要提高自己在别人面前的熟悉度，这样可以增加别人喜欢你的程度。因此，一个自我封闭的人，或是一个面对他人就逃避和退缩的人，不易让人亲近而令人难以了解，自然也不太讨人喜欢。

但是，交往频率与喜欢程度也不是呈现简单的正相关，而是呈现抛物线形态，过低与过高的交往频率都不会使彼此喜欢的程度提高。过于亲密的接触使对方没有了自己的个人空间，没有距离感，甚至会产生厌烦，实际上这里也包含了刺猬法则的心理效应。所以，合适的中等交往频率，才能产生较强的人际吸引力。

在商业交往中，很多事业有成的客户通常都十分忙碌，没有太多的闲暇时间留给你。但是只有经常出现在客户的视野，进行频繁而短暂的交流，才能加深客户的印象。于是，很多推销员都采取死缠烂打的方式，只要看见对方有一点空闲时间，便拉住他喋喋不休地介绍，结果引起了对方的反感，导致推销失败。而成功的推销员也会经常登门拜访他的客户，但是，只要见到对方很忙碌，便抽身离开。这样与客户相处，对方就可能被他的诚意打动。

3. 相似性和互补性

在人际交往过程中，相似性与互补性是产生吸引的两个互为补充的条件。相似性是指交往中个体在态度（信念、兴趣、爱好、价值观、人格特征等）、年龄、性别、职业、经历等具备相似性特征时，彼此之间往往产生较为强烈的吸引性，其中态度相似是最具吸引力的；而互补性则是指双方的需求或个性能互补时，也能形成强烈的吸引性。

1）相似性吸引

相似性原则认为人们往往喜欢那些与自己相似的人，包括信念、价值观、态度和个性品质的相似性、外貌吸引力的相似性、年龄的相似性，以及社会地位的相似性等。在生活中时常见到这样的情形：人们在早期交往中，年龄、社会地位、外貌吸引力往往起着重要作用，随着交往的加深，信念、价值观、个性品质等因素的作用会慢慢凸显，超过其他因素；很多兴趣爱好、价值观、宗教信仰等相同的人，往往能成为知心朋友。在一些社交场合，如果能够表明自己与对方有相似的经历或观念，更容易找到双方感兴趣的话题，使彼此的交谈更加投机。

相关链接 2-15

为了从理论上证实"相似性"效用，美国心理学家纽加姆曾做过一个著名的心理学实验。他让 17 名互不相识的大学生住在一间宿舍，对他们的亲疏变化过程进行了长达 4 个月的跟踪调查。实验结果表明，在相识之初，空间距离的远近决定了彼此的亲疏程度；然而在实验的后期，那些在信念、价值观和个性品质上相似的人，在研究结束时都成了形影不离的好朋友。

资料来源：陈倩. 改变生活的心理学法则[M]. 武汉：武汉出版社，2009.

人们为什么喜欢与自己相似的人交往呢？心理学家认为，跟自己相似的人交往能够肯定自己的信念、个性品质和价值观，起到正面强化的作用。彼此在交往的过程中，也极少因为观念相悖而发生争执和相互伤害；此外，一些相似的人容易共同组成一个群体，人们生活在这个团体中，可以团结一致应对外界的压力，增强安全感和归属感。因此俗语说："物以类聚，人以群分。"人们在交往中，如果发现彼此志趣相投，自然会成为知己朋友；相反，如果随着交往的深入，发现双方的价值观有天壤之别，即使已经非常熟识，也会因为观念上的差异而分道扬镳。

相关链接 2-16

管宁、华歆共园中锄菜。见地有片金,管挥锄与瓦石不异,华捉而掷去之。又尝同席读书,有乘轩冕过门者,宁读书如故,歆废书出观。宁割席分坐,曰:"子非吾友也!"

——《世说新语·德行第一·管宁割席》

日常生活中,各种情况的相似都能引起程度不同的人际吸引效应。与他人初次见面时,通常会询问对方"是哪里人、学什么专业、在哪里高就"等一些问题。当发现彼此竟是同乡、同行、校友时,顿生亲切之感,消除了陌生人之间的隔阂。共同的态度、信仰、价值观和兴趣,共同的语言、种族、国籍、出生地,共同的民族、文化、宗教、背景,共同的教育水平、年龄、职业、社会阶层,乃至共同的身体特征,如身高、体重等,都能在一定条件下不同程度地增加人们的相互吸引。

很多人担心和一个陌生人交谈时,找不到共同的话题。其实人与人之间都有很多相似的地方,比如相似的经历、对某件事情的共同看法、喜好同一件东西等。只要用心观察,就会发现双方喜欢同一种颜色,对同一本小说情有独钟,有一部电影让两人都曾经潸然泪下,喜欢午后到同样的一家咖啡厅里喝咖啡。慢慢地,随着谈话的深入,会发现两人之间相似的地方越来越多,气氛也会越来越融洽。当对方对某件事发表了与你相似的看法,或者讲述了一段与你相似的经历时,你要适时地来一句:"我也是这么想的,你与我真是太投缘了!""太巧了,我也去过那里。"有时,只要简短的一句话,就能拉近彼此的心理距离,于是原本萍水相逢的两个人,相见恨晚,引为知己。

2)互补性吸引

不仅相似性能够增进人际交往,互补性也能够增进人际吸引。如内向与外向、支配型与被动型、急性人与慢性人、爱说的与爱听的会产生较好的互补吸引性。在现实中,人们常可以看见,尽管两个人脾气、性格大相径庭,但是他们却相处得十分融洽。这是因为一方所具有的品质和表现恰好可以满足另一方的心理需要,二者相互弥补,相辅相成。

有人研究过大学生从朋友到夫妻关系的演变过程,探求相似性与互补性在双方交往过程中的作用。

相关链接 2-17

心理学家克切霍夫等人研究了从朋友到夫妻关系的过程中,不同的人际吸引因素所起的作用。结果发现,在刚开始时,距离因素、外貌因素及社会资源(如经济地位、职业、学历、文化背景等)都是构成人际吸引的重要因素;结婚后,两人的态度、信仰、价值观、人生观、世界观等方面的相似显得更为重要。在友谊和婚姻阶段,双方在人格特质和需求上的互补,具有举足轻重的作用。

还有一位心理学家在研究中发现,在 25 对结婚有一定年限的夫妻中,夫妻之间需求的互补性是婚姻关系得以持久的基础。

研究表明,当交往双方的需要和满足途径正好成为互补关系时,双方之间的喜爱程度也会增加。大量心理学资料和日常生活的事实都证明,现实生活中一部分人的婚姻是基于互补关系缔结的。双方的个性倾向和行为特征正好都满足了对方需要,就构成双向的互补关系。一个支配型的男人娶一个依赖型的妻子,一个喜欢控制人的泼辣女性与一个被动型不愿做决定的沉默丈夫结为夫妇等,都属于这种情况。互补性更是适于婚姻与爱情之间的相处规则。

4. 交互性和增减性

人际关系的基础是人与人之间的相互重视、相互支持。任何人都不会无缘无故地接纳或喜欢另一个人。别人喜欢我们是有前提的，即我们也要喜欢他们，承认他们的价值，对他们起支持作用。人际交往中喜欢与厌恶、接近与疏远是相互的。对于疏远我们、厌恶我们的人，我们的反应也是相应的，对他们也会疏远或厌恶。这就是人际交往中交互性吸引的表现。

增减性是指在人际交往中，对别人的喜欢不仅取决于别人喜欢自己的量，而且取决于别人喜欢自己的水平的变化与性质。人们最喜欢的是使自己的喜欢水平不断增加的人，相反最厌恶的是使自己的喜欢水平不断减少的人。

社会心理学家阿伦森与林德做的一个著名实验揭示了人际吸引的交互性与增减性。

该实验将被试分为 4 个小组，分别对他们给予不同的评价，同时以巧妙安排，让被试每次都可以听到合作伙伴评价自己。他借以观察被试对他人评价的反应。期间，合作者对第一组的评价始终否定，对第二组的评价始终肯定，对第三组的评价先褒后贬，对第四组的评价则先贬后褒。最后，反过来，让四组被试分别合作者进行评价。实验发现，第一组被试（一直否定）对评价的反应为不满意，第二组（一直肯定）的表现为满意，第三组（先肯定后否定）的评价极为不满，第四组（先否定后肯定）的评价最为满意。得分见表 2-4。

表 2-4　喜欢水平的增降趋势

条　　件	喜　欢　水　平
否定——否定	2.52
肯定——肯定	6.42
肯定——否定	0.87
否定——肯定	7.67

注：表中得分是在 $-10\sim10$ 等级评定量表上的得分，-10 为最厌恶，10 为最喜欢。

表 2-4 的结果清楚地显示：对于肯定我们的人，我们也倾向于肯定对方；对于否定我们的人，我们也倾向于排斥对方；对于原来否定自己而最终变得肯定自己的人，我们喜欢对方的程度也最高，并明显高于一直肯定自己的人；而对于先肯定后否定自己的人，我们对对方的喜欢程度也最低，并大大低于一直否定自己的人。

在日常生活中，人们有一个共同倾向，就是都希望别人能够承认自己的价值，支持自己、接纳自己、喜欢自己。由于这种寻求自我价值被确认和情绪安全感的倾向，人们在社会交往中往往更注意自我表现，注重吸引别人的注意，处处期待别人首先接纳自己，喜欢自己。所以，当发现别人真心接纳、喜欢自己的时候，我们也倾向于接纳肯定对方；对于表现不喜欢、排斥我们的人，我们也倾向于排斥、否定对方，表现出交往中的交互性吸引。

如果在最初遭到否定评价，会产生焦虑和自我怀疑，此时更需要肯定。因而当肯定评价终于来到时，它比通常的肯定更有意义，具有奖励的性质，或者说它的价值更大，因此被激发的做出回报的愿望也更强烈，表现的人际吸引力会更强。相反，对于向来就肯定自己的人，人们在自我意识中已将其置于一个特定的位置并适应它的存在，不用时刻对其设定心理上的防卫。但是，如果当他们突然转向否定，必定会激发起人的一种强烈自我保护意识，表现对对方强烈的否定和拒绝，并强于原来就同样否定我们的人。

相关链接 2-18

　　小刚大学毕业后分到一家单位工作。他决心好好表现一番,以便给领导和同事们留下非常好的印象。于是,他每天提前到单位打水扫地,节假日主动要求加班,领导布置的任务有些他明明有很大的困难,也硬着头皮一概承揽下来。

　　刚走上工作岗位的青年人积极表现无可厚非。但是小刚此时的表现与其真正的思想觉悟、为人处世的一贯态度和行为模式相去甚远,夹杂"过分表演"的成分,因而难以长久坚持。没过多久,小刚水也不打了,地也不拖了,还经常迟到,对领导布置的任务更是挑肥拣瘦。结果,领导和同事们对他的印象由好转坏,甚至比那些刚来时表现不佳的年轻人的印象还不好。因为大家对他已有了一个"高期待、高标准",大家认为他刚开始的积极表现是"装假的",而"诚实"是社会评定一个人的"核心品质"。因此,他的个人形象一落千丈,很久得不到恢复。

5. 自我表露性

　　自我表露是指个体与他人交往时,自愿地在他人面前将自己内心的感觉和信息真实地表达出来。自我表露是一个强有力的"信任"表征,具有很强的象征性,可以增加他人对自己的喜欢,同时,可以引发对方也做自我表露,增进相互了解、信任以及感情上的接近。

　　心理学研究表明,人与人之间的交往状况好坏与否,在很大程度上取决于相互的自我表露程度。在人际交往中,如果能够敞开心扉,适当表露自己,将真实的一面展示出来,往往较易赢得对方的信任。在多数的情况下,人们总是喜欢和坦诚、真实的人交往。如果对方勇于坦言自己的不足和缺点,人们反而觉得他很坦率,拉近了彼此的心理距离,心里会感觉踏实。每个人都生活在自己的隐秘世界中,人与人之间总有一些隔阂和戒备,而自我表露能够在一定程度上融化这层隔阂,使人与人之间能够互相理解与接纳,相处更加融洽、和谐。

　　心理学家奥特曼认为:"良好的人际关系是在自我表露逐渐增加的过程中发展起来的。随着信任程度的提高,双方会越来越多地表露自己。"一般情况下,关系越密切,人们的自我表露就越广泛、越深刻。心理学将自我表露由浅到深划分为 4 个层次:第一是情趣爱好,比如饮食习惯、偏好等;第二是态度,如对人的看法,对政府和时事的评价等;第三是自我概念与人际关系,比如自己和家人的关系等;第四是隐私,比如个体的性经验,个体不为社会接受的一些想法和行为等。当然,无论两人之间的关系多么密切,每个人心中都有一些不愿为任何人所知的秘密。自我表露并不是越多越好,而是需要掌握一定的技巧和分寸。恰如其分的自我表露能够快速拉近彼此的距离,而过早、太少和太多的自我表露反而让双方更加疏远。过早的自我表露容易引起对方的慌乱和怀疑,进而产生自我防卫意识,反而拉大了双方的心理距离;太少的表露不利于建立平等和谐的关系,而过多的表露又容易让人产生厌恶。正确的做法是,彼此自我表露的程度要趋于一致,表露的过程要循序渐进。

　　自我表露可能存在性别差异,一般来说,女生喜欢做更多的自我表露,而男生相互之间的表露则相对较少。

问题与讨论

1. 简述首因效应与近因效应的区别与联系。
2. 讨论晕轮效应、投射效应与刻板效应中存在的认知障碍因素。

3. 讨论在人际交往过程中如何充分利用人际吸引规律。

实 训 练 习

1. 试对下述案例中出现的各类心理效应做分析

(1) 商场做促销活动的时候,品牌做新品推广的时候,会把橱窗做得或极精致,或极张扬,或极另类,其目的很简单,就是能给人一个强烈的第一印象。如果你被它吸引了,恭喜你,你已经被它控制了,它会牵着你步步深入,直至满载而归。

突然,你眼前一亮,一件自己梦寐很久的衣服映入你的眼帘。当你在这件衣服面前停留5秒钟以上,善解人意的导购就会出现在你面前:"先生,您很有品位,这是我们这季的形象款,这款衣服非常适合您的气质。"你脸上不表露,心里其实舒服极了,不经意地看了一下吊牌,得知这件衣服价值不菲。"先生,这款衣服价格是有点高,但款式非常新颖,面料也是意大利进口的,专为像您这种很绅士的人设计的,如果能被您收纳将是我们的荣幸。先生,您不妨先试穿一下。""嗯,试一下吧。"再次恭喜你被说服。

把刚才导购小姐的那句话解析一下。假如她这么说:"先生,这件衣服款式非常新颖,面料也是意大利进口的,专为像您这种很绅士的人开发的,不过价格是有点高。先生,要不您先试穿一下吧。"八成你不会试穿了。这两句话基本上没什么不同,只是顺序颠倒了一下。前一句差不多让你忘了价格问题,浮在脑海中的是款式新颖、进口面料;而后一句话留在你脑海里是你相当在意的价格有点高。

(2) 宗奇珍是某大学一年级的班主任。开学之初,他在学校大门口接待前来登记报到的新生。有一位名叫林子云的新生,报到时衣冠不整,头上的帽子也歪到了一边,站在桌前报出自己名字时,左腿还一抖一抖地制造"人造地震"。林子云留给宗老师的初次印象可以说是糟透了。宗老师想,这个学生肯定是一个调皮捣蛋、不爱学习的学生。于是,宗老师带着不悦的心情,非常严肃地对林子云说道:"请把你的帽子戴好,腿如果没有病的话,请不要抖动!"

面对这么一个吊儿郎当的学生,宗老师自然特别留意:他是否有逃课的坏毛病?是不是常在班上拉帮结派、打架闹事?因此,在选班干部的时候,林子云根本不在宗老师的考虑范围之内。几个月过去了,宗老师才发现这位林子云并不像自己想象的那么坏,他既不旷课也不打架,且遵守学校纪律,热心为班级做好事,课余时记日记、写文章,还在校报上发表了几首小诗呢!宗老师决定找林子云谈一次话。经过交流,宗老师又了解到:林子云性情温和,待人有礼貌,与同学的关系相处得十分友好融洽。他在报到那天之所以衣冠不整、歪戴帽子、左腿抖动,是因为他那天感冒了,又在长途汽车上颠簸了大半天,头昏脑涨的。行车时,他把脑袋伸出窗外呕吐,为了安全起见,他把帽檐儿拉向了一边。下车后,他没注意自己的"光辉形象",因此给班主任的"首因效应"太差,竟然成了老师密切"关注"的对象。鉴于林子云半年来的良好表现,第二学期,宗老师让他担任了班干部。后来证明,林子云干得很出色。

2. 分析以下案例中出现的人际交往吸引规律或条件

(1) 某高校的大三女生玲玲,家里给她介绍了一个男朋友。初次见面时,长相平平的男孩并没有给她留下深刻印象,两人也就不了了之。大四时,玲玲来到一个陌生的城市,找了一份工作实习。恰好,那个男孩也在这座城市。初入职场,玲玲感觉压力很大,再加上她在这里举目无亲,时常感到孤独。一次,玲玲拨通了男孩的电话,向他倾诉苦闷。后来,他们见面了,经常一起吃饭逛街,慢慢地两人有了默契。玲玲逐渐发现,男孩虽然长相不是很出众,但是他有很多优点:沉稳大度,能包容她的任性;体贴细心,会烧一手好菜。经过一段时间的交往,她觉得自己越来越离不开他了。一年过后,玲玲和那个男孩有情人终成眷属。

(2) 在宿舍楼的后面,停放着一辆旧车,大院里的孩子们每到晚上 7 点,便爬上车厢蹦跳,嘭嘭之声震耳欲聋。大人们越管,孩子们蹦得越欢,见者无奈。这天,牛大爷对孩子们说:"小朋友们,今天咱们比赛,蹦得最响的奖励玩具手枪一支。"众童欢呼雀跃,争相蹦跳,胜者果然得奖。次日,牛大爷又来到车前,说:"今天继续比赛,奖品为两块奶糖。"众童见奖品直线下跌,纷纷不悦,无人卖力蹦跳,声音稀疏而弱小。第三天,牛大爷又对孩子们说:"今日奖品为花生米两粒。"众童纷纷跳下汽车,都说:"不蹦了,不蹦了,真没意思,回家看电视了。"

拓 展 阅 读

没有人给你第二次机会

给我上了第一堂人生课的老师是纽约第五大道雅顿(Elizabeth Arden)化妆品公司人力资源部的面试官莫菲女士。1995 年夏天,我 20 岁出头,从北京远渡重洋跑到纽约寻找机会。我的英语流利,胸有千言,尤为喜欢在公共场合夸夸其谈,是自我感觉极其良好的交际明星。当时没把求职做当成正儿八经的事,于是穿着一条休闲大裤衩、套上一双耐克运动鞋就去了。我没有对雅顿公司做任何深入细致的研究,只是觉得作为化妆品公司,除了高雅端庄、引领业界潮流外,应该有点儿轻松随和的氛围,一定需要我这样的人才。

但是我大错特错了,坐在 28 楼的等候室——在一群西装革履的应聘者中间,我成了一位彻头彻尾的"火星来客"。应聘的有美国人、日本人、欧洲人、新加坡人、加拿大人……他们看我就像在一场严肃的国际会议上突然看见大耳朵、短尾巴的史努比破门而入,尖声尖气地问大家:"嘿,这里有化装舞会可以参加吗?"

莫菲女士没有表示惊讶,她只是问我:"你认为工作的价值是什么?"

这个问题很好回答,它有全球通用的标准答案,只需嘴唇一动就可以了。没人会傻到将买豪车购别墅这类梦想如实相告。"工作是实现自己的人生价值。"我轻松地回答道。然而相对于我的装束,这是一种强烈的讽刺!毫无疑问,这个效果就是她的目的。

我犯了一个大错误,但仍心存侥幸,诚恳地希望她多看一下我的简历:毕业于中国名牌大学;精通 4 国语言;年轻,健康,形象良好;不仅愿意努力工作,而且对雅顿公司素来抱有好感,是一位值得信任的来自东方文明古国的优秀人才。我气力虚弱地对她补充说:"您知道中国吗?那里是世界经济的引擎,我对大中华区的市场非常了解,有着丰富的……经验。"

"不,先生!"莫菲女士站起身,笑了笑,"您的这次面试结束了,很遗憾,您没有通过。"

莫菲女士让我明白,是机会在选择我,而不是我在选择机会。年轻、潇洒、才华,这些都不是可以浪费机会的借口,只有态度最重要。当你很随意地对待机会时,它会无情地惩罚你!没有人怜悯你,你从任何人那里都得不到从头再来的许诺!即便你非常年轻,像一朵嫩得滴水的鲜花,所做的只是一次无足轻重的尝试,或从事的尚是摸索经验的实习工作,你都要重视每一次表现的机会,争取第一次就尽善尽美。你要知道,对于需要你的人,他们非常在意你的态度。

资料来源:章岩.20 而励[M].重庆:重庆出版社,2010.

与你一样

19 世纪的著名画家凡·高出生于一个基督教牧师家庭。25 岁时,他来到比利时南部的矿区博里纳日传教,那里的人们都以做矿工谋生,穿着破烂的衣服,满脸煤灰。刚到那儿的时候,凡·高担心自己不被他们接纳。一天,凡·高到矿区捡了很多煤渣用来烧炉子。之后,因为时间紧迫,他还来不及清洗满脸的煤屑,就登上讲坛开始布道。出乎意料的是,他的布道很成功,受到人们的欢迎。当他回到住处,准备洗脸时,从镜子中看见脸上沾着一层厚厚的煤屑。"原来如此,"凡·高说,"这就是他们认可我的原因。"从那以后,凡·高每天都往脸上涂煤灰,使自己看起来更像当地人。

一位教师的"刻板效应"

就在带一年级这个班的前两天,好心的同事告诉我,Y 是个基础很不好的学生。开学的那天我看到 Y 是我们班最矮小的孩子,矮小得让人心疼。对于这样形象的学生我太没经验了,估计他的成绩与能力不会好。老实说,我不是很喜欢他。

上学后,他经常是东西没带,作业做不完。平日里,因为我觉得他这么差,自然提问题就不"为难他了"。直到今天上完公开课,我发现是我错了,而且是错得很刻板。

这个月是学校的教学活动月,组里安排听我一节课,有卢校长和其他十多位老师参加,时间是上午的第三节。学生们的表现不错,课堂师生互动也很顺利、融洽。当 8 个汉字呈现在孩子们面前时,就是我的教学难点了。一年级的孩子刚开始接触汉字,目前还只是要求能认识的阶段,于是我用乞求的目光看着学生们,期望他们能大胆地把班上最好的一面展示给各位领导和同事看。这时一只瘦小而又黑黑的手举了起来。因为举得不多,小手有些微微颤抖,但却很坚定。我的天哪,你怎么举手了呢?你不是跟我过不去吗?我心里想着,还是带着勉强的微笑让 Y 发言,因为考虑对学生整体的照顾。

"小、爱、吃、鱼……"他平时从没展示的嗓音,此时我才听到,和其他孩子一样动听、一样灵动。

孩子们响起的掌声让我回过神来,原来他是这样优秀,他也可以像其他孩子一样学得很好。

事后,我认真地反思。我只是根据道听途说和他的长相就刻板地下定论:他是个差生!这是多么幼稚、多么愚蠢的成年人"经验"。为什么我们成年人会如此简单轻率地给孩子下定论呢?这就是"刻板效应",换句话说是"定式效应",即依照自己固有的看法下结论。现实生活中,很多老师存在对学生社会角色期望的偏差。好孩子听话,否则就不是好孩子;"好学生"的标准是"学习好",而学习好的标准是成绩好。教师们存在的"刻板效应"对孩子的成长和角色发展带来了很大的伤害和消极的影响。

曾经有位平时学习不好的学生有一阶段学习特别刻苦,在期末考试时成绩突出。知道考试成绩后,老师对孩子说:"成绩不错,作弊了吗?"这一句话足以毁掉一个上进的孩子。

所幸的是,我的"刻板效应"及时被发现了,我想这个孩子的小学生活才开始,但愿没有给他造成太大的伤害,我还有机会补救。

一位销售人员的技巧

老刘是一家汽车公司的销售员,每月卖出的汽车有 30 辆以上,深受销售经理的器重。最近一段时间,由于受金融危机的影响,汽车行业不景气。老刘估计这个月只能卖出 10 辆左右,于是,他主动对经理说道:"最近汽车市场萧条,我估计这个月最多能卖出5辆车。"经理觉得他言之有理,点头赞成。一个月后,老刘竟然卖了12辆汽车。经理惊喜万分,对他极力夸赞。假如老刘没有将最糟糕的情况告诉经理,他卖出了12辆汽车,经理可能不仅不夸赞他,反而会指责他没有完成正常的销售任务。聪明的老刘将最糟糕的状况——顶多卖5辆车,事先报告经理,使对方心中的"秤砣"变小,经理对他评估的参照就不再是30辆,而是5辆。当老刘的销售业绩超出预期,经理就对他大加赞赏。

让人喜欢你的18条原则

(1) 如果长得不好,就让自己有才气;如果才气也没有,那就总是微笑;如果时尚学不好,宁愿纯朴。

(2) 与人握手时,可多握一会儿。真诚是宝。

(3) 不要随便向朋友借钱。

(4) 不要"逼"客人看你的家庭相册。

(5) 与人"打的"时,抢先坐在司机旁。

(6) 坚持在背后说别人好话,别担心这好话传不到当事人耳朵里。

(7) 有人在你面前说某人坏话时,你只微笑。

(8) 自己开小车,不要特地停下来和一位骑自行车的同事打招呼,人家会以为你在炫耀。

(9) 同事生病时,去探望他,要自然地坐在他病床边,回家再认真洗手。

(10) 自己过去的事不要全让别人知道。

(11) 尊重不喜欢你的人。

(12) 尊重传达室的师傅及搞卫生的阿姨。

(13) 说话的时候记得常用"我们"开头。

(14) 为每一位上台唱歌的人鼓掌。

(15) 有时要明知故问:"你的钻戒很贵吧!"有时,即使想问也不能问,比如:"你多大了?"

(16) 把未说出口的"不"改成:"这需要时间""我尽力""我不确定""当我决定后,会给你打电话"……

(17) 不要期望所有人都喜欢你,那是不可能的,让大多数人喜欢就是成功。

(18) 如果你看到一个帖子还值得一看,一定要回复,因为你的回复会给人激励,会让人感激你。

任务3 人际沟通障碍与沟通原则

如果被误解,怪你自己,别怪听众,因为你才是传达信息的人。

——罗杰·艾尔斯

任务目标

- 了解人际沟通障碍产生的原因;
- 掌握人际沟通的有效沟通原则;
- 掌握人际沟通的有效沟通技巧;
- 克服人际沟通障碍,灵活应用人际沟通原则与技巧。

案例导入

撕纸游戏是一种揭示人们平时沟通过程中经常会出现的种种沟通障碍的游戏,操作如下(A4复印纸若干张、人数不限)。

(1)将A4纸发下去。主持人说:"每两人共分一张A4的白纸,每人一半。"

主持人说到这里就不说了,猜猜看,会发生什么事?有的人就把这张纸"哗"地撕开了,有的是横着撕,有的是竖着撕。主持人如果提出质问:"我说要撕开吗?"大家就会笑起来。这就是沟通不良。主持人只说这一句话,马上就出现了不同的结果。

重新分发A4纸,主持人说:"来,每两人共分一张A4的白纸,每人一半。"这一次就没有一个人撕了。

接下来主持人做了个示范,并说:"现在每个人半张,然后这样撕。"

于是大家全部都照着主持人那样,"哗"地将纸撕开。

(2)主持人说:"将半张纸分成一样大小的4条。"

马上就会出现两种方法,有的是这样分,有的是那样分,不是4条窄的,就是4条宽的,又不一样。主持人说:"我要4条窄的。"于是分成宽的纸条统统丢掉。把纸发下去再分,这回每个人都是4条窄的了。

(3)主持人说:"将每一条放在另一条的中间。"

结果全场至少出现了五六种叠放的方式,有的像"米"字,有的像"井"字,有的统统叠放在一起,总之,各式各样的都有。

(4)引导大家探询结果不一致的原因。

资料来源:余世维.有效沟通[CD].上海:上海高级电子音像出版社,2006.

3.1 人际沟通障碍

如果在日常生活中听到了这些话:"如果您的意思是这样,那又为什么不这么说?""我实在没听明白"……这时候,沟通障碍就产生了。

沟通障碍是指信息在传递和交换过程中,由于信息意图受到干扰或误解而导致沟通失真的现象。在人们沟通信息的过程中,常会受到各种因素的影响和干扰,使沟通受到阻碍。在本任务的案例导入中的"撕纸游戏",人们往往会发现完成第一步后,很多参与人员的图形和主持人所折的图形是不相同的,即使是在进行简要的询问与沟通后,仍会发现有的学员与主持人的图形不一致的现象,也就是说,整个过程中没有形成有效沟通。实际上,日常生活中,常会存在各种各样的因素干扰人际沟通,使人际交流不能如愿进行。分析与研究人际沟通障碍形成的原因,对于调节人际沟通行为、缓和人际关系有着重要意义。

一般来说,人际沟通障碍包含知觉障碍、个性心理障碍、文化障碍以及社会组织结构障碍等几种类型。

3.1.1　知觉障碍

人际沟通障碍产生于人际沟通过程中,而人际沟通过程本身就是人际交往、人际认知的过程。在认知对象时,经常会出现不同的知觉错误即知觉障碍。任务2中介绍过的几种心理效应,如首因效应、近因效应、晕轮效应、投射效应与刻板效应,既可以在人际交往中发挥积极促进作用,也会有消极作用干扰人们的知觉,形成认知误差,最后形成沟通障碍,这里不再赘述。

3.1.2　个性心理障碍

一个人的个性心理主要指个性倾向性与个性特征,包含性格、气质、态度、情绪、兴趣等,另外也包含自卑、害羞、忌妒、孤僻等消极性心理特征,这些心理特征对人际沟通有严重的制约作用。

1. 态度与情绪

1)态度

很多人以为,沟通是一种讲话的技巧,其实不尽然。一个人的态度不对,技巧再好也是枉然,所以沟通的基本问题是态度。人们在交流沟通的过程中,大家都是平等的主体,每一方都是积极活动的主体,不同的是所处地位有主次而已。但即使处于次要地位的一方,也不是被动接受信息,机械做出反应,而是根据自己的要求、兴趣理解和分析对方的信息并做出反馈,调整自己的言行,达到信息交流的目的;否则一味地消极被动只能阻碍沟通的有效进行。

相关链接 3-1

一次在香港买书,那本书很厚,我刚拿到手上,一个店员就过来问:"你喜欢这本书吗?"我说:"是啊。""我帮你拿到柜台去。"说罢他就帮我将书拿到柜台那边去了。我说:"谢谢!"一会儿,我看到第二本认为不错的书,他又过来问:"这本书你也喜欢吗?"我说:"是的。""我帮你拿到柜台去。"就这样,不知不觉就"拿"了六七本。等到我去结账的时候,他似乎感觉到我有心事(因为我在香港登机过境),于是又说:"没关系,先生,我帮你拎到飞机场,你继续买别的东西去吧。你要登机的时候通知我一下,我就会帮你拎过去的。"

其实,从那个书店到飞机场的入口没有多远的路,但是他这个动作表示他注意了你。如果他不管,顾客左手抱一本,右手抱一本,就不会买第三本书了。这就是一个具有主动沟通态度的案例。

资料来源:余世维. 有效沟通[CD]. 上海:上海高级电子音像出版社,2006.

美国汽车推销之王乔·吉拉德曾有过一次深刻的体验。一次,某位名人向他买车,他推荐了一款最好的车型给他。那人对车很满意,眼看就要成交了,对方却突然变卦而去。

乔为此事懊恼了一下午,百思不得其解。到了晚上11点他忍不住打电话给那个人:"您好! 我是乔·吉拉德,今天下午我曾经向您介绍一款新车,眼看您就要买下,却突然走了。这是为什么呢?"

"你真的想知道吗?"

"是的!"

"实话实说吧,小伙子,今天下午你根本没有用心听我说话。就在付费之前,我提到我的儿子吉米即将进入密歇根大学读医科,我还提到他的学科成绩、运动能力以及他将来的抱负,我以他为荣,但是你毫无反应。"

这就是乔失败的原因,没有用心听,没有及时与对方产生互动,与对方真诚交流,也就不能听出话外之音。可见态度是影响人际沟通的第一大障碍。

2) 情绪

沟通中的情绪问题是障碍产生的另一主要因素。研究表明,两个人的沟通70%是情绪,30%是内容。如果沟通时情绪不对,内容就会被扭曲。情绪激动时,人们很难条理清晰地思考问题,思维也会变模糊。情绪常会让人口不择言,伤人情感。如果一个妈妈怒气冲冲地对十几岁的女儿大喊大叫,孩子也会生气,并且可能同妈妈顶嘴或者干脆跑掉。不管发生哪种情况,母女之间都很难解决眼下的问题。面对情绪激动的对方,大部分人都会变得怒不可遏、拒不接受,而不能平静、理智地对话,乃至产生冲突。所以,沟通之前一定要梳理好情绪,不然误会只会越来越深。

人们应当学会观察对方肢体传达的信号,比如,肠胃是不是感到不适? 手心是否冒汗了? 下巴肌肉是否绷得很紧? 是不是攥紧了双拳,或使劲抓着什么东西? 说话声调是否提高了? 这些小动作多半传达愤怒、沮丧或害怕的情绪。下面是一些控制情绪的具体技巧。

(1) 稍稍休息一下。减轻情绪波动造成的负面影响,最简单的办法就是暂停接触,稍事休息。利用这个机会平静一下,想一想继续交往下去可能带来的好处,并且琢磨一个既能处理眼前问题、又不致激怒对方的办法。同时,做一些琐事,比如一块儿修咖啡机,打开窗户换换新鲜空气,改变一下气氛。

(2) 从一数到十。人们都希望考虑周全再行动。有时候,情绪来得很快,还没等意识到就已受其控制,不假思索地干出冒失事来。这种贸然的举动又会激化对方的情绪,形成恶性循环,使双方无法进行建设性的沟通。碰到这种情况,不妨从一数到十,强迫自己想想究竟是什么原因促使对方说出那样的话,然后想办法使谈话更富成效。

(3) 谈论情绪。理清那些对双方关系具有破坏性的情绪,对策之一就是将它们公开——承认它们的存在,并且谈论它们。说出自己的愤怒或恐惧(而不是将它们表现出来)是自信和自制,而非软弱的表现。当然,公开谈论自己的情绪,有些人会不习惯,觉得很尴尬,因此有必要记住以下几点。

① 开门见山——"对不起,但这件事实在有点让我生气了。"

② 声情并茂——眼睛看着对方,降低音量,放缓语速,适当停顿以加强语气,说:"我觉得很烦……很难将注意力集中在协议的条款上。我想我们改变一下讨论的气氛更好。"

③ 直言不讳——解释一下自己不满的原因。"我感到很恼火。刚才我正解释付保证金,话说到一半就给打断了。"

④ 避免责备——"我可能理解错了你的意思。如果什么地方得罪了你,请多多包涵。"

⑤ 直接询问——"如果你对这场谈话有什么不同的想法,请告诉我。"

⑥ 予人方便——"我知道大家都是为解决这件事而来的。你再谈谈你的意见,然后咱们休息 10 分钟,之后再讨论预付保证金是否可行。"

2. 自卑与自傲

1) 自卑

自卑是由于对自己的知识、能力、才华做出过低的估价而轻视自己,认为自己不如别人的情绪体验,主要表现为自我评价过低、缺乏信心、妄自菲薄、过分怯懦,对自己的能力估计过低;成功时多归之于外部原因,遭挫或失误时则做内部归因,过分自责,怨自己无能。过度自卑的人容易压抑、沮丧、抑郁、气馁、缺乏激情、放弃努力,错过成功机会。自卑是一种自我封闭心理,会埋没自己的优势,是影响人际沟通的严重心理障碍,它直接阻碍一个人走向社会,危害个人发展和人际交往。

如何克服自卑,建立属于自己的自信呢?最快、最有效的方法就是坚持做自己害怕的事,直到获得成功。具体方法如下。

(1) 突出自己,坐在显眼的位置。在各种形式的聚会中,在各种类型的课堂上,敢于将自己置于众目睽睽之下,突出自己,坐在显眼的位置。久而久之这种行为就成了习惯,自卑也就在潜移默化中变为自信。另外,坐在显眼的位置,会"放大"自己,增加反复出现的频率可起到强化作用。

(2) 睁大眼睛,正视别人。眼睛是心灵的窗口,一个人的眼神可以折射性格,透露情感,传递微妙的信息。不敢正视别人,意味着自卑、胆怯、恐惧;躲避别人的眼神,则折射阴暗、不坦荡心态。正视别人等于告诉对方:"我是诚实的,光明正大的;我非常尊重你,喜欢你。"因此,正视别人,是积极心态的反映,是自信的象征,更是个人魅力的展示。

(3) 昂首挺胸,快步行走。许多心理学家认为,人们行走的姿势、步伐与其心理状态有一定关系。懒散的姿势、沉重的脚步是情绪低落的表现,是对自己、对工作以及对别人不愉快感受的反映。要表现超凡的信心,将走路速度加快,就仿佛告诉整个世界:"我要到一个重要的地方,去做很重要的事情。"步伐轻快敏捷,身姿昂首挺胸,会给人带来明朗的心境,会使自卑逃遁,自信滋生。

(4) 练习当众发言。面对大庭广众讲话,需要巨大的勇气和胆量,这是培养和锻炼自信的重要途径。在公众场合,沉默寡言的人会认为:"我的意见可能没有价值,如果说出来,别人可能会觉得很愚蠢,我最好什么也别说,而且,其他人可能都比我懂得多,我并不想让他们知道我是这么无知。"这些人常会对自己许下渺茫的诺言:"等下一次再发言。"可是他们很清楚自己是无法实现这个诺言的。每次的沉默寡言,都是又一次缺乏信心的表现,这样会越来越丧失自信。

(5) 学会微笑。大部分人都知道笑能给人自信,它是医治信心不足的良药。但是仍有许多人不相信这一套,因为在他们恐惧时,从不试着笑一下。真正的笑不但能治愈自己的不良情绪,还能化解别人的敌对情绪。如果你真诚地向一个人展颜微笑,他就会对你产生好感,这种好感足以使你充满自信。

2) 自傲

自傲是自以为比别人高明而骄傲,是一种过度的自我接受倾向。它是自尊心过分膨胀,主要表现为狂妄自大、目空一切、不自量力、固执己见、想入非非,设想自己如何了不起,能干大事业,对身边小事不屑一顾,对身边人贬低,不愿沟通交往或与人虚假往来。自傲的人一般都有某个方面的优势。自傲不是十分可怕的事情,有时它也能增强一个人面对某一困难的勇气,树立个人的自尊。要善于学会尊重他人,善于发现他人的优点,同时要学会严于律己、宽以待人。

自卑与自傲属于同一种心理倾向,是当内心的自卑情结被触动时表现的两种反向的极端态度。两者都出于自我中心,在潜意识里都有害怕受伤的自卑感。当一个人不能摆正自己在工作和生活中的位置时,其心理就会向正负两个方向发展,有的表现为自卑,有的则表现为自傲。无论自傲还是自卑,都是人固有的天性,并存在于同一个个体中,只是比例和表现形式不同,越是自卑的人就越显得自傲。

3. 羞怯与孤僻

1) 羞怯

羞怯既指害羞,也指胆怯。一般人们认为那是未成年人的心理特征,随着年龄、阅历的不断增长,会自然克服。然而据斯坦福大学心理学家调查,在抽样调查的1万余名成人中,约40%的人有不同程度的羞怯心理,且男女人数比例基本持平。几乎所有的人都有或曾经有过不同程度的羞涩和胆怯,只是有些人表现得特别严重。羞怯心理较重的人在人际交往中常表现为:话未开口脸先红,话语低沉心发跳;遇到困难宁可憋在肚子里,也不好意思向他人请教。羞怯心理会影响人的正常交往,不利于发展自己的聪明才智和适应社会环境。因此,羞怯心理是影响人际沟通不可忽视的重要因素。

相关链接 3-2

李阳毕业于某名牌大学,现在在北京一家公司任职。他朴实憨厚,为人坦诚直率,但腼腆羞涩,不善言谈。

进公司已快两年了,李阳取得了相当大的成就,但是他有一个大家都知道的"毛病":只要一见到女性就会满脸通红。为此,李阳常成为同事们的笑谈,他的内心也一直很痛苦。

李阳来自一个偏僻乡村,家庭条件一般。他从小性格内向,喜静不喜动,很少与人交往。大学时,他成绩优秀,但是经常陷入烦躁和痛苦之中。在他心底始终存在一种难言的"病痛"——害怕女性,看到女性就脸红。工作以后同样如此,只要一遇到女性就会满脸通红,随之而来的就是坐卧不宁、情绪烦躁、思绪混乱,有时甚至看到女性鲜艳的衣服或长发也会有同样的痛苦感受。

多年来,李阳的这个"毛病"一直使他十分痛苦,精神负担很重,又不便对别人说,只好自己默默地忍受。为减小这种痛苦,他尽可能地缩小自己的生活圈,从不主动与女性接触。

他经常整天静坐一处,埋头学习或工作,和男性同事的关系也不十分融洽,独来独往,郁郁寡欢。他感到十分孤独和烦恼,甚至还怀疑自己精神不正常。

一般来说,羞怯心理的产生主要有3个方面的原因。

(1) 青春期生理变化引起的感应性反应。人在青春期时,生理、心理发育最旺盛,激素分泌较多,外界刺激会打破体内的平衡,出现紧张、冒汗、脸红、心慌等感应性反应。

(2) 自卑心理的影响。具有羞怯心理的人羞于与他人交往,特别不敢与陌生人交往,是因为对自己的信心不足,害怕出错。

(3) 成长中的环境影响。如果在童年、少年期交往中曾经受到过他人的训斥、嘲笑或戏弄,形成心理阴影,以后进入类似环境或新环境会胆怯。

怎么样克服羞怯的心理障碍呢?

（1）做一些克服羞怯的运动。例如，将两脚平稳地站立，然后轻轻地把脚跟提起，坚持几秒钟后放下，每次反复做 30 下，每天做两三次，可以消除心神不宁的感觉。

（2）害羞使人呼吸急促，做数次深长而有节奏的呼吸，可以使一个人的紧张心情得以缓解，为建立自信心打下基础。

（3）与别人在一起时，不论是正式还是非正式的聚会，开始时不妨手里握住一样东西，比如一本书、一块纸巾或其他小东西，握着这些东西，害羞的人会感到舒服而且有安全感。

（4）说话声音要适当大一些。说话声音大并且有条理、有见地，会吸引人们更多的注意力。害羞的人在社交场合中讲话总是模糊不清，并且把声音压得很低。提高声调不仅可以使更多的人听到你的讲话，还会使你有一种自我实现感，会增强继续讲下去的信心。

（5）如果别人没有回答，就再说一遍。害羞的人总爱替自己找理由，认为别人对自己的话没兴趣，所以在想办法向大家证实自己的存在时，如果别人没有回答，就要不厌其烦地再说一遍。

（6）即使别人插嘴，也要把话说完。人们说话时，总会有人插嘴，从而话题被打断，这是一种常见的情况，没有必要为此感到害羞。要知道在很多情况下，别人插嘴是表示他们对你说的话感兴趣，是鼓励你继续说下去。所以，不要以话题被打断为由就此不讲，这样会妨碍思想或感情的表达。

2）孤僻

孤僻是指孤寡怪僻而不合群的人格表现，常表现为独往独来、离群索居，对他人怀有厌烦、戒备和鄙视的心理；凡事与己无关、漠不关心，一副自我禁锢的样子；如果与人交往，也会缺少热情和活力，显得漫不经心、敷衍了事。有时看上去似乎也较活跃，但常给人一种做作的感觉，仿佛有点儿神经质，因而别人都不愿主动与之交往，不得不与之相处时，也会有如坐针毡之感。

孤僻常在以下几种情景中表现得更为突出：不被别人理睬而不得不独处时，常会有失落感和自尊心受伤感，导致更加孤僻而不愿与人交往；与别人交往而当众受到讥讽、嘲笑、侮辱和指责时，会以为别人都瞧不起自己，闷声不响、郁郁寡欢，或者恼怒异常、挥袖离去；遇到各种挫折时，常会产生虚弱感和自卑感，心灰意冷，自我孤立，闭门谢客，拒人于千里之外。孤僻对大学生的身心健康十分有害。孤僻的人常缺乏同学、朋友之间的欢乐与友谊，交往需要得不到满足，内心很苦闷、压抑、沮丧，感受不到人世间的温暖，看不到生活的美好，容易消沉、颓废、不合群，缺乏群体的支持，整天提心吊胆地过日子，忧心忡忡，易出现恐怖心理。

研究发现，人际交往中的挫折是孤僻的一个主要因素。由于缺乏必要的社会交际技能和方法，在人际交往中遭到拒绝或打击，如耻笑、埋怨、训斥，自主性受到伤害，便把自己封闭起来。越不与人接触，社会交往能力就越得不到锻炼，就越孤僻。

那么如何克服害羞与孤僻呢？

（1）正确评价、认识自己和他人。一方面，要正确认识害羞与孤僻的危害，敞开闭锁的心扉，追求人生的乐趣，摆脱孤僻的缠绕；另一方面，要正确认识别人和自己，努力寻找自己的长处。孤僻者一般不能正确认识自己。有的自恃比别人强，总想着自己的优点、长处，只看到别人的缺点、短处，自命不凡，认为别人不值得交往；有的倾向于自卑，总认为自己不如人，交往中怕被别人讥讽、嘲笑、拒绝，把自己紧紧包裹起来，保护着脆弱的自尊心。这两种人都需要正确认识别人和自己，多与别人交流思想、沟通感情，享受朋友间的友谊与温暖。

（2）学习交往技巧，优化性格。多阅读一些有关交往的书，学习交往技巧，同时多参加正当、良好的交往活动，在活动中逐步培养自己开朗的性格。要敢于与别人交往，虚心听取别人的意见,同时要有与任何人成为朋友的愿望。坚持下来,就会发现在每一次交往中都会有所收获,不仅会纠正认识上的偏差,而且会获得友谊、愉悦身心,渐渐就会喜欢交往,喜欢与人交流。

(3) 培养自信心。自信心是对自己的正确认识和把握。建议尝试以下几种做法以提高自信。

① 重新审视自我。尝试在一张纸的左面列出自己的优点和强项,在右面列出弱点和不足,不假思索地尽情罗列,然后再归类整理。此时,一定会发现自己原来有这么多平时没有太留意过的长处,而且优点的数量也远超过了缺点的数量。

② 培养某方面兴趣。在自己的优点、专长、兴趣中,找一样(刚开始时,一样就够了)加以特别培养、发展,使之成为自己的专长。虽然还不是专家,但在小圈子中,一提到某件事,大家都公认非你莫属了,如做蛋糕、剪头发、游泳、看星星、记电影的中英文名称……什么都可以,有了专长,就有机会做主角,做主角,自然神采飞扬!

③ 肯定自己的能力。每天找出 3 件自己做成功的事。不要把"成功"看成登上月球那么大的事,比如课堂作业没出一次错等,一日至少顺利地做了 3 件事,又怎能说"一事无成""一无是处"呢? 知道能把事情做好,等于对自己的能力的肯定,就可振作精神。

④ 计算已做妥的事。计算自己做妥的事而不是检讨自己还有多少件事没有做。人还没做的事永远多过已做妥的事,如果老想着这个没做,那个没做,便会越想越沮丧,觉得自己能力低、效率低,大为失意。可以把已做妥的工作细列出来,长长的一张单子,会使自信心大增。

总之,要面对现实,克服孤僻倾向,主动和别人交往,树立信心,增强自尊,这样就会体会到与人交往是一件平常的、正常的事。多一分自信,胆怯就会减少一分。

4. 忌妒与偏见

1) 忌妒

《心理学大辞典》中说,忌妒是与他人比较,发现自己在才能、名誉、地位或境遇等方面不如别人而产生的一种由羞愧、愤怒、怨恨等组成的复杂的情绪状态。忌妒是人类的一种普遍的情绪,它源于人类的竞争,其本身具有一定的生物学意义,或起积极作用,或起消极作用。有些人忌妒是出于不服与自惭而不甘居下,从而激励其奋发努力、力争上游,这时忌妒就是一种积极的心理与行为。这种情形在充满竞争的现代社会里,有其积极意义。然而很多人在产生忌妒心理之后,不能控制情绪的发展,不能将其转化为激励,忌妒心理转变成忌妒行为,成为影响人际交往的一个重要心理障碍。

忌妒心理是具有等级性的,即只有处于同一竞争领域的两个竞争者才会有忌妒心理和忌妒行为,比如一个职位的两个竞争者之间,为了争取考试排名第一的同班同学之间。人只会忌妒与自己处于同一竞争领域且表现比自己强的人,而不会忌妒与自己不在一个领域的人,也不会忌妒同一竞争领域里表现比自己弱的人。周瑜忌妒诸葛亮是因为诸葛亮和他同处一个领域并且能力比他强。周瑜不忌妒刘备、曹操、孙权,是因为他们不在同一竞争领域。

莎士比亚说,你要留心忌妒啊,那是一个绿眼的妖魔! 忌妒存在破坏他人幸福的倾向,对自己的不幸深感无奈。

忌妒心理不但影响身心健康,还影响学习和工作。忌妒心强,直接影响人的情绪,而不良的情绪会大大降低学习或工作的效率。另外,忌妒心强还可使人们结交不到知心朋友。忌妒心强的人往往事事好胜,常想方设法阻止别人的发展,总想压倒别人。这会使同学、朋友躲开他,不愿与其交往,给自己造成一个不良人际关系氛围,使自己感到孤独、寂寞。

拉拉与娜娜是某艺术院校大三的学生，同在一个宿舍生活。入学后不久，两个人成了形影不离的好朋友。拉拉活泼开朗，娜娜性格内向，沉默寡言。娜娜逐渐觉得自己像一只丑小鸭，而拉拉却像一位美丽的公主，心里很不是滋味。她认为拉拉处处都比自己强，把风头占尽，便时常以冷眼对拉拉。大学三年级，拉拉参加了学院组织的服装设计大赛，得了一等奖。娜娜得知这一消息先是痛不欲生，而后妒火中烧，趁拉拉不在宿舍将其参赛作品撕成碎片，扔在拉拉的床上。拉拉发现后，不知道该怎样对待娜娜，更想不通为什么她会这样对待自己。

在人际交往中如何克服忌妒心理呢？

首先，要学会培养豁达的人生态度，心胸开阔，要懂得"天外有天，人外有人""强中自有强中手"，这是客观规律。其次，要学会转移注意力。当有很多事情要做时，就无暇忌妒别人。因此，积极参与各种有益的活动，努力学习，勤奋工作，使自己真正充实起来，忌妒就不会滋生、蔓延。为了缓解失败给自己带来的心理上的不平衡，可以找一些理由，使自己不再忌妒别人。再次，要看到自己的长处，化忌妒为动力。一个人在忌妒别人时，总是注意到别人的优点，却不能注意自己比别人强的地方。其实任何人都有不如别人的地方，当别人在某些方面超过自己时，可以有意识地想一想自己比对方强的地方，这样就会使自己失衡的心理天平重新恢复到平衡状态。

总之，对别人产生了忌妒并不可怕，关键要看能不能正视忌妒。不妨借忌妒心理的强烈超意识去奋发努力，升华这种忌妒之情，把忌妒转化为成功的动力，化消极为积极，超过别人！

2）偏见

偏见是产生人际交往障碍的另一种个性心理障碍，它指的是不对别人进行公正的考察便贸然做出判断，属于先入为主的一种交往成见。错误的判断，盲目的推理，无知的肯定和否定，都是造成偏见的因素。持有偏见的人往往拼命维护自己的偏见，即使事实证明他错了，也会坚持。被偏见影响较深的人往往失去自尊心，以致在没有偏见存在的地方也能看出偏见。

偏见是一种畸形的人际交往观，不利于人际交往的正常进行。持有偏见可以说是人际交往的大忌，它一点一点地腐蚀人们的独立判断能力，在人际交往中设置一道难以逾越的屏障。

20世纪30年代，一家日本公司从美国进口一台工业机床。一个月后，美国厂商收到日本公司发来的电报："机床无法使用，请速派一位调试员协助调试。"美国厂商马上派一位专家去日本帮助调试。但日本公司很快又发来一封电报："贵方派来的调试人员太年轻，请重新派遣一位有丰富经验的调试人员。"

美国厂商的回复出人意料："请贵公司放心接受该调试人员的服务，该调试人员是贵公司所购机床的发明人。"

资料来源：李冬梅. 以貌取人[J]. 特别关注，2012(4).

拥有偏见的人大多目光短浅或心胸狭窄，他们好猜疑、忌妒他人，即使对朋友也不会吐露真心，因此有偏见的人是找不到知己的。由于偏见往往通过人的行为表露出来，因此拥有偏见的人说话、做事就很容易偏激，和别人的想法不一致。这样的人在人际交往中常是受孤立的，因为人们觉得他们的行为古怪，想法很难猜。而他们自己却往往感觉不到，不知道自己已经是偏见的受害者了。要想顺利地进行人际交往,就应该尽力摒弃自己的偏见,学会同各种类型的人和谐相处。社会心理学家设计了减少社会与生活中少数群体的偏见和歧视的几种方式,具体如下。

(1) 创造多数群体和少数群体间沟通的机会。让有偏见的人与偏见对象之间加强沟通是减少偏见的好方法。这一设想,受到了更多的关注。例如,美国学校消除种族隔离的一项基本原理就是,学校里的接触会导致偏见的减少。

(2) 人道主义评价。在一些实验研究中,人们被迫面对这样一个事实:他们对于平等和自由所持的积极评价与他们对少数群体成员的消极知觉不一致。当这种不一致被指出来时,偏见就减少了。同样的,当人们无意中听到他人强烈地谴责种族歧视时,就更易于声明他们自己反对偏见。很显然,公众标准或规范反对种族歧视越明显,就越能减少歧视的出现。

(3) 消除刻板印象。刻板印象是偏见的认知成分,一般人对某些群体的成员常存有一定的刻板印象,如白人认为黑人智力低下、不求上进等。要想消除偏见,就一定得先消除刻板印象。而消除这种刻板印象,最好的办法是让与白人接触的黑人异于刻板印象。让白人接触从事社会地位较高工作的黑人,如教授、医生、工程师等,对黑人的刻板印象就会改变。如果这种现象经常出现并越来越多,久而久之,以刻板印象为基础的种族偏见就会逐渐得到改善。

(4) 熟悉对方的独特性。人们在生活中要接触各种各样的人,但对其中的许多人是不熟悉的,对他们的认识也是肤浅的。假如能够详细了解接触的对象,知道他们的能力、性格、抱负、爱好等,有助于减少偏见的产生。美国学者研究发现,住在同一层公寓内的黑人和白人家庭主妇,彼此见面的机会多,较为熟悉,这些白人主妇对黑人的态度要好于其他人。第二次世界大战结束后,一些心理学家研究白人士兵对黑人的态度,绝大多数白人士兵和军官认为将黑人和白人安排在一起是很好的。研究还发现,在白人和黑人需要合作或并肩作战的单位内,白人对黑人的态度好。

偏见是人际交往中一种不正确的态度,它对人们的生活、学习都会产生非常不利的影响。因此,消除偏见是一项极为重要的工作。对于以上方法,只有认真地领会,切实贯彻到实际生活当中,才能使周围的偏见越来越少,人际交往越来越和谐。

3.1.3　文化障碍

文化障碍是人们由于言谈举止、风俗习惯等不同,在相互沟通时产生的各种分歧和冲突。随着国际化、网络化、地球村的逐步形成,人们在沟通中十分重视文化因素,尤其是语言文化、传统等方面产生的隔阂。人际沟通障碍中的文化障碍主要包括语言障碍、习俗障碍、观念障碍与教育背景障碍等。

1. 语言障碍

人与人之间的信息沟通主要是借助语言进行的(包括口头语言和书面语言)。语言是交流思想的工具,不是思想本身,语言只是用以表达思想的符号系统。由于人们的语言修养不同、表达能力不同,对同一种思想观念或事物,有的表达得很清楚,有的表达得不清楚。同样,对同一组信息,有人听后马上理解了,有人听来听去不知其所以然;有人听后做这样的解释,有人听后做那样的解释。用语言,特别是用各种不同的语言或者文字表述思想、表达事物,往往出现听不懂、曲解或断章取义现象,形成语言障碍。

第二次世界大战后期,日本的败局已定。1945 年 7 月 26 日《波茨坦公告》发表,日本当局一看盟方提出的投降条件比他们想象的要宽大得多,便高兴地决定把公告分发各报刊登载。1945 年 7 月 28 日铃木首相接见新闻界人士,在会上公开表示他将"mokusatsu"同盟国的最后通牒。可是这个词选得太不好了。首相原意是说他的内阁准备对最后通牒"予以考虑"。可是这个词还有一个意思,是"置之不理"。事也凑巧,日本的对外广播机构恰恰选中这个词的第二个意思并译成对应的英语词语"take no notice of"。此条消息一经播出,全世界都听到了日本拒绝考虑,而不是正在考虑接受。消息播出后,美方认为日本拒绝公告要求,便决定予以惩罚。

1945 年 8 月 6 日,美军在广岛投下了威力巨大的原子弹。这真是一场灾难性差错。

资料来源:张岩松,孟顺英,樊桂林,等. 人际沟通与语言艺术[M]. 北京:清华大学出版社,2010.

要克服语言障碍,必须注意以下几个方面:①忌讳夸夸其谈。不分对象、不分场合的夸夸其谈,极易造成语言障碍。②尽量少涉及敏感话题。对男士不问收入,对女士不问年龄。向公众提出敏感话题,极易造成对方的不快,甚至中止交谈。③避免一知半解,特别是外国语。对外语有的人不懂得词语的背景和使用场合,随便拿来就用,造成误解。例如,法国巴黎某服装店在门口用英文写着"Have a fit"(请进来大发脾气),其实,他不过是想请顾客进店试穿一下,但由于不懂英语短语的特殊用法,生造了"Have a fit"的词句,就变成"大发脾气"了。④要养成良好的语言涵养和习惯。蒋经国的秘书,在蒋去世后做了一家电视台的主持人。他请当年的老师到电视台指导,之后表示感谢说:"请大家随便用餐"。其中一位老师把他叫出来教训他,不该说"大家",因为正式场合下上级对下级、长辈对晚辈才说"大家",尊敬的说法应该是"各位"。

日本前首相森喜朗的英语说得不好,结果在接见来访美国前总统克林顿时闹出了笑话。森喜朗与克林顿相见,他马上向克林顿问好:"How are you."(你好)结果由于他发音蹩脚,说成了"Who are you?"(你是谁?)克林顿不禁一愣,以为这是森喜朗的幽默,回应说:"I'm Hilary's husband."(我是希拉里的丈夫)。哪里知道森喜朗的英语听力同样不行:他不假思索地回答道:"Me,too."(我也是),真是南辕北辙,令人大跌眼镜。

资料来源:张岩松,孟顺英,樊桂林,等. 人际沟通与语言艺术[M]. 北京:清华大学出版社,2010.

2. 习俗障碍

习俗即风俗习惯,是在特定文化历史背景下形成的具有固定的调整人际关系的社会因素,如礼节方式、审美传统等。习俗世代相传,是经过长期重复出现而约定俗成的习惯法,虽然不具有法律的强制力,但对人们的行为和思想有相当大的约束和影响作用,不可忽视。

忽视习俗因素往往会造成误解,导致沟通失败,甚至会使沟通对象大受伤害,再也不愿往来。有这样一件事:一天,6 位外国海员来北京某饭店用餐。海员们胃口很好,豪饮之际,一盘盘菜肴被一扫而空。唯有那条大黄鱼,只吃了上面的一半,下面一半却未动。笑盈盈的服务员小姐见此情景,便热情地拿起公筷,把鱼翻了过来。想不到这几位海员勃然大怒,把筷子一摔,离席而去。这位服务员小姐一片好心,为什么反而触怒了海员呢?原来,海员长年在海上工作,最担心的是翻船,而把鱼翻个身,"翻"这个动作是他们最忌讳的。"忌讳"也是风俗习惯的一部分。

一些在一种文化中被人接受的行为在另一种文化中可能就会变成冒犯。比如到一个加拿大的家庭里做客,欣然接受主人的食物会被当作一种礼貌的行为。但是如果到一个日本家庭或中国家庭做客,这样做就不太得体了,即使真的很饿,也要一再推辞,直到受到主人再三的邀请。

英国人特别重视繁文缛节,他们认为非常完整的行政体系是一种规矩,所以与英国人做事情不要抄捷径,不要绕弯子,也不要跟英国人"打擦边球"。而且英国人很注意风度,不同意也不要让人家难堪。到了下午就喝下午茶,这是他们的习惯。

跟日本人在一起的时候,千万不要称赞其中一个人。日本人的习惯是要称赞就称赞整个部门,要么就不要称赞。在几个日本人面前,夸奖其中一个日本人,会让其他人非常难受。这样做的意思是这个人表现得不错,其余几个很差。

怎样克服习俗障碍呢? 一要知俗。在与各类沟通对象尤其是同外国人打交道时,要注意了解他们的社会文化环境,了解其民情风俗、生活习惯、兴趣爱好、忌讳、节日等,把握沟通对象的这些信息,使自己成为适应不同风俗的行家里手。二要随俗。当与沟通对象特别是外地、外国人交往时,要尊重服从其特有的风俗习惯,做到入乡随俗,切不可把自己的习俗作为通行标准,强加于人。入乡随俗是对沟通对象的尊重,会赢得好感。

3. 观念障碍与教育背景障碍

当沟通双方拥有不同的受教育程度、经验水平、文化素养和文明程度时,各自能接受的、信奉的并用以指导自己行动的理念各有差别。在沟通过程中,信息接收者对信息的内涵不理解或理解出现偏差时,也会造成沟通障碍。

古时候,一秀才买柴,看见一个卖柴的老翁就说:"荷薪者过来。"卖柴的老头虽听不懂"荷薪者",但是明白"过来",就担到秀才面前。秀才又问曰:"其价几何?"因"价"字明白,老头就说了价钱。秀才看了看柴火,想少拿银子多买柴,就砍价曰:"外实而内虚,烟多而焰少,请损之。"这次,卖柴老翁听不懂秀才摇头晃脑、之乎者也地说些什么,担柴扬长而去,留下秀才在寒风中颤抖。

在沟通过程中,说话要考虑对方的知识储备与文化背景,考虑他人能否理解,是否接受。使用很多专有名词、专门术语,对方不了解,或者讲了一大堆自己认为是对的道理,可是对方不接受,只能是造成沟通障碍。

比如医生会跟某一个护士说:"给他打一个 IV。"这句话很少有病人听得懂。其实就是输盐水的意思,这是医学界的术语。医生跟护士这么说,护士听得懂,但是病人就听不懂了。

"张先生,你这个合约不能够对抗善意的第三人。"这句话是法律上的专门术语,就是当事人两个互相知道,但是上面的条文对其他的人没有约束力,不能因为当事人这么说就算数。比如说这个地方有掉下去的危险,工厂贴了一个英文布告提醒员工,如果这个工厂的员工都懂英文,那么英文布告都看得懂。但如果有人因为不懂英文,看不懂布告的内容而掉下去,这个人在法律上叫作善意的第三人。只要这个布告人家看不懂,对别人就不具法律效力,一样要赔偿。

在沟通障碍里,这一点特别值得注意。一个人卖弄他的专业术语会影响沟通的正常效果,因为这会令人产生隔阂感,人家听不懂在说什么,又不好意思问,最初的目的无法达到是情理之中的事。因此,在沟通时,遇到专有名词,尽量将它直白化,采用让人家听得懂的方式进行沟通,尽量化解沟通障碍。

3.1.4 社会组织结构障碍

1. 空间距离障碍

发送者与接收者空间距离过远、中间环节过多,可能使信息失真或被歪曲,造成接收者不了解信息的内容;信息在传递过程中还会受到自然界各种物理噪声的干扰,更加重了沟通障碍。

怎样消除空间距离障碍呢?一要缩短距离。一方面,从缩短物理距离入手,尽可能地与沟通对象面对面地沟通,从而减少空间距离障碍;另一方面,从心理距离入手,运用各种媒介,表达情意,打动沟通对象。如有的单位公关人员每到新年或客人过生日时都寄贺卡,以示祝贺,这就缩短了双方的心理距离。二要改善信息交流工具,实现信息传递现代化。随着社会的发展,人们不断改善交流工具,开辟新的沟通渠道。如对讲机、声像电话、录音邮件等。各种信息机构的建立,以及航空、航海、铁路、公路交通事业的发展,为人们进行远距离交往提供了方便。

2. 组织机构障碍

组织机构障碍主要表现在传递层次过多造成信息失真,沟通渠道单一造成信息量不足,机构臃肿造成沟通缓慢等几个方面。

相关链接 3-7

据说历史上某部队一次命令传递的过程是这样的。

少校对值班军官说:"今晚8点左右,哈雷彗星将可能在这个地区出现,这种彗星每隔76年才能看见一次。命令所有士兵穿野战服在操场上集合,我将向他们解释这一罕见的现象。如果下雨就在礼堂集合,我会给他们放一部关于彗星的影片。"

值班军官对上尉说:"根据少校的命令,今晚8点,76年出现一次的哈雷彗星将在操场上空出现。如果下雨,就让士兵穿着野战服列队前往礼堂,这一罕见现象将在那里出现。"

上尉对中尉说:"根据少校的命令,今晚8点,非凡的哈雷彗星将身穿野战服在礼堂出现。如果操场上有雨,少校将下达另一个命令,这种命令每隔76年才出现一次。"

中尉对上士说:"今晚8点,少校将带着哈雷彗星在礼堂出现,这是每隔76年才有的事。如果下雨,少校将命令彗星穿上野战服到操场上去。"

上士对士兵说:"在今晚8点下雨的时候,著名的76岁的哈雷将军将在少校的陪同下,身着野战服,开着他那'彗星'牌汽车,经过操场前往礼堂。"

资料来源:张岩松,孟顺英,樊桂林,等. 人际沟通与语言艺术[M]. 北京:清华大学出版社,2010.

1941年12月,日本偷袭珍珠港。1942年,罗斯福总统在他的档案里面发现一条记录:"中国在去年4月就通知我们,日本人可能偷袭珍珠港。"第一个知道日本可能偷袭珍珠港的是中国情报部。但这么重要的一条信息却淹没在一大堆档案里面,等到罗斯福在第二年4月看到时,已是珍珠港被偷袭后5个月。

组织结构庞杂、内部层次过多都可能导致信息泛滥、信息不足与信息流失问题,对沟通效果产生较大的影响。

3. 年龄性别障碍

年龄是人的阅历的体现和反映。由于不同年龄的人所处的时代不同、环境不同,决定了每个年龄阶段的人无不带着时代的烙印,因此其思想观点、行为习惯、世界观也有所差别,这正是人们所说的"代沟"。代沟是不同年龄阶段的人人际沟通障碍产生的主要因素。

男性和女性有不同的语言表达方式和习惯。有研究表明,男性通过交谈来强调自己的身份,而女性通过交谈改善交际关系。也就是说,男性的说和听是一种表达独立意识的行为,而女性的说和听是一种表示亲密的行为。因此,对于许多男性,交谈主要是保持个体独立和维持社会等级秩序与身份;而对于许多女性,交谈则是为了亲近而进行的活动。女性通过交谈寻求认同和支持。例如,男性经常会抱怨女性一遍又一遍地谈论她们的困难,女性则批评男性没有耐心听她们说。实际情况是,当男性听女性谈到问题和困难时,他们总是希望通过提供解决方案表现他们的独立和对问题的控制。相反,女性则将谈论困难看作拉近彼此距离的一种方法。女性谈到困难是为了获得支持与理解,而不是想听取男性的建议。

3.2　人际沟通原则

沟通作为人类最基本、最重要的活动方式之一,不仅是良好人际关系形成的基础与重要保障,而且在其他的人类行为中也扮演十分重要的、不可或缺的关键角色。美国的普林斯顿大学做了一个调查,在所有对工作表现的影响因素当中,沟通占 75%,这主要是因为沟通质量直接影响工作质量。通过探讨导致沟通障碍产生的因素,了解沟通并不是一个永远有效的过程。要达成有效的沟通,人们必须遵守一定的原则;只有遵循这些基本原则,人们想要传递的信息才能像预期的那样及时、准确、完整地完成。

3.2.1　人际沟通的准确性原则

人际沟通的准确性原则是指沟通中信息在发送、传递与接收的过程中要做到清晰、准确与完整。首先是信息发出者发出的信息要准确、结构完整、顺序有致;其次是信息的表达方式要准确,特别是不能出现重大的歧义,能够被信息接收者完整理解。

沟通过程中,无论是从内容上、概念上以及表达方式上都要做到准确。比如卖相机的售货员对在看相机的顾客信誓旦旦:"你们放心买吧,我们这里是卖傻瓜机的,谁都会用。"但被问起相机的有关专业知识,一无所知,顾客自然不敢买。别的销售员介绍该机型与使用方法时头头是道,专业知识介绍得非常准确、规范、翔实,顾客自然会放心购买。

相关链接 3-8

> 聚会上,大家都在等一位迟到的客人。等久了,主人说:"怎么搞的,该来的还不来。"其中一位客人听了,心想,那我就是不该来的了,于是准备走,主人挽留,但他终于还是走了。主人又说:"不该走的又走了。"余下两位,其中一位自卑一点,心想,他不该走,那就是我应该走了。于是起身告辞。主人怎么也挽留不住,叹气道:"唉,我说的根本不是他们俩。"最后剩下的一位听了这句话,也郁闷地离去。

从经济学角度讲,无效沟通是对沟通资源,包括时间和精力、渠道、金钱上的一种浪费,不仅沟通本身毫无意义与价值,有时甚至还产生负效益。一个良好的沟通过程,必须是准确、清晰的,这是有效沟通的根本与首要前提。

3.2.2 人际沟通渠道的适当性原则

有效沟通是指必须将有意义的信息,通过适当和必要的沟通渠道,由一个主体送达至另一个主体,这就是有效沟通的渠道适当性原理。有了准确的信息需要沟通,也有一些渠道或通路可以将信息传送给信息接收者,并不能就完全保证沟通的有效性。为什么呢?因为不同的信息对于传递渠道的选择有要求。真实的信息,选择了不恰当的渠道进行传递,就会产生信息误读或扭曲,导致沟通受挫或受阻,有时甚至产生沟通灾难。如上司对下级表示友好的方式因人、因场合而异,如方式选择错误,可能引起沟通问题。下级对上司的沟通也不是一定在办公室或会议室,因为那里气氛太严肃、太正式。一般领导很忙,有些是只需要领导简单回答、简单决定的事情,没有必要在上级办公室讨论很久。

相关链接 3-9

董事长拎着球杆,我就知道他要去打球了。我跟他说:"董事长打球啊。"他说:"哎。""我跟您一起去。""你也打球啊?""不,见习见习。"

上车以后,我就把笔记本打开了,我说:"反正坐车子闲着也是闲着,董事长,上次您说那个加薪的案子,原则上同意,但是您一直没有确定百分比,您看百分之五怎么样?"他说加得有点多,"那百分之四点五呢?""好吧,加薪百分之四点五。"

"董事长,您说我们的车床应该换新的,有日本的、德国的、美国的,根据我的调查,德国的最贵但是性能最好,美国的最差但是价格最便宜,您看我们干脆买一个不上不下的日本的,还是买一个德国的呢?""就德国的好了。""好,德国的。"

"董事长,我还有一个问题,我们打算派 5 个人出国考察。您看这 5 个人是我来决定呢,还是您告诉我名单?""好吧,你决定!""要不要把结果告诉您呢?""跟我讲一下好了。""董事长,我明天早上把名单给您。"

我一共与他沟通了 7 件事情,车子就到了高尔夫球场门口了。

"董事长,祝您打球愉快!""你不是要见习吗?"

"董事长,我今天突然有别的事情,改天见习。祝您打球愉快!"

资料来源:余世维. 有效沟通[CD]. 上海:上海高级电子音像出版社,2006.

3.2.3 人际沟通的及时反馈原则

没有反馈的人际沟通不是一个完整的人际沟通,完整的沟通必然具备完善的及时反馈机制;否则,沟通的效果会大大降低。

反馈机制的建立首先应从信息发送者入手。信息发送者在传递信息后应该通过提问以及鼓励接收者积极反馈来取得反馈信息。另外,信息传送者也应仔细观察对方的反应或行动以间接获取反馈信息。反馈可以是有意的,也可以是无意的。所以,信息接收者不自觉流露出的震惊、兴奋等表情,都是反馈信息的重要组成部分。作为信息接收者,在沟通反馈中实际上处于主体地位,一定要及时做到主动反馈。但他们往往会因为信息发送者(通常是向上沟通)的权力威慑,而不能客观准确地做出信息反馈。这就需要接收者端正沟通心态,以实事求是的态度对待信息沟通尤其是信息反馈。信息发送者也应积极接受接收者的反馈信息,使得人际沟通成为真正意义上的双向沟通;否则与对方接触过后,没有任何反馈,只会造成两种不同的后果:要么不知道对方在讲什么,要么他只按照他的想法去做。

相关链接 3-10

如果有人要求你去买一个笔记本,你应马上询问,笔记本是空白的还是有格子的,对方可能会说两种笔记本都可以。

"那就是随便选一种了?"

"好。"

"100 页的还是 50 页的?"

"我希望是 100 页左右。"

"皮是硬壳的还是带皮面的?"

"还是普通的吧。"

只要把该问的话都问到了,笔记本买回来,对方肯定不会说什么;否则,你会发现,你买的是空白笔记本,对方却希望是有格子的。你为自己抱怨叫屈,对方事先怎么不讲清楚呢?事实上,不是他不讲,而是你没有问。对方可能会这样说:"你连问都不问就出去了。"很多人做事就是这样费力不讨好。千万不要怪对方没讲清楚,是你自己没有养成及时反馈的习惯。这是有效沟通的重要基础和应该养成的良好习惯。

资料来源:余世维.有效沟通[CD].上海:上海高级电子音像出版社,2006.

沟通中及时反馈的形成对团体工作的效率是一个有效的机制。有人在法国旅行,参观凡尔赛宫。那天排队买票的人特别多,大家正着急时,不远处又新增了一个售票点,负责维持秩序的警卫人员提醒说:"各位,对不起,前面刚好有两个观光团,所以动作慢了一点儿。现在已经紧急叫我们另外两个同事马上过来帮忙卖票,希望大家少安毋躁!少安毋躁!"后来他们一行进凡尔赛宫参观的时候,发现里面有不少牌子,上面写的是:从这里到门口还有 5 分钟。再过了一段路又有了个牌子,上面写的是:从这里到门口还有 5 分钟。意思就是:各位观光游客,不要太急!游客在排队买票,因为太慢心中着急难受,这时有个人出来解释一下,排队等候的游客心里就会很踏实。宫殿内挂上牌子,提示游客前方大概还有多远,也是让游客心里有底。这是主动性及时反馈的典型案例。在职场的日常工作中也是一样,一个下属工作了几个月,不见他向上级汇报进度和情况,上司会着急。如果每个星期都向上级汇报一下工作进展情况,或者提出一些建议,或寻求上司的支持,上司会清楚地知道工作的进展,便于制订计划,同时也能监督和检查他的工作成果。这对个人和整个公司都是非常有益的。

3.2.4　人际沟通的代码相同性原则

人际沟通的代码相同性原则即所有信息发出者和信息接收者之间在传递真实信息时,必须使用相同的信息代码系统,即信息在发出者那里是以何种代码被编码的,在接收者那里也必须以相同的代码系统对接收到的信息代码进行解码。信息接收者必须真正了解或理解信息发出者所发出信息的真正意义,因为每一个接收者都是独特的个体,他的经历、经验、知识、兴趣、希望都会左右他对所解读信息的内在意义的理解。如果双方所使用的信息代码系统完全不同或存在较大差异,就会导致接收者对信息解读无法实现或解读错误,也就是导致沟通失败。人们常说,我在说左,而你却在说右。一旦类似错误发生,沟通的过程在形式上是完成了,但实际上没有形成有效的信息传递,解码过程出现了断裂,真正有效的沟通没有发生。

《红楼梦》第三回中,林黛玉初进贾府,贾母问黛玉念何书,黛玉道:"只刚念了《四书》。"黛玉又问姊妹们读何书,贾母道:"读的什么书,不过是认得两个字,不是睁眼的瞎子罢了!"

接下来写贾宝玉从外回来见了林妹妹,便走近黛玉身边坐下,又细细打量了一番,因问:"妹妹可曾读书?"黛玉道:"不曾读,只上了一年学,些须认得几个字。"

上述黛玉回答贾母的"念何书"时,是"只刚念了《四书》";回答宝玉"可曾读书"时,是"不曾读"。前后回答看来是很不同的,为什么呢?这是因为林黛玉初到贾府告诫自己要"步步留心,时时在意",当贾母说"不过是认得两个字,不是睁眼的瞎子罢了"的信息时,林黛玉敏感地解码出贾母是主张"女子无才便是德"的,自己却说出已读到《四书》(非启蒙读物,属于大学之学),这就使刚到贾府的林黛玉很不安。所以,当宝玉再问这一问题时,她便乖巧地做了另一个回答,使自己发出的信息与贾母的价值观相吻合,以求平安,赢得贾母欢心。

3.2.5 有效沟通的目标性原则

人际沟通自然也应该具有明确的沟通目的或目标,即沟通的目标性原则。没有目标的沟通,是很难把握与衡量其沟通效果是否与沟通的本意相一致的。另外,沟通目标或目的不明确,必将造成信息发送者所发信息混乱、模糊、含混不清,接收者只能靠经验和场景猜测对方的用意,从而极易导致沟通误差或沟通失败。同时,不同的沟通目标,一般会对应于不同的沟通方式和沟通行为。如果想得到同事的支持,就会特别注意增强和发展同事之间相互关系中友好、合作的一面;如果想与相识不久的心仪的女生约会,自然会首选环境幽雅静谧的咖啡屋,而与多年的好哥们聚会,就会随意地拉他到街边大排档,豪爽地喝上几杯。

3.3 人际沟通策略与技巧

尽管在人际沟通中会遇到各种各样的障碍,但只要人们树立正确的沟通理念,采用科学的沟通渠道和方法,就能克服沟通中的障碍,实现有效沟通。具体来说,克服人际沟通障碍的总体策略与技巧主要有以下几种。

1. 明确沟通目的

沟通双方在沟通之前必须弄清楚沟通的真正目的是什么,动机是什么,要对方理解什么。确定沟通目标,沟通内容就容易理解和规划了。

2. 保持积极的态度

态度对人的行为具有非常重要的影响。在人际沟通过程中尽可能保持乐观、积极、向上的态度,避免消极、悲观的态度,在沟通中保持平和的心态,这样才能达到沟通的预期效果。

3. 尊重别人的观点和意见

在沟通中,无论自己是否同意对方的意见和观点,都要学会尊重对方,给对方说出意见的机会,同时将自己的观点更有效地与对方进行交换。

4. 坚持实事求是,以理服人

在人际沟通过程中,不仅说话办事要实事求是,言论行为要符合社会规范,相互交往中也要体谅他人。与人交往发生矛盾时,最好的办法是避开对方最有力的攻击,寻找对方的薄弱环节有理有力地进行反击,以理服人。如果与人交往时发现自己确实错了,切不可强词夺理,不妨主动认错,赔礼道歉,这样显得诚恳而又豁达,更易赢得别人的谅解、同情和赞许。

5. 以情动人

在人际沟通中要善于驾驭自己的感情,根据不同的人、事以及环境、气氛,恰当地、情真意切地表达自己的喜、怒、哀、乐,以打动对方。只有真正的感情才具有力量,才能够感染和打动人。

6. 正确地运用语言

在人际沟通过程中,语言是必不可少的工具。正确地运用语言,选词造句准确恰当,中心鲜明突出,逻辑思维严密,语言流畅,语气语调依人依事合理选择,恰到好处,就能够保证人际沟通取得更大的成功。

7. 保持积极健康的心态,进行换位思考

在人际交往过程中做到"己所不欲,勿施于人",经常进行心理换位思考。同时,还要保持好的心态,积极主动与他人进行沟通,做到不卑不亢、平等真诚,这样才能避免自卑和自负造成的沟通障碍,赢得他人的尊重。

8. 用非言语信息打动人

非言语信息往往比语言信息更能打动人。因此,如果是发送者,必须确保发出的非语言信息能够强化语言作用;如果是接收者,则要密切注意对方的非语言信息的提示,以便全面理解对方的意思、情感。

9. 选择恰当的时间和地点进行沟通

一定要选择对方清醒的时间传递信息,并且传递信息时有张有弛,疏密得当,让接收信息的人感到轻松愉快;在地点上,要尽量减少干扰因素,使沟通双方感到轻松自然。

10. 针对沟通对象进行沟通

发送者要根据接收者的心理特征、知识背景等状况,调整自己的谈话方式和措辞,要避免以自己的职务、地位、身份为基础进行沟通。

问题与讨论

1. 讨论导致人际沟通障碍形成的原因有哪些。
2. 分析形成人际沟通障碍的相关因素。
3. 人际沟通过程中如何把握沟通的及时反馈原则?
4. 讨论日常生活中如何把握人际沟通技巧。

实 训 练 习

测试是否患有社交恐惧症

根据自己的实际情况,对每个问题做 A、B、C、D、E 的回答。A 表示"根本不符合";B 表示"某方面符合";C 表示"比较符合";D 表示"大部分符合";E 表示"完全符合"。

1. 和不熟的人聚会时,会很不自然。
2. 和老师或上级交谈时,会很不自在。
3. 在面试中常不知所措。

4. 是个比较内向的人。

5. 和权威人士对话会很害怕。

6. 即使在非正式场合也会感到不安和害怕。

7. 处在与自己类型不同的人群当中仍感觉很舒服、很自在。（Q）

8. 假如给一个陌生人打电话，会有紧张感。

9. 和交往不深的同性交谈会产生不适感。

10. 和异性谈话时会感到更加自在。（Q）

11. 是个比较不害怕与人交际的人。（Q）

12. 在人多的场合不会有什么不自在。（Q）

13. 想让自己更擅长与人交际。

14. 和很多人聚在一起时不知该做什么。

15. 如果面对一位吸引人的异性，会不知所措。

计分标准

不带 Q 的题目，选 A 得 1 分，选 B 得 2 分，选 C 得 3 分，选 D 得 4 分，选 E 得 5 分；带有"Q"标记的反向记分，即选 A 得 5 分，选 B 得 4 分，选 C 得 3 分，选 D 得 2 分，选 E 得 1 分，最后计算总分。

测试结果

15～59 分：善于交际，没有社交恐惧症。

60～75 分：不善于交际，有社交恐惧症倾向。

心理评析

社交恐惧症已经是在忧郁症和酗酒之后排名第三的心理疾病。现在人们面临的压力越来越大，罹患社交恐惧症的人数有上升趋势。治疗社交恐惧症的方法有心理治疗和药物治疗。病情较轻微的人只需要接受心理治疗；病情较严重，就应该由医师诊断，进行药物治疗。

拓 展 阅 读

高调有出息

我是主张做人要高调的。有个耶鲁大学的同学，各方面都很优秀，我建议他要多在人群面前把自己的主张与特点表现出来。他的态度很勉强："我不喜欢抛头露面，也不喜欢别人注意我，那样我会觉得不舒服。"

这个说法我们并不陌生，甚至就是在前几天，我还看见一篇国际报道，文中评论中国外交官过于拘谨、寡言，与一般人心目当中的外交官形象颇有距离。其实我能理解，并不是所有的时候都要高调，也不是说只有高调才是好的，更不是所有的人都不要低调。很明显，低调可以显得谦虚，降低别人对你的期望，减轻压力感，并可以更轻松地生活在自己乐意的状态里。

但我觉得，一个正常人应根据不同的场合来选择高调或低调。很多人的低调，实际上是自小少见世面以及父母灌输的"不要张扬"老观念的沿袭，等到二十来岁，这种拘谨与低调就形成一种习惯，从此，就自动地把自己的潜力给荒废了。

相当一部分人的低调是自卑的另一种表现，即使有时候表现出一点点冲动，也因最初尝试中的种种不适应而草草收兵，又没有来自父母的积极鼓励，所以，就索性绝了自己的向往。在人群面前表现能力,实际上就是一种熟练活计,你越表现就越熟练,越不表现就越拘谨。最终,不表现者画地为牢、不能自拔。

当今社会竞争越来越激烈,资源分配更多地成了竞争性的分配模式,你纵然是天才,如果没有表现出来或者怯于表现,那么在资源分配中的机会就会大大减少。"不表现就是弱者"的不公平公式,就会屡屡被套用。

资料来源:袁岳.我的江湖方式[M].厦门:鹭江出版社,2008.

重　逢

事业失败之后,他才发现自己除了开车外好像连说得出口、拿得出手的专长都没有,所以最后选择了开计程车。

只是没想到台北竟然这么小,计程车在市区里跑还是容易碰到以前商场上的客户或对手。后来他专跑机场,以为这样不容易遇到类似难堪的状况,而且也不用整天在市区没目的地逛,让自己总觉得像一个已经被这个战场淘汰的残兵败将,或者像中年游民一般感到无望。没想到有一天竟然遇到了昔日的恋人。

他说,那天车子才靠近,他就认出她来了。"曾经那么熟悉的脸孔和身体……而且除了发形,十几年来她好像一点也没变。"

上车后,她只说了一个医院的名字和"麻烦你"之后,就沉默地望着窗外,反而是他自己一直担心会不会因为车子里的名牌而被她认出来。不过,她似乎没留意,视线从窗外的风景收回来之后,便拿出电话。

第一通电话,他听得出她是打回澳洲雪梨的家,听得出先生出差去了英国。她轮流跟两个孩子说话,要一个男孩不要为了打球而找借口不去上中文课;还要一个女孩好好练钢琴,不然表演的时候会出糗;然后说见到外婆之后会替他们跟她说爱她……最后才听出是她母亲生病了,因为她说:"我还没到医院,不过妈妈相信外婆一定会平安的。"

他还记得她母亲的样子和声音,以及她做的一手好菜;更记得两人分手后的某一天,她母亲到公司来,哽咽地问他:"你怎么可以这样对待我女儿呢?"他永远应了那种颤抖的语气和哀怨的眼神。

打完家里的电话,接着打给她的公司。利落的英文、明确的指令加上自然流露对同事的关心,一如既往。

他们大学时候就是朋友,毕业之后他去当兵,而她在外商公司做事。他退伍后,她把一些客户拉过来,两个人合伙做。三年后,公司从两个人增加到二十几个人,生意大有起色,而他却莫明其妙和一个客户的女儿发生了一夜情……

"说莫明其妙其实是借口。"他说:"到现在也没什么好不承认的……一来是新的身体总比熟悉的刺激,还有……这个客户公司的规模是我的几百倍,那时不是流行一句话:娶对一个老婆可以省掉几十年的奋斗?"

最后车子经过敦化南路,经过昔日公司的办公室,两旁的栾树正逢花季,灿烂的秋阳下是一片亮眼的金黄。

后座上,当年的爱人正跟之前公司的某个同事话家常,说台北,说澳洲,说孩子,说女人到了这个年龄阶段的感受,然后说停留的时间以及相约见面吃饭,说:"让我看看你们现在都变成什么模样。"

车子最后停在医院门口,他还在躲避,也犹豫着要不要跟她收费或者给她打个折,没想到后头的女人忽然出声,微笑着用极其平静的语气跟他说:"我都已经告诉你我所有近况,告诉你我现在的心情,告诉你我对一些人的思念……什么都告诉你了,而你,连一声 hello 都不肯跟我说?"

资料来源:吴念真. 这些年,那些事[M]. 南京:凤凰出版社传媒集团,译林出版社,2011.

"红蓝选择"游戏

我在法学院读本科的时候,选修了一门"法律诊所"的课。在课堂上,老师引导我们玩了一个叫"红蓝选择"的游戏。游戏规则如下。

(1)把我们 30 人分成两个小组,分别占据一间教室,互相之间不能沟通。

(2)两个组各自做出"红"或"蓝"的选择。两组都选"红",则双方都得 0 分;两组都选"蓝",则双方都得-1 分;一组选"红"另一组选"蓝",则选"红"的一组得 4 分,选"蓝"的一组得-2 分。

(3)每选择一次,由老师向双方公布结果,然后双方再选,总共可以选择 10 次。

(4)最后统计总分,每得 1 分可以得到 10 元钱的奖励。

从这个规则可以看出,选"蓝"是绝对没有便宜占的,要么得-1 分,要么得-2 分;反之,选"红"是绝对不会吃亏的,要么得 0 分,要么得 4 分。但这个时候问题就出来了,双方都认为红是最优选择,结果就是谁也别想得分。第一轮下来,双方都选了 10 次"红",都是零分。

然后老师决定改变游戏规则,双方在做出选择前,可以派出一名代表谈判,达成协议,然后再做选择。我们小组在开会讨论的时候,就指出了合作的可能性:"头 5 次我们选蓝,他们选红,这样我们得-10 分,他们得+20 分,后 5 次我们选红,他们选蓝,我们得 20 分,他们被扣10 分,这样双方各得 100 元钱。"大家都对这个想法表示赞成,并委派我前去谈判。就在我打算起身的时候,有一个同学突然发言了:"不如这样,反正扣分也不罚钱,干脆我们选 10 次蓝,他们选 10 次红,这样他们能得到 400 元,然后回头再给我们 200 元,岂不是更好?"

此言一出,满座皆惊。

大家都觉得这个想法有点不可思议,但仔细一想,确实很有道理。在双方僵持不下的时候,我们退一步,就可以获得利益,更奇怪的是,让步越大,获利越多。于是这个建议被很快通过。我作为全权代表前去谈判,对方表示完全接受,于是双方签订密约,合伙"骗取"老师的400 元奖金,全班同学出去猛吃了一顿。

其实老师并没有"上当",一切的结果都是她设计好的。通过这个游戏,她成功地让大家明白了,很多时候,"合作"比"竞争"能给双方都带来好处。但"合作"的前提是双方都能理智地分析问题,互相沟通。

资料来源:清风慕竹. 红蓝选择[J]. 青年博览,2010(16).

任务 4 语言沟通

与人交谈一次,往往比多年闭门劳作更能启发心智。思想必定是在与人交往中产生,而在孤独中进行加工和表达。

——列夫·托尔斯泰

任务目标

- 了解语言沟通的基本原则、书面沟通和网络沟通的基本特征;
- 理解倾听的重要意义;
- 能够有效掌握倾听的技巧;
- 熟练掌握并运用各种交谈技巧以及沟通方式。

案例导入

19 世纪的维也纳,上层妇女喜欢戴一种高檐帽。她们进戏院看戏也总是戴着帽子,挡住了后排人的视线。戏院要求她们把帽子摘下来,她们仍然置之不理。剧院经理灵机一动,说:"女士们请注意,本剧院要求观众一般都要脱帽看戏,但是年老一些的女士可以不必脱帽。"此话一出,全场的女性都把帽子脱了下来,哪个女人愿意承认自己老啊!剧院经理就是利用了女性爱美爱年轻的心理特点和情感需求,顺利地使她们脱帽。

资料来源:郭鹏. 史上最强的沟通术[M]. 北京:机械工业出版社,2009.

语言沟通是指以语词符号为载体实现的沟通,主要包括有声语言沟通、书面沟通和电子沟通等。有声音语言是沟通的主要手段,是人们之间最基本、最常用、最直接有效地语言沟通方式。

4.1 语言沟通的基本原则

语言在其使用过程中充满了变化,表现出丰富而复杂的形式特征。任何对语言运用的描述都不可能详尽地分析出每一次语言过程,所以,人们应当了解和遵循一定的原则,这样才能有效地增加语言交际信息的传递量,使人与人之间达到融洽和谐。

1. 合作原则

语言沟通是说话者与听话人之间通过语言符号形式进行交际的过程,要使这个过程完成并延续下去,双方必须进行合作,在语言沟通过程中尽量配合对方。简单地说,当一个人发出语言信息时,另一方没有给出相应的反馈,沟通就无法展开或者会中断。因此,合作原则是语言沟通中的首要原则,它表明了人们进行沟通的意愿和态度。

合作原则可分为形式的合作与内容的合作。语言沟通不但要有形式的合作,更要有内容的合作。在语言沟通中有时人们表面上是遵循了合作原则,对于对方传递的信息给予了反馈,但对方并不满意,甚至导致沟通的失败,这就是因为双方的合作只是基于形式,而没有真心参与,缺少内容层面的合作。

例如,丈夫陪妻子去商场买鞋,妻子问:"你看,这双高跟的凉鞋怎么样?""还行。"丈夫答。"不过好像设计得不够时尚,那双呢,好像是新款,怎么样啊?""不错。"在这个例子中,丈夫对妻子的问话都给予了肯定的回答,在形式上符合合作的原则,但事实上妻子并不满意,因为此时她需要的不是这种语言上的表面合作。在她看来,丈夫的回答只是敷衍了事,并非真心合作。所以,这时丈夫在语言沟通中必须采取更高层次的合作——内容的合作,根据对方询问的目的给予较为明确的意见。比如,丈夫可以回答"这双鞋的跟有点太高了吧""这双新款的款式不错,可以试试",等等,这样的回答虽然没有给予正面的肯定,但对妻子来说是明确的、积极的,让她觉得丈夫是参与了此次语言沟通。

当然,不是任何情况下都要达到合作原则的这两个层面。形式的合作是必不可少的,但是内容的合作在某些时候、某些场合不一定必不可少。比如在某个社交场合,对方高谈阔论,可以仅出于礼貌给予形式上的合作,不一定非要提出自己的真实看法或建议,这样不会影响双方的沟通交流。所以,人们应根据沟通的目的、沟通的场合、沟通的对象选择合适的合作层次。

2. 尊重与真诚

与人交流和沟通中,尊重与真诚是语言交往目的得以实现的基础,它既是礼仪之本,也是待人接物的基本修养。正如《庄子·渔父》中所说:"不精不诚,不能动人。""真在内者,神动于外,是说以贵重也。"只要认可对方的能力,任何人都会乐于将其优点表现得淋漓尽致。尊重与真诚是人们在语言沟通中努力追求的美德。

在人际交往中,不仅要尊重他人的人格、个性习惯、权力地位、情感兴趣和隐私,还要尊重彼此存在的外显或内在的心理距离,要有人人平等、一视同仁的谈话态度。只有在人际交往中保持自尊而不盲目自大,受人尊敬而不傲慢骄横,才能得到对方的尊重,才能谈得上真诚合作、平等合作。

英国维多利亚女王,与其丈夫相亲相爱,感情和谐。维多利亚女王是一国之君,成天忙于公务,出入于社交场合,而她的丈夫阿尔伯特却相反,对政治不太关心,对社交活动也没有多大的兴趣,因此两人有时也闹些别扭。有一天,维多利亚女王去参加社交活动,而阿尔伯特却没有去。夜深了,女王才回到寝宫,只见房门紧闭。女王走上前去敲门。阿尔伯特问:"谁?"女王回答:"我是女王。"门没有开,女王再次敲门。阿尔伯特问:"谁呀?"女王回答:"维多利亚。"门还是没开。女王徘徊了半晌,又上前敲门。阿尔伯特仍然问:"谁呀?"女王温柔地回答:"你的妻子。"这时,门开了,丈夫阿尔伯特伸出双手把女王拉了进去。

人与人的交往归根结底是一种心理交往,语言的沟通也是心灵的沟通。沟通双方能够以相互尊重为基础,以诚相待,是语言沟通能够顺利进行并向纵深发展的重要保证。

3. 符合语境原则

运用语言进行信息传递、情感交流,离不开一定的时间、地点和场合,同时这个特定的语言环境反过来对沟通的内容和过程又起约束和限制的作用。所以,语言运用必须要切合时代背景和具体情境,要恰当地利用说话时机,把握时间因素,力求切情切境,入旨人理。

鲁迅先生在其杂文《立论》中讲了这样一个故事:"一家人家生了个男孩,合家高兴透顶了。满月的时候,抱出来给客人看——大概是想得到一点好兆头。一个客人说:'这孩子将来要发财的。'于是这个客人得到了一番感谢。一个客人说:'这孩子将来要做官的。'于是他也收到了几句恭维。另一个客人说:'这孩子将来是要死的。'于是他得到了一顿大家合力的痛打。说要死的是人之必然,是大实话,是自然规律;说做官发财的是谎言,是献媚,是讨好。但说谎的得好报,说必然的遭痛打……"

暂且不论鲁迅先生的本意是什么,从语言沟通来看,第三个人说的是一句真话,但是违背了人们喜庆场合说恭贺语、吉利话的交际习惯,遭打也是在情理之中。

还有一个故事,一对新人在举行婚礼时遇上瓢泼大雨,新人和客人们被大雨淋得很懊丧,婚礼气氛一下子跌倒了谷底。这时,餐厅经理来到新人和诸位客人面前,微笑着高声说:"老天爷作美,赶来凑热闹,这是入春以来的第一场好雨。好雨兆丰年,这象征着这对新人的未来是十分幸福的。雨过天晴是艳阳天,这说明今天在座的所有客人都将迎来更加灿烂的明天。我提议,为了创造和迎接雨过天晴的明天,大家干杯!"话音一落,整个餐厅的气氛发生了 180 度的大转弯。沉闷的婚礼场面一下子活跃起来。

4. 明确目的原则

语言沟通是为了实现一定目的的双向交流的传播活动,或是告诉别人一件事情,或是请求别人帮忙,或是命令对方行动,或是打听某方面的消息,或沟通心灵,或改善关系,或增进友谊,等等。所以,与人说话时,不仅要考虑交际对象的性别、年龄、生活背景、心理特征等因素,根据语言环境做出必要的调整,还要根据谈话主题,选择和使用恰当的语言,做到有的放矢,建立良好的沟通氛围。

有一位英国客人在商店对一件工艺品很感兴趣,营业员热情地取出工艺品让客人赏鉴,然后介绍说:"先生,这件不错,而且比较便宜。"没想到,这位英国客人听完这句话以后抽身离去。原因就在于营业员说的"便宜"二字,因为在英国人的心目中,买便宜货有失身份。

1954 年,周恩来总理出席日内瓦国际会议,为了向外国人宣传中国人和平友好,决定为外国记者举行电影招待会,放映越剧艺术片《梁山伯与祝英台》。为此,工作人员准备了一份长达 16 页的说明书。周恩来看了批评说:"这是不看对象,对牛弹琴。"工作人员不服,说:"给洋人看这部电影,才是对牛弹琴呢!"周恩来说:"这就要看你怎么弹法,你要用十几页的说明书去弹,那是乱弹。我换个弹法,只要你在请柬上写一句话:请你欣赏一部彩色歌剧电影,中国的《罗密欧与朱丽叶》。"果然一句话奏效,赢得了外国人的赞赏。

相关链接 4-1

1963 年 12 月,陈毅应邀参加肯尼亚的独立大典。在一次肯尼亚举行的国家舞会上,中国代表团和美国代表团的位置刚好被安排在一起。中美关系长期僵持,这无疑是个极其微妙的场面。陈毅既没有主动凑过去套近乎,也没生气掉头而去,而是坐下喝咖啡。

美国代表团员有 3 个人:部长夫妇和美国劳联副主席。部长夫人首先跟旁边人搭话:"你们是中国代表团吗?"

"是的。"

"我是否可以与你聊聊天呢?"

"当然可以,怎么不能呢?"

于是,双方就开始聊了起来。部长一看夫人已开了头,便也过来,要与陈毅干杯,但又故作姿态地说:"过去米高扬访问美国,到我家做客,与我夫人谈了天。我为此受到了腊斯克的责备,希望我们这次干杯不要引起麻烦。"

听了这话,陈毅不软不硬地回了一句:"你怕麻烦,可以不要跟我干杯,我就不会有什么麻烦。"

部长又说:"我提议,为中美两国有一天能够改善关系干杯!"

听了此话,陈毅端起酒杯说:"我希望、我相信,中美两国的关系总有一天能够前进一步的,但条件是美国的国务院要取消对中国的敌视侵略政策,只有这样才可能。"

在这场交往中,陈毅以"不卑不亢、有理有节"的言行举止,树立了中国外长的良好形象,为我们树立了对外交流的光荣典范。

资料来源:张岩松. 现代交际礼仪[M]. 北京:中国社会科学出版社,2006.

4.2　交谈的技巧

4.2.1　谈话的艺术

有声语言作为沟通的基本手段,讲究的是表达是否有效。因此,要学会善于说话,要能够准确自如、恰到好处地表达自己的思想、感情和意图,做到言之有物、言之有序、言之有礼、言之有趣。

1. 言之有物

中国有句老话:"与君一席谈,胜读十年书。"交谈的双方都想通过交谈,获得知识、拓宽视野、增长见识、提高水平。因此,交谈要有观点、有内容、有内涵、有思想,而空洞无物、废话连篇的交谈是不会受人欢迎的。没有材料做根据,没有事实做依凭,再动听的语言也是苍白的、乏味的。在交谈时,要明确地把话说出来,将所要传递的信息准确地输送到对方的大脑里,正确反映客观事物,恰当地揭示客观事理,贴切地表达思想感情。

2. 言之有序

言之有序,就是根据讲话的主题和中心设计讲话的次序,安排讲话的层次,即交谈要有逻辑性、科学性。"使众理虽繁,而无倒置之乖;群言虽多,而无棼丝之乱。"(刘勰《文心雕龙》)有些人讲话,一段话没有中心,语言支离破碎,想到哪儿就说到哪儿,东一榔头西一棒槌,给人的感觉是杂乱无章,言不及义,不知所云。所以,交谈时,先讲什么,后讲什么,要思路清晰、条理清楚,富有逻辑性。

3. 言之有礼

说话的目的是让人接受,所以交谈时一定要讲究礼节礼貌。知礼会为交谈创造一个和谐、愉快的环境。讲话者态度要谦逊,语气要友好,内容要适宜,语言要文明;听话者要认真倾听,不要做其他事情。这样就会形成一个信任、亲切、友善的交谈气氛,为交谈获得成功奠定基础。

4. 言之有趣

幽默是一种智慧。幽默语言是一种生动的语言表达手法。相声大师侯宝林认为:"幽默不是要贫嘴,不是出怪相、现活宝,它是一种高尚的情趣,一种机敏性的反应,一种把普遍现象戏剧化的处理方式。"在说话中灵活运用幽默,将会给沟通带来意想不到的效果。幽默是一种沟通力。

相关链接 4-2

抗战胜利后的一天,上海一幢公寓里发出阵阵欢笑,原来,画家张大千要返回四川,他的学生为他饯行,梅兰芳等名流也到场。宴会开始,张大千向梅兰芳敬酒,说:"梅先生,你是君子,我是小人,我先敬你一杯!"众宾客都愣住了,梅兰芳也不解其意,笑着询问:"此话作何解释?"张大千笑着朗声答道:"你是君子——动口;我是小人——动手!"满堂来宾笑声不止,气氛一下子活跃起来。张大千简单的祝酒词能取得如此好的效果,原因就在于他能巧妙地引用"君子动口不动手"这一俗语,一语双关,妙趣横生,为宴会增添了热闹而幽默的气氛。

资料来源:卢孟来. 古典散文美化口才[M]. 呼和浩特:内蒙古文化出版社,2008.

4.2.2　问答的技巧

两名教士分别向牧师提问,一位说:"我在祈祷时可以抽烟吗?"牧师回答:"当然不行!"而另一位则说:"那我在抽烟时可以祈祷吗?"牧师回答:"当然可以。"从这个小故事不难看出,相同的事情,提问方式不同,得到的回答也大相径庭。提问和回答是获得信息的一种手段,恰到好处的提问与答话,有利于推动谈话的进展,促使沟通成功。

1. 学会提问

提问是一种重要的沟通行为。提问可以帮助了解更多、更准确的信息,可以把一个没有兴趣的听众变成一个积极的参与者。而要想问得巧,必须善于捕捉信息,把握好时机,掌握恰当的提问方式。

(1)直接型提问。提问者从正面直接提问,直截了当地讲明询问的目的,开门见山地提出问题。这种提问开诚布公,干脆利落,无须拐弯抹角。但也要防止过于直白、十分生硬的提问方式。例如,记者在农村采访一位刚用上自来水的村民:"大娘,您吃上自来水了,高兴吗?"大娘回答说:"高兴! 高兴!"记者提了一个限定性问题,大娘连着说了两个"高兴",心里有话却因记者的直白问话而没能说出来。如果问:"大娘,原先您想到过吃自来水吗?"或者说:"大娘,听说你们过去吃水好困难!"大娘心里的话就能痛快地说出来。

(2)委婉型提问。这种提问是在没有摸清对方虚实的情况下,先投石问路,虚设一问,这样既可以避免因对方拒绝而出现尴尬局面,又能探出对方的虚实,达到提问的目的。例如一个男孩爱上了一个女孩,想与其交朋友,于是他试探性地问:"我可以陪你走走吗?"女孩子若不愿交往,她的拒绝就不会使双方难堪。

(3)协商型提问。协商型提问以征求对方意见的形式提问,诱导对方进行合作性的回答。这种方式,对方比较容易接受。即使有不同意见,也能保持融洽关系,双方仍可进一步洽谈。

如："您看，这样改一下行吗？"

（4）限定型提问。在一个问题中提示两个可供选择的答案，两个答案都是肯定的。人们有一种共同的心理——认为说"不"比说"是"更容易和更安全。所以，这是一种目的性很强的提问方式，它能使提问者获得较为理想的回答，减少被拒绝或不接受回答的概率。例如，在商业约见时，有经验的经理会对顾客说："您看我是今天下午两点钟来见您还是三点钟来？""三点钟来比较好。"他们之间的约定达成。

（5）假设型提问，即通过假设的方式提出一些假设性的问题，是一种"试探而进"的提问方法。设问法往往用来启发对方的思路，引导对方谈出对某个问题、某种事情的真实想法，或者设身处地地为对方着想，积极帮助对方回忆某种情景，促使对方谈出一些不大想说、不大好说的事情或想法。例如，著名节目主持人杨澜在采访 1998 年诺贝尔化学奖获得者、美籍华人崔琦时，曾经问他："你 12 岁那年，如果你不外出读书，结果会怎么样？"崔琦的回答出人意料，他十分后悔地说："如果我不出来，三年困难时期我的父母就不会死。"这一提问获得了很好的效果，使杨澜和崔琦都更好地进行富有情感的对话。

（6）激将型提问。一种激发式的提问，提出比较尖锐的问题，适当地刺激对方一下，促使对方的心态由"要我说"变为"我要说"，从而不能不说，甚至欲罢不能。1936 年斯诺到延安采访毛泽东时，他要毛泽东谈谈自己的历史。毛泽东开始想回避这个问题，斯诺就心平气和地向毛泽东提供了许多情况，并说："外国对你有种种传说和谣传，是真的吗？"这是个激将型提问。毛泽东听了很感意外，并稍有些惊愕，于是同意纠正这些谣言，谈出了个人的经历。斯诺凭借高超的提问技巧，达到了自己的采访目的。

此外还可以使用声东击西、欲擒故纵、借古喻今等提问方法。

2. 巧妙回答

回答是为了很好地互通信息，将自己的想法和不满借助别人提问的机会巧妙地表达出来；或者对对方提出的问题给予回答，达到加深情感、解决问题、提升沟通质量和通过互动做到平时做不成的事情的目的。在沟通过程中，不但要问得巧，也要答得巧。

（1）直接回答。针对问题直截了当地予以回答。但回答时不仅要注意问话的表面意思，更要认清提问人的动机、态度、前提，这样才能使回答更具有针对性。

（2）间接回答。避开对方的锋芒，不直接说出答案，而是从新的角度、层面予以回答，让对方从中寻找答案。日本演员中野良子来上海，有记者问她："你准备什么时候结婚？"中野良子笑着说："如果我结婚，就到中国度蜜月。"这样的回答既回避了个人隐私，也表现出了对中国人民的友谊。

（3）以问代答。在一时难以说清楚或者不便回答时，用反问的方法引导对方自己找出答案。如"您认为这么做可行吗？""您的看法是什么呢？"有记者采访基辛格："美国有多少潜艇导弹在配置分导式多弹头？有多少'民兵'导弹在配置分导式头多弹头？"基辛格笑道："我不确切知道正在配置分导式多弹头的'民兵'导弹有多少，至于潜艇数目，我倒是知道，但我不知道是否是保密的。"一位记者急忙说："不是保密的。"基辛格立即反问道："不是保密的吗？那您说是多少呢？"基辛格以问代答的方法使记者陷入自我否定的窘境，解除了回答之难。

（4）答非所问。电影《少林寺》中，觉远对法师不近色、不酗酒的要求都以"能"作答。但当法师问："尽形寿，不杀生，汝今能持否？"觉远难以回答。法师高声再问："尽形寿，不杀生，汝今能持否？"觉远答："知道了。"这样模糊的回答，表面上好似在回答，实际上却转换话题，答案不触及提问的实质，这样觉远既能在法师面前过关，又不违背自己惩治世间恶人的决心。

（5）诡辩而答。诡,怪的意思,在特殊情况下,不能、不宜或不必照直回答时急中生智,利用诡辩做出反常的回答,既增添了谈话的情趣,又应付了难题。例如,清朝乾隆年间的进士纪晓岚对于称皇帝为"老头子"的解释:"皇上万寿无疆叫作'老';皇上乃国家元首,顶天立地叫作'头';皇上是真龙天子,叫作'子'。"于是龙颜大悦。纪晓岚用文字拆合法偷换概念,诡辩而答避免了一场杀身之祸。

> **相关链接 4-3**
>
> ### 周总理妙答记者问
>
> 　一位美国记者采访周总理,无意中看到总理桌子上有一支美国产的派克钢笔。记者便以带有几分讥讽的口吻问道:"请问总理阁下,你们堂堂的中国人,为什么还要用我们美国产的钢笔呢?"周总理听后,风趣地说:"谈起这支钢笔,说来话长,这是一位朝鲜朋友的战利品,作为礼物赠送给我的。我无功不受禄,就拒收。朝鲜朋友说,留下做个纪念吧。我觉得有意义,就留下了这支贵国的钢笔。"美国记者哑口无言。
>
> 　什么叫自搬石头砸自己的脚? 这就是一个典型事例。这位记者的本意是想挖苦周总理:你们中国人怎么连好一点的钢笔都不能生产,还要从我们美国进口。结果周总理说这是朝鲜战场的战利品,反而使这位记者丢尽颜面。

4.2.3　学会赞美

威廉·詹姆斯说:"人性中最深切的禀质,是被人赏识的渴望。"受到赞美是人们心理上的需要,但是赞美作为一种沟通技巧,不是随意说几句恭维话就可以奏效的,有一些技巧和注意点。

1. 赞美要热情真诚

赞美必须要真诚,它不是一种取悦他人的简单公式,不分时间、地点、条件地对他人一味加以赞美。"赞美和恭维到底有什么区别呢? 很简单,一个是真诚的,一个是不真诚的;一个出自内心,另一个出自牙缝;一个为天下人所欣赏,另一个为天下人所不齿。"(卡耐基语)美国心理学家阿伦森曾举例说,假设工程师南希出色地设计了一套图纸,上司说:"南希,干得好!"毋庸置疑,听了这话,南希一定会增加对上司的好感。但如果南希草率地设计了一套图纸(她自己也知道图纸没有设计好),这时,上司走过来用同样的声调说出同一句话,这句话还能使她产生好感吗? 南希可能得出上司挖苦人、戏弄人、不真诚、不懂得好坏等结论,其中任何一项都会使南希对上司的喜爱有所减少。

2. 赞美要具体明确

赞美要挖掘具体的实施评价,空泛、含糊的赞美常使人觉得不可接受,还会怀疑你的辨别力和鉴赏力,甚至怀疑你的动机、意图。例如不要总对他人称赞"你很棒""你很出色",而是加上对具体事实的评价。"你这套衣服配你的皮肤正合适。""你这次处理客户投诉的态度非常好,自始至终婉转、诚恳,不简单!"

3. 赞美要切境得体

切合语境和得体妥帖是人们衡量理想的语言表达效果的一个重要标准,也是赞美的一个重要原则。切境得体,就是要求赞美与表达时的语境要适合,并且能够选择最佳的表达手段或方式,以取得最佳的赞美效果。

民间有一个关于朱元璋的传说:朱元璋做了皇帝。有一天,他从前的一位穷朋友从乡下赶来找他,对他说:"当年微臣随驾扫荡庐州府,打破罐州城,汤元帅在逃,拿住豆将军,红孩儿当关,多亏菜将军。"朱元璋听后很是高兴,就立刻封他做了大官。这个消息让另外一个穷朋友知道了,也想讨个一官半职。见到朱元璋,他说:"我主万岁! 还记得吗? 从前,我们替人家看牛。有一天,我们在芦花荡里,把偷来的豆子放在瓦罐里煮着。还没等煮熟,大家就抢着吃,罐子都被打破了,撒下一地的豆子,汤都泼在泥地里。你只顾从地下满把地抓豆子吃,不小心把红草叶子也一起吃进嘴里了,叶子哽在喉咙口,你吐不出咽不下。还是我出的主意,叫你将青菜叶子一并吞下去,这样红草的叶子才一起下肚了……"朱元璋不等他说完就连声大叫:"推出去斩了! 推出去斩了!"对于朝堂之上的朱元璋来说,第一位朋友的赞美巧妙得体、高雅别致,而第二位朋友实话实说,有伤皇帝尊严,自然得不到好结果。

4. 适当运用间接赞美

间接赞美是借第三方的话赞美对方。在一般人的观念中,第三方说的话大多比较公正、实在。因此,聪明的赞美方式是以第三方的口吻赞美,如此更能赢得被赞美者的好感和信任。德国历史上著名的"铁血宰相"俾斯麦,为了拉拢一位敌视他的议员,便故意在别人面前赞美这位议员。俾斯麦知道,那些人听了自己对这位议员的赞美后,一定会将话传给他。果然不久之后,这位议员和俾斯麦成了不错的政治盟友。

由此可见,背后说别人的好话,远比当面恭维别人效果好得多。好话在背后说时,别人会认为是真诚的,是发自内心说他的好话,他会领情并感激你。此外,若直接赞美的程度不足会使对方感到不满足、不过瘾,甚至不服气;赞美过了头又会变成恭维。用背后赞美的方法则可避免这些问题。因此,多在第三方面前赞美他人,是融洽关系、增进友谊的有效方法。

5. 出人意料的赞美

赞美的内容出乎对方意料更能引起好感,令人心情愉悦。卡耐基在《人性的优点》中讲过他曾经经历的一件事情:一天,他去邮局寄挂号信,从事着年复一年的单调工作的邮局办事员显得很不耐烦,服务质量很差。当他给卡耐基的信件称重时,卡耐基对他称赞道:"真希望我也有你这样的头发。"闻听此言,办事员惊讶地看着卡耐基,接着脸上泛出微笑,热情周到地为卡耐基服务。

赞美是人的一种心理需要,是对他人的敬重,美国管理学家玛丽·凯说过:"赞美是一种有效而不可思议的力量。"恰当地赞美别人,会给人带来舒适感,加强对方对自己的认同感、信任感,使双方在感情上产生共鸣,从而协调并融洽与自己的关系,以达到理想的沟通效果。

4.2.4 拒绝的技巧

拒绝,是对他人意愿、行为的一种直接或间接的否定。人们的要求永无止境,往往是合理的、悖理的并存,如果当面不好意思说"不",轻易承诺了自己无法履行的职责,将会带给自己更大的困扰和沟通上的困难。拒绝总是令人遗憾的。如何把拒绝可能带来的危害减小到最低限度,能取得对方的理解,掌握一些拒绝的技巧,是非常必要的。

1. 直接拒绝法

直接拒绝就是将拒绝之意当场讲明。有些人在拒绝对方时,因为感到不好意思,经常以"需要考虑考虑"为托词而不愿意当面拒绝请求,内心希望通过拖延时间使对方知难而退。殊不知语意暧昧、模棱两可,反而容易引起对方误会。运用直接拒绝法时,一定要注意语气要温和、诚恳,含有歉意,并需把拒绝的原因讲明白,切不可以一种高高在上的态度拒绝对方的要求,不要对他人的请求流露出不快的神色,更不要蔑视或忽略对方,这些失误都是没有修养的表现。

2. 诱导否定法

诱导否定法就是采用诱引方法,提出一些条件或提出一个问题诱使对方自我否定,从而放弃原来的要求。例如,美国前总统罗斯福的一位朋友曾向他问及海军在大西洋的一个小岛筹建基地的秘密计划。罗斯福特意向四周望了望,然后压低声音问:"你能保守秘密吗?""当然能。""那么,"罗斯福微笑着说,"我也能。"

3. 幽默拒绝法

幽默拒绝是利用幽默的语言表达拒绝的意思。例如,启功先生是我国著名的书法家,在20世纪70年代末向他求学、求教的人就已经很多了,以致先生住的小巷终日不断脚步声和敲门声,惹得先生自嘲曰:"我真成了动物园里供人参观的大熊猫了!"有一次先生患了重感冒起不了床,又怕有人敲门,就在一张白纸上写了4句:"熊猫病了,谢绝参观;如敲门窗,罚款一元。"此事被著名漫画家华君武先生知道后,专门画了一幅漫画,并题云:"启功先生,书法大家。人称国宝,都来找他。请出索画,累得躺下。大门外面,免战高挂。上写四字,熊猫病了。"幽默的方式既能拒绝对方的要求,又不容易伤害对方的感情。

4. 巧妙转移法

当对方提出要求难以回绝时,可以采用转移话题,答非所问等方式,暂时把对方说话的焦点转移开而达到拒绝的目的。例如,第24届奥运会时,中国代表团一到汉城(现名首尔),记者缠着李梦华团长问:"中国能拿几块金牌?"李梦华回答:"10月2日之后,你们肯定知道。"记者又追问:"新华社曾预测拿11枚金牌,你认为客观吗?"李梦华答道:"中国有充分的言论自由,记者怎么想,就可以怎么写。"这种避实就虚,似答非答的方法,既达到了在要害问题上拒绝答复的目的,又显得落落大方,无懈可击。

5. 预埋伏笔法

预埋伏笔法就是对于对方的要求,先不拒绝,而是充分阐明不利因素,埋下伏笔,让对方有足够的思想准备,再在适当的时候,用恰当的方法加以拒绝。例如,有人托你介绍工作,你可以这样拒绝他:"你的学历没有达到规定的要求,何况名额少,难度大,但我会尽力争取的。"其中"学历没有达到规定要求""名额少"已充分展示了对方的不利条件,为拒绝对方埋下伏笔。

6. 附加条件法

附加条件法就是先顺应对方的意思,然后附加一个事实上不可能的或主观无法达到的条件。一天,意大利音乐家帕格尼尼雇了一辆马车赴剧院演出,眼看就要迟到了。他请车夫快点儿赶路,车夫要求加钱。"我要付给你多少钱?"帕格尼尼问道。"10法郎。""你这是开玩笑吧?""我想不是,今天人们去听你用一根琴弦拉琴(指帕格尼尼演奏他创作的一些G弦上的技巧艰深的乐曲),你可是每人收10法郎!""那好吧,"帕格尼尼说,"我付你10法郎,不过,你得用一个轮子把我载到剧院。"对车夫来说,一个轮子载到剧院是不可能实现的,帕格尼尼的要求实际上起到了拒绝的效果。

7. 沉默不语法

开口拒绝对方也不是件容易的事,这时,一言不发,或者运用摆手、摇头、耸肩、皱眉、转身等肢体语言来表示自己拒绝的态度。另外,微笑中断也是一种暗示。面带笑容的谈话,笑容消失,便暗示无法认同和拒绝。

拒绝的技巧还有很多,例如拖延法、预言拒绝法、严词拒绝法、借力法等。当然,除了技巧,更需要发自内心的耐性与关怀。著名喜剧大师卓别林曾说："学会说'不'吧！那你的生活将会美好得多。"

4.2.5 如何批评

必要的批评能够使人认识缺点，改正错误以利于进步，并能够促进彼此的关系。批评因人而异，由于人的经历、文化程度、性格不同，接受批评的承受力和方式也有很大的区别，这就要根据不同对象采取不同的方式，这样更有利于双方达成共识。

1. 从称赞入手

赞赏对方的长处，营造良好的氛围，然后再加以批评，也就是采取先扬后抑的方法，效果会更好。扬是抬高对方，唤起他美好的回忆；抑是激发对方，触动他的自尊，挖掘他的潜力。

卡耐基说："通常，在我们听到别人对我们的某些长处赞扬之后，再去听一些比较令人不痛快的批评，总是好受得多。"前面灌"蜜糖"，后面再给一剂"苦药"，再"苦"也不会那么难以下咽。也就是说，前面的赞扬，已经给后面"发射"的批评"弹"安装上了缓冲器，其撞击力度会大大减弱，也就能够在较为缓和的气氛下不容易形成较大的对立情绪，令对方认真听取批评意见。

2. 暗示批评法

受到批评者难免有某种不快之感。有时当面指出错误会造成对方顽强的反抗，而巧妙地暗示对方意识到自己的错误，会使他认识到错误并主动改正，这就是暗示批评法。乔治·华盛顿是美国的第一位总统，他有一个年轻的秘书。一天早晨，这位秘书来迟了，他发现华盛顿正在等候，感到很内疚，便说他的手表出了毛病。华盛顿平静地回答："恐怕你得换一只表，否则我就要换一位秘书了。"秘书不好意思地低下了头，从此再没有迟到过。

3. 先己后人法

先己后人法，指的是先谈自身的错误，然后再批评对方的方法。例如一位学生在校常爱欺负同学，家长告上门来，母亲操起笤帚要打孩子。父亲懂得批评之道，他一边阻止妻子，一边语重心长地对孩子说："小时候，我也和你一样逞强好胜，遇到弱小者便称王，遇到强手呢，则被打得鼻青脸肿的。唉，那时我可真不懂事，现在想起来，还觉得面惭心愧的，特别是遇到曾经被自己欺侮过的人，更觉得无地自容。你可别像我当年哟，现在可没有后悔药吃呀！"

4. 幽默批评法

用幽默的语言进行批评，可使对方在笑声中认识到自己的错误。1776 年，拿破仑被任命为意大利方面军的总司令。在整顿这支从装备到纪律都一塌糊涂的军队时，他发现带头的奥热罗将军最难管，对这种严重违反纪律的将军必须给他点颜色看。于是，身材矮小的拿破仑望着个子很高的奥热罗将军说："将军先生，您不会看不出来吧，你的个子高出我一头，但如果你不听指挥的话，我马上消除这个差别。"正在吵闹不休的奥热罗将军闻之立即停止了喧哗。随后，军队中激烈的争吵也立刻平息了下来。

5. 留有余地法

对他人的错误抱着体谅、理解的态度，批评时让他保住自己的面子，说些充分谅解的话。卡耐基曾说过："让他人有面子，这是十分重要的事。有些人却很少想到这一点，经常残酷地抹杀他人的感觉，又自以为是，比如在他人面前批评一位小孩或员工，找差错，发出威胁，甚至不去考虑是否伤害到别人的自尊。"

人难免会犯错，伟人也好，普通的人也罢，都可能出现过失。但不管是谁，当他做了错事的时候，内心总是充满愧疚、悔恨、自责甚至恐惧。因此，在指出和纠正别人的过失时，应运用心理学原理,对人类共同的心理特点进行分析,运用"换位思考"的方法,多站在对方立场上,因人因事指出和纠正他人的过失。

4.3 倾 听 技 巧

传说古代曾经有个小国的使者进贡了三个一模一样的小金人,个个光彩夺目,这让皇帝非常高兴。但使者同时出了一道题目:"这三个小金人哪个最有价值?"大臣们左看右看,看了很长时间,也没能看出个所以然来。于是,皇帝和大臣们又想出许多办法,他们请珠宝工匠检查,结果是称重量、看做工,都是一模一样的。

怎么办? 泱泱大国,不会连这件小事都解决不了吧? 最后,有一位退位的老大臣说他有办法。皇帝将使者请到大殿,老臣胸有成竹地拿来了三根稻草,插入第一个金人的耳朵里,这稻草从另一边耳朵出来了;插入第二个金人的耳朵,稻草从嘴巴里直接掉了出来;而把稻草插入第三个金人的耳朵,稻草进去后掉进了肚子里,什么响动也没有。老臣对皇帝说:"第三个金人最有价值!"皇帝赞许地点了点头,使者默默无语,答案正确。为什么会这样呢?

第一个小金人,把稻草插入它的耳朵里,稻草就立刻从另一边耳朵出来了,这样的人,往往沉迷于自己的世界,不关注外界的事情。

第二个小金人,把稻草插入它的耳朵里,稻草从它的嘴巴里直接掉了出来,说明第二个小金人是那种对信息不加判断的人,长了个大嘴巴,把听来的事情,不加判断就进行传播,不知道什么事该传播,什么事不该传播。

而第三个小金人,稻草从耳朵进去后掉进了肚子里,什么响动也没有。他是那种能够做到"善于倾听,分辨是非,消化在心"的人。因此,这就是最有价值的人。

可见,最有价值的人,不一定是最能说的人,而是像第三个小金人那样,能沉得住气,重视倾听,三思而后说。

4.3.1 倾听的内涵

倾听是凭借听觉器官接收口头和非语言信息,确定其含义并对此做出反应的全过程。说到"听",人们想到的往往是人的听觉器官对声音的生理反应,认为只要耳朵听到对方的话音,就达到了"听"的目的。

其实,倾听的内涵非常丰富。在古汉语中,听的写法为"聽",从字面上分析,首先是偏旁中的"耳",指的是语言中的信息大多是通过耳朵获取的,语速、语气、语调的变化都能体现一定的信息,捕捉这些微小的变化都要依靠耳朵。但是,仅用耳朵倾听是远远不够的,还需要全身积极配合,共同捕捉和解读对方传达的信息。其次是在偏旁"耳"的下面有个"王",指的是在倾听的过程中,要关注对方,以对方为主。在部首右边,有个"四",这是"目"的异体写法,代表眼睛,指的是在倾听的过程中,一定要用到眼睛,通过眼睛可以和对方保持目光上的交流,传达一些微妙的思想和情感。观察对方的身体姿势,也能分析一些有用的谈话信息。同时,在字的右下方,还有一个"心",指的是听不仅是外在器官的参与,更是内心的关注,要用心体察对方的真实意图,这样才能明白对方话语的意思。

早期的一项研究(Rankin)显示,人们在交流时,倾听的时间占 42%(说的时间占 32%,阅读占 15%,写作占 11%)。到 1975 年,有一位研究者更新了这项研究,倾听的时间上升至 55%

（Werner）。中国有句老话：“说三分，听七分。”可见在语言沟通中，“会听”甚至比“会说”还重要。在对财富排行榜500强企业的一项调查中，59％的被调查者回答他们对员工提供倾听方面的培训。研究者还发现，在良好的倾听技巧和工作效率之间存在直接的联系，接受了倾听能力训练的员工比没有经过这项训练的员工工作效率高得多。

4.3.2 倾听的层次

按照影响倾听效率的行为特征，倾听可以分为4种层次。一个人从层次一提升到层次四的过程，就是其倾听能力、交流效率不断提高的过程。

1. 第一层次——心不在焉地听

倾听者心不在焉，几乎没有注意说话人所说的话，心里考虑其他无关的事情，或内心只是一味地想着辩驳。这种倾听者感兴趣的不是听，而是他们迫不及待地想要说话。这种层次上的倾听，往往导致人际关系的破裂，是一种极其危险的倾听方式。

2. 第二层次——被动消极地听

倾听者被动消极地听所说的字词和内容，常错过了讲话者通过表情、眼神等体态语言所表达的意思。这种层次上的倾听，常导致误解，失去真正交流的机会。另外，倾听者经常通过点头示意表示正在倾听，讲话者会误以为自己所说的话被完全听懂了。

3. 第三层次——主动积极地听

倾听者主动积极地听对方所说的话，能够专心地注意对方，能够聆听对方的话语内容。这种层次的倾听，常能够激发对方的注意，但是很难引起对方的共鸣。

4. 第四层次——同理心地听

以同理心积极主动地倾听，这不是一般的“听”，而是用心去“听”，这是一个优秀倾听者的典型特征。这种倾听者在讲话者的信息中寻找感兴趣的部分，他们认为这是获取有用信息的契机。这种倾听者不急于做出判断，而是感同身受对方的情感。他们能够设身处地地看待事物，总结已经传递的信息，质疑或是权衡听到的话，有意识地注意非语言线索，询问而不是辩解质疑讲话者。他们的宗旨是带着理解和尊重积极主动地倾听。这种感情注入的倾听方式在形成良好人际关系方面起着极其重要的作用。

4.3.3 倾听的意义

1. 增强沟通效力

倾听有利于了解和掌握更多的信息。对方说话的过程中，不时地点点头，表示非常注意谈话者的讲话内容，使说话者受到鼓舞，觉得自己的话有价值，也就会更为充分、完整地表达他的想法，这正是沟通所需要的。

2. 增强解决问题的能力

倾听有助于了解清楚事情的来龙去脉，提出建设性意见，从而增强解决问题的能力。多听对方的意见有助于发现对方不愿意表露的，或者没有意识到的关键问题。从中发现对方的出发点和弱点，找出关键点，这样就为说服对方提供了契机。

3. 改善人际关系

心理研究显示，人们喜欢善听者甚于善说者。倾听能够帮助自己理解别人，也有利于让别人更快地接纳自己，这将有助于人际关系的改善。倾听能够使他人感受到被尊重和被欣赏。

戴尔·卡耐基举过一个例子:在一个宴会上,他坐在一位植物学家旁边,专注地听着植物学家跟他谈论各种有关植物的趣事,几乎没有说什么话,但分手时那位植物学家却对别人说,卡耐基先生是一个最有意思的谈话家。

4. 防止主观误差

平时对别人的看法往往来自主观判断,通过某一件事情,就断定这个人怎么样,或者这个人的说法是什么意思,这实际上带有很多的主观色彩。注意倾听别人说话,可以获得更多信息,使判断更为准确。

美国著名的主持人林克莱特在一期节目上访问了一位小朋友,问:"你长大了想当什么呀?"小朋友天真地回答:"我要当飞机驾驶员!"林克莱特接着问:"如果有一天你的飞机飞到太平洋上空时,飞机所有的引擎都熄火了,你会怎么办?"小朋友想了想:"我先告诉飞机上所有的人绑好安全带,然后我系上降落伞,先跳下去。"当现场的观众笑得东倒西歪时,林克莱特继续注视着孩子。没想到,孩子的两行热泪夺眶而出,于是林克莱特问他:"为什么要这么做?"他的回答透露出一个孩子真挚的想法:"我要去拿燃料,我还要回来! 还要回来!"

看到这里人们会不由自主地对主持人林克莱特产生敬佩之情,佩服他与众不同之处,他能够让孩子把话说完,并且在"现场的观众笑得东倒西歪时"仍保持倾听者应具备的一份亲切、一份平和、一份耐心。

5. 有助于个人的发展

倾听可以激发创造的灵感,世界上有不少发明创造就是听出来的。例如,第一次世界大战时没有钢盔。一次,法国的亚德里安将军到医院看望伤员,听到几个伤员问一个人:"炮弹爆炸时,你的头部怎么保护得好好的,一点儿没受伤?"那个人回答说:"当时我急了,赶紧把一个铁锅扣到了头上。"亚德里安将军灵机一动,为何不让战士都戴上金属制作的帽子? 于是,钢盔就问世了。

倾听能够使人们获得宝贵的知识和信息,提高专业技能和管理技能,这将有助于个人的发展。

相关链接 4-4

一个美国商人衣锦还乡,发现 30 年前的一家食品杂货店还在营业,店主仍是从前那位。一天,他和店主闲谈,问:"现在城里到处是购物中心和超级市场,你这家小店怎么能和人家竞争而不被淘汰?"店主说:"没关系,在我有生之年,这店一定能开下去,而且一定会生意兴隆。因为我这里还有一种近乎绝迹的服务。""什么服务?""客人来买东西,常说物价上涨,或世风不正等。多数店家太太太忙,哪有工夫听顾客谈论? 我却不然,我就爱听顾客们说东道西,发发牢骚。所以,许多顾客还是愿意到我这里买东西,以后我也会这样做。"

通过交谈、唠叨、倾诉,人们可以缓解心理压力,消除其消极的影响。这就需要有耐心的倾听者,店主正是满足了顾客的这种需要。

资料来源:史锋. 人际沟通与礼仪[M]. 北京:北京师范大学出版社,2011.

4.3.4 有效倾听的障碍

人们都做过列队传话的游戏:十来个人排成一列,由第一个人领来纸条,记住上面的话,然后低声耳语告诉第二个人,第二个人将听到的句子再耳语给第三个人,如此重复,直至最后一个人,将他听到的话写出来,与开头纸条上的句子往往有天壤之别。

事实表明,尽管倾听在沟通活动中所占时间比例最大,但遗憾的是许多人并不具备有效倾听的能力,其不良的倾听习惯会导致误解甚至曲解。一般来说,倾听的障碍主要表现在以下几个方面。

1. 环境因素引起的障碍

任何沟通都是在一定的环境中进行的,环境因素是影响倾听效果最重要的因素之一。环境因素不仅包括客观环境因素,如谈话场所的选择、环境布置、噪声大小、光照强弱、温度高低、气候状况、座位安排等。比如,上级在会议厅里向下属征询建议,下属会十分认真地发言,但若是换在餐桌上,下级可能会随心所欲地谈自己的看法,甚至谈一些自认为不成熟的想法,出现这些差别是由于不同场合人们的心理压力和情绪以及交谈氛围大不相同。另外,还包括主观环境因素,如交谈双方的心情、性格、衣着以及谈话人数、话题等。

2. 观点不同

每一个人心里都有自己的观点,很难接受别人的观点。当别人在诉说时,可能这样想:"你的观点没有什么新意,你不用说,我都知道是怎么回事。"带着这样的想法,自然难以认真听对方的话。例如,下属跟你建议,零售可能比批发的利润更大,你却想你两年前经营的就是零售,效益不佳,这种做法根本不行。在这种心理作用下,连下属关于零售的好处的陈述都不愿意听。

由于坚持自己的观点,对于对方的解释和结论,如果是"英雄所见略同",肯定是心满意足;但如果出入很大,可能会产生抵触情绪——反感、不信任,并产生不正确的假设,在这种排斥异议的情况下,又如何能够静下心来认真地倾听呢?

3. 心理定式

每个人都有自己的好恶,都有根深蒂固的心理定式和成见,所以与看似不喜欢或不信任的人交流时很难以客观、冷静的态度接受说话者的信息。假设你对某个人产生了某种不好的看法:"这个人没什么能耐。"他和你说话时,你也不可能注意倾听。又假设你和某个人之间由于某种原因产生了隔阂,如果他有什么异议,你就可能认为他所做的一切都是冲着你来的。无论他做出什么解释,你都认为是借口。

4. 急于表达自己的观点

人们都有喜欢自己发言的倾向。在这种思维习惯下,人们容易在他人还未说完的时候,就迫不及待地打断对方,或者心里早已不耐烦了,往往不可能把对方的意思听懂、听全。于是就经常会听到别人这样说:"你听我把话讲完,好不好?"这正说明急于发言并不利于双方的沟通。其实许多时候只要认真听完别人的讲话,就会发现心中的疑问已经消除,无须发言了。

5. 心智时间差

正常人大脑的运转速度极高,每分钟能处理 500 个字以上,而普通人的说话速度是每分钟 150 个字左右,这便产生了听者的心智时间差问题。也就是说,人们思考的速度比说话的速度快许多。为了填补这一段时间的空白,在听的同时,大脑很自然会游离到其他的想法上,当你回过神来时会发现,这段时间因为走神而遗漏了许多重要的内容。应该说,这是正常心理反应的结果,但为了更好地倾听,这一过程还是应该控制的。

4.3.5 有效倾听的技巧

有效倾听既是一种技巧,又是一种极富警觉性与极费心思的历程。在面对面沟通的场合里,倾听不仅要做到"耳到",还要做到"眼到""心到"与"脑到"。所谓"眼到",就是要用眼睛观察对方的表情、眼睛、手势、体态与穿着等,以判断他的口头语言的真正含义。所谓"心到",就是要以换位思考的态度站在对方的立场与角度,去体会他的处境与感受。所谓"脑到",就是要运用大脑分析对方的动机,以便了解他的口头语言是否话中有话、弦外有音。掌握倾听的一些方法和技巧,有助于培养和提高倾听的能力。

1. 创造良好的倾听环境

一般来说,良好的倾听环境包括以下内容。

(1)适宜的时间。根据沟通的需要,可慎重选择有助于倾听的时间。某些人工作效率最高的时间是早晨,所以他们适合把重要的汇报安排在早晨。对于多数人,一天当中心智最差的时间是在午餐后和下班前,因为在饱食后很容易疲倦,而人们在下班前不愿被过多地耽搁。因此,应尽量避免在这些时间里安排重要的倾听内容。另外,在时间长度上也要合理控制。

(2)适当的地点。地点的选择必须保证交谈时不受干扰或打扰,要尽量排除所有分心的事,必要时关上房门、窗户。还要适当安排办公室的家具及座位,要使家具安放的位置不致妨碍谈话,座椅的摆放应能够使交谈双方直接看到对方的眼睛,这样不仅能够集中交谈双方的注意力,而且易于观察对方的非语言表现。

(3)平等的氛围。要根据交谈内容营造氛围。讨论工作上重要的事情时,应该营造一个严肃、庄重的氛围;而在联欢晚会上,则要营造一个轻松、愉快的气氛。要知道,同样的一句话,在不同的氛围里听者的感觉是不同的。但不管哪种氛围的营造,都要遵循平等、信任、协调的原则,这样才能使谈话的氛围成为有利的条件,而不致变成沟通的障碍。

2. 保持目光交流

眼睛是心灵的窗户。一位细心、敏感的倾听者会适当注视对方的眼睛,并与说话者保持目光接触,而不是看窗外,看天花板。如果直视他人的眼睛很困难,也可以用弥漫性的目光注视对方的眼睛周围,如发际、嘴、前额、颈部等。目光接触是一种非语言信息,表示"我在全神贯注听你讲话"。试想一下,如果你在说话时对方却不看你,你的感觉会如何?很可能会认为对方冷漠或不感兴趣,即使有重要的话题也不愿意再继续下去。

3. 及时用语言、动作和表情给予呼应

如果在倾听过程中,没有听清楚、没有理解,或是想得到更多的信息、想澄清一些问题、想要对方重复或者使用其他的表述方法以便于理解,或者想告诉对方自己已经理解了他所讲的问题,希望他继续其他问题的时候,应当在适当的情况下通知对方。这样做一方面会使对方感到你的确在听他讲话,另一方面有利于你有效地进行倾听。

此外,有效的倾听者不仅会对听到的信息表现出兴趣,而且能够利用各种对方能理解的动作与表情及时给予呼应和反馈。自然开放性的姿态代表接受、容纳、尊重与信任。调查研究发现,攻击的、恳求的或不悦的声调以及弯腰驼背、手臂交叠、跷脚、眼神不定等肢体语言,都代表并传递负面信息,并影响沟通的效果。所以,在倾听过程中,可以用赞许性的点头、恰当的面部表情与积极的目光接触配合,向说话人表明你在认真倾听;也可以利用皱眉、迷惑不解等表情,给讲话人提供准确的反馈信息以利于其及时调整。

4. 抑制争论的念头

沟通中难免会出现不同的认识和看法,当自己的意见和看法与别人不一致的时候,倾听者一定要学会控制自己的情绪,尽量抑制内心争论的冲动,要有耐心,放松心情,一定要等着对方把话说完,再表达自己的看法和见解。在谈话者准备讲话之前,自己尽量不要就已经针对所要谈论的事情本身下定论;否则,会戴着"有色眼镜",不能设身处地地从对方的角度看待问题,从而出现偏差。有效的倾听者绝不会随意打断对方的谈话,更不会轻易动怒或争论。要记住,倾听关键是"多给别人耳朵,少给声音",倾听的目的是了解而不是反对或争论。

5. 准确理解

理解对方要表达的意思是倾听的主要目的,同时也是使沟通能够进行下去的条件。以下是提高理解效率的几个建议。

(1)听清全部的信息,不要听到一半就心不在焉,更不要匆匆忙忙下结论。

(2)注意整理出一些关键点和细节,并时时加以回顾。

(3)听出对方的感情色彩。要注意听取讲话的内容,听取语调和重音,注意语速的变化,三者结合才能完整地领会谈话者的真意。

(4)注意谈话者的一些潜台词。

(5)克服习惯性思维。人们常习惯性地用潜在的假设对听到的话进行评价,倾听要取得突破性的效果,必须要打破这些习惯性思维的束缚。

4.4 书面沟通

某公司外派售后服务工程师陈某电话要求为其在安徽芜湖的维修现场发送一个配件,按规定,陈某应当书面传真具体的规格型号然后发货,以保证准确性。陈某说自己干了3年多,业务很熟,声称要节省传真费用,且客户很急,要求电话口头报告型号。售后服务部就相信了陈某,按陈某说的型号发去了配件。货到现场,发现型号错误,又要重发,造成出差费用、运输费用等增加,更重要的是影响客户生产。

事后,陈某一口咬定自己当初报告的就是第二次发的正确型号;而售后服务人员则坚持陈某当初报告的是第一次错误的型号。由于没有书面函件,该相信谁?因为双方都在明知公司规定的情况下,违反了书面沟通程序规定,造成了损失,都有责任,分别进行了处理。从这个案例中可以看出书面沟通在日常管理工作中的重要性和必要性。

书面沟通,是指利用书面文字作为主要的表达方式,在人们之间进行信息传递与思想交流,包括文章、书籍、信件、报纸杂志、报告、通知、传真、电子邮件等。它可以弥补口头沟通不足,难以言传或者多说无益的不足。

4.4.1 书面沟通的优势

1. 权威准确

在不同场合与不同的人进行口头交流,即使一个记忆力非常好的人也很难做到每一次的交流都是完全相同的,而书面沟通可以给每一个人完全相同的信息。书面沟通可以反复推敲、修改,落笔为证,具有唯一性和比较强的稳定性,因此无论在法律上还是在其他方面都具有比较强的权威性。而且,书面沟通的时间一般较为充裕,可以对要表达的思想内容及内心情绪感受认真地思考、组织,反复推敲、修改,以便表达得更为清晰、准确。

2. 适合于存档、查阅和引用

书面沟通的内容易于保存、复制,有利于大规模传播;书面信息便于查阅和引用,并且其在传递、解释过程中造成的失真也比较少。

3. 有利于减少信息错误

书面沟通一般属于非同步沟通，信息的发出者和接收者使用信息的时间可以不同。发送者可以在发送信息以前进行比较充分的准备、核对和文字修改，以最大限度地减少错误和不恰当的表达方式。此外，书面沟通还能较好地将非常复杂的材料进行删改、提炼，使信息接收者更容易理解。

4. 间接委婉减少摩擦

书面沟通可以避免口头沟通时难以启齿或尴尬的局面，避免由于言辞激烈发生的正面冲突。例如，在集体宿舍的抽屉里留下一张"私人物品，请勿接触"的字条，要比直接告诉其他人不要查阅自己的东西要好得多。

5. 可配合口头表达使用

以书面形式作为口头表达的参考可以减少口误，提高表达的流畅性。因此，比较正式的讲话、演讲通常先准备好书面材料，之后背诵或者朗读，或作为口头讲话的参考。

4.4.2　书面沟通的劣势

任何一种沟通方式都不是十全十美的，书面沟通也存在一些不足。

1. 对沟通者的要求比较高

每个人都可能有过这样的经历，把一件事情用口头方式说出来比较容易，用规范的书面语言表达就不容易做到了。书面沟通在结构、语言运用上有较为严格的要求。尤其在企业活动中，职务和地位越高，使用书面语言的概率越大。因此，要成为一个中高级管理人员，具备一定的文字写作能力是基本要求。

2. 耗费时间

写作所需要的时间比口头表达可能要长一些，即使是优秀的文字写作者，准备一篇合适的文字材料也可能要花大量的时间，这样就大大降低了沟通的速度。

3. 不利于反馈

书面材料的写作和阅读往往是分开的，作者与读者之间不能及时地反馈信息，其结果是无法确保所发出的信息能被接受、理解，达到预期目标。

4. 缺少非语言信息

书面语言中所涉及的非语言信息只有材料的写作格式，写作者的语气、强调重点、表达特色经常被忽略，从而会大大降低有效信息的容量，甚至由于表达不准确产生一些误解。

4.4.3　书面沟通的技巧

1. 目的明确

书面沟通的目的不同，采用的写作方法、风格和格式也不同。比如通知与邀请函，两者的沟通目的不同，写作风格和格式也迥然不同，后者比前者的语气要客气、委婉得多。常见的沟通目的主要包括提出问题、分析问题、提供解释、说明情况、说服他人等。

2. 书写准确

书写内容准确是有效进行书面沟通的重要特征。书写的内容要真实可靠，观点正确无误，避免发生歧义和误解，语言恰如其分。多用专业词语，如"遵照""承蒙""特此通报"等。

结构、格式合理,标点符号无误。为了确保沟通效果,要认真检查和核对书面沟通的材料内容。

3. 表达简要

叶圣陶在《公文写得含糊草率现象应当改变》一文中指出:"公文不一定要好文章,但是必须写得一清二楚,十分明确,句稳词妥,通体通顺,让人不折不扣地了解你说的是什么。""公文就该尽可能写得简而得要。"因此,在正确传递信息的同时,书面沟通要力求简洁,不要废话连篇、离题万里,这样既把最重要的内容传递给了对方,也节省了信息发送者与接收者的时间和费用。

4.4.4 几种常见的文书沟通

1. 党政机关公文

国务院 2012 年 4 月 16 日发布的《党政机关公文处理工作条例》(以下简称《条例》)给行政公文下的定义是:党政机关公文是党政机关实施领导、履行职能、处理公务的具有特定效力和规范体式的文书,是传达贯彻党和国家方针政策,公布法规和规章,指导、布置和商洽工作,请示和答复问题,报告、通报和交流情况的重要工具。党政机关公文可以用来颁布法规、部署工作、传递信息、沟通情况、商洽工作,具有指导作用、联系作用、凭证作用和宣传作用。

1) 党政机关公文的特点

由法定作者制发,制发要依照一定的程序,具有法定效力,具有规范的体式。

2) 党政机关公文的格式

《条例》对公文格式作了严格的规定:公文一般由份号、密级和保密期限、紧急程度、发文机关标志、发文字号、签发人、标题、主送机关、正文、附件说明、发文机关署名、成文日期、印章、附注、附件、抄送机关、印发机关和印发日期、页码等组成。

发文字号由机关代字、发文年份和序号 3 部分组成。联合行文只标明主办机关发文字号。公文标题应当准确简要地概括公文的主要内容并标明公文种类,一般应当标明发文机关。公文标题中除法规、规章名称加书名号外,一般不用标点符号。主送机关指公文的主要受理机关。正文一般由发文缘由和发文事项组成,写作要求是观点明确,表意周密,条理清晰,文字简明。成文日期以负责人签发的日期为准,年、月、日要齐全,一般是安排在正文之后的右下方,会议通过的公文的时间则安排在标题下边,用圆括号括起。

2. 申请书

申请书是个人或集体向组织、机关、企事业单位或社会团体表述愿望、提出请求时使用的一种文书。常见的有入团申请书、入党申请书、困难补助申请书等。

1) 写作格式

申请书通常由标题、称呼、正文和落款组成。

(1) 标题。在申请书第一行正中写申请书的名称,如"申请书"或"入党申请书"。

(2) 称呼。顶格处写受文的组织、机关、团体、单位、领导的名称;称呼后用冒号。

(3) 正文。正文是申请书的主体,通常由申请的事情、理由、具体要求和结尾礼貌用语构成。

(4) 落款。落款署申请人的姓名与申请日期。

2）写作规范

申请书要求一事一议，内容要单纯，申请的理由要充分，申请的要求要具体。

例文 4-1

申请补办学生证

教务处：

我是×××班学生×××，不慎将学生证遗失，多方寻找仍无下落。特提出申请，请求补办学生证，希望批准。

此致

敬礼！

申请人：×××

××××年××月××日

3．启事

启事是国家机关、社会团体、企事业单位或个人向社会公开告知有关事项、请求得到支持或帮助的广告类文书。

1）启事的种类

启事的种类很多，根据事项的不同，可以分为寻找、征招、周知、声明四大类。

（1）寻找类启事，是为了求得公众的响应和协助。这类启事有寻人启事、寻物启事、招领启事等。

（2）征招类启事，是为了求得公众的配合与协作。这类启事有招生、招考、招聘启事；征文、征订、征集设计启事等。

（3）周知类启事，是为了开展工作和业务，把某些事项公之于众，以便让公众知晓。这类启事有开业启事、迁址启事、变更启事、婚庆启事等。

（4）声明类启事，是为了完成法律程序，启事事项经声明公开、登报后，对其引起的事端不再承担法律责任。这类启事有遗失启事、更正启事和其他声明启事等。

2）写作格式

启事由标题、正文、落款组成。

（1）标题。标题的写法可以有这样几种：①只写"启事"；②标题里标明启事事项，如"招领启事""开业启事"等；③启事重要和紧迫，还可标明"重要启事"或"紧急启事"；④有时将"启事"两字省去，只写"寻人"或"招聘"。

（2）正文。不同类型的启事正文内容有所不同，一般包括启事的目的、意义、具体办理方法、要求、条件等。正文是启事的主要部分，主要说明启事的事项。正文写法形式多样，可以分段写，内容多的应逐条分项写清楚。要写具体、明白、准确，简练通俗，千万不可模糊、含混、模棱两可，以免产生歧义。

（3）落款。即署名和日期。在右下角写启事单位名称或个人姓名。视具体情况，有的还要写上地址和启事时间，如果需要另起一行分别写到右下角。在标题和正文中已写明启事者，结尾中可省略，只写日期。报纸上刊登的启事也可以不写日期。

3）写作规范

（1）事项完备，条理清楚。启事的事项，要严密、完整、真实，表达清楚，有关事项的时间、地点、人物、原因、结果、请求事项、联系地址、联系方法等均不可遗漏，以保证启事效力。

（2）内容单一，一事一启，便于公众迅速理解和记忆。

（3）语言通俗、简洁、集中，态度庄重、平易，而又不失热情、文明，给公众以信任感。

> **例文 4-2**
>
>
>
> **更 名 启 事**
>
>
>
> 　　经上级有关部门批准，我单位将"×××旅游服务中心"更名为"×××旅游开发公司"。自××××年××月××日起启用新名称，原中心的各种印章即予废除，原来的银行账号不变，原来的一切业务关系及未尽事宜均由"×××旅游开发公司"办理。
>
>
>
> ×××旅游开发公司
>
> ××××年××月××日
>
>

4. 介绍信

介绍信是机关团体、企事业单位的人员与其他单位或个人联系工作、了解情况、洽谈业务、参加各种社会活动使用的一种专用书信。介绍信一般应包括称谓、被介绍者简况、事由、署名日期和有效期等一些内容。不同形式的介绍信的写法，其格式内容略有差异。较为常用的是便函式介绍信。

1）写作格式

（1）标题。在第一行居中写"介绍信"3个字。

（2）称谓。另起一行，顶格写收信单位名称或个人姓名，姓名后加"同志""先生""女士"等称呼，再加冒号。

（3）正文。另起一行，开头空两格写正文，一般不分段。一般要写清楚：①派遣人员的姓名、人数、身份、职务、职称等；②说明所要联系的工作、接洽的事项等；③对收信单位或个人的希望、要求等，如"请接洽"等。

（4）结尾。写上表示致敬或者祝愿的用语，如"此致 敬礼"等。

（5）附注。注明介绍信的有效期限，具体天数用大写。

（6）单位名称和日期。在正文的右下方写明派遣单位的名称和介绍信的开出日期，并加盖公章。日期写在单位名称下方。

2）写作规范

接洽事宜要写得具体、简明；要注明使用介绍信的有效期限，天数要大写。字迹要工整，不能随意涂改。

> **例文 4-3**
>
> ××公司负责同志：
>
> 　　今介绍我所副研究员、高级工程师陈××、余××二位同志前往贵公司洽谈有关合作的具体事宜，请予接待。
>
> 　　此致
>
> 敬礼！
>
>
>
> ××实用技术研究所（盖公章）
>
> ××××年××月××日
>
>

4.5 网络沟通

有这样一个故事:一天,美国微软公司总裁比尔·盖茨走进西雅图的一间餐厅,一个流浪汉伸手向他要钱,盖茨随手给了他 10 美元,没想到流浪汉竟然将他的 E-mail 地址留给了盖茨。盖茨吃了一惊,流浪汉也有 E-mail 地址?后来发现是收容所给流浪汉配的。网络改变了人们传统的沟通模式。

广义的网络沟通是指需要凭借现代信息科技手段,以电子介质实现沟通。狭义的网络沟通是指在互联网环境的平台上交互传递信息,除了电子邮件外,传真拓展了网络发送,MSN、QQ、微信、微博等进一步扩大了网络沟通的范围,使网络即时沟通走出"聊天室"的私人沟通领域,步入企业业务、政府公务领域,为人们沟通提供了更丰富多样的方式手段。

4.5.1 网络沟通的特点

1. 形式灵活

多种多样的网络沟通方式,使得现代人际交流方式色彩纷呈、高效便捷。沟通者可以根据需要进行图像、文字、声音等信息的单个或组合传递,更具有针对性和灵活性。而且可以跨越时空,自由、便利、快捷地交流,使世界真正成为"地球村"。

2. 成本低廉

网络沟通相比其他的传统沟通方式都更为便捷,成本更低廉,可以节省电话费、传真费、差旅费和宝贵的时间。网络大量信息以图、文、声、像的形式免费提供,使得全球的人们不出门就了解全世界的事物和动态,还可以与远距离的亲朋好友聊天。企业也可以通过网络和异地的企业进行沟通和合作。

3. 自主随意

网络中的每一个成员都可以最大限度地参与信息的制造和传播,这使得所有网络成员几乎没有外在约束,而更多地具有自主性。虚拟的角色设置,使交往双方没有任何心理负担,使网络沟通具有极大的随意性。同时,网络是在资源共享、互惠互利的基础上建立的,网民有权利决定自己干什么、怎么干。但由于缺乏必要的约束机制,网民必须"自己管理自己"。

4. 地位平等

Internet 的发明者宣称,网络是一个自由、平等的世界,"没有人知道电脑对面坐着一条狗"。由于网络没有中心,没有直接的领导和管理结构,没有登记和特权,每个网民都有可能成为中心,因此,人与人之间的联系和交往趋于平等,个体的平等意识和权力意识也进一步加强。人们可以利用网络所特有的交互功能,相互交流、制造和使用各种信息资源,进行人际沟通。

5. 缺乏制约

网络社会的人际交往和人际关系的定义,已经突破了传统人际交往和人际关系的内涵。网络上的人际交往容易突破身份、职业、金钱、容貌、家世等交际主体的社会特征和社会地位的制约,在网络沟通中也不必遵守现实交往中的一些社会规范。一方面可以让现实中的人在网络里卸下面具,轻松做自己,使一些人暂时摆脱社会中诸多人伦关系的束缚;另一方面也容易放纵自己的道德行为规范,从而造成非人性化的倾向。

4.5.2 电子邮件的沟通技巧

电子邮件(E-mail)又称电子信箱,是一种用电子手段提供信息交换的通信方式。通过网络的电子邮件系统,用户可以用低廉的价格快速与世界上任何一个角落的网络用户联系,电子邮件可以是文字、图像、声音等各种方式。正是由于电子邮件的使用简易、投递迅速、收费低廉,易于保存、全球畅通无阻,使得电子邮件被广泛应用,使人们的交流方式得到了极大的改变。要文明、有效地使用电子邮件,必须掌握一定的使用技巧。

1. 标题明确

就像写文章一样,电子邮件也要标题明确,许多人是以标题决定是否详读信件。描述性或是与内容相关的邮件标题使收件人一看即知,便于快速了解与记忆。

2. 内容简洁

在线沟通讲求时效,电子邮件的内容应当简明扼要,以短为佳,尽量掌握"一条信息、一个主题"的原则;语言不要求精彩,但一定要流畅、简洁、紧凑。

3. 语言流畅

电子邮件的语言组织要流畅,便于阅读,不要措辞混乱,语句不通。尽量不要使用生僻字、异体字。引用数据、资料时,最好标明出处,以便收件人核对。

4. 幽默谨慎

在缺乏声调的抑扬顿挫、脸部表情与肢体语言的电子邮件中,应特别注意幽默被误解与扭曲。若想展现幽默或特定情绪,发信者必须写明或使用"情绪符号"。无论所开的玩笑多么明显,都要做好加注以提醒收信者真正的意思。

5. 避免滥用

在信息社会中,每个人的时间都是十分宝贵的,要尊重他人,就要懂得为他人节省时间。电子邮件不要滥发,否则既浪费收件人的时间,又给收件人增添许多烦恼,这是很失礼的。要避免发送带有强烈不良情绪的电子邮件。当情绪波动或低落时,要自我克制,冷静下来之后再写发电子邮件。

相关链接 4-5

不要越级发 E-mail

杜拉拉对直接上司玫瑰有看法,跟平级的王蔷讨论,结果听说王蔷已经直接给玫瑰的上司李斯特发过 E-mail 告状了,李斯特的做法是把 E-mail 原封不动地转发给玫瑰。显然,李斯特的"转发"表明了自己的态度。王蔷的结局丝毫不意外:很快就被玫瑰辞退了。

记住初入职场,千万不要越级发 E-mail。别以为发 E-mail 告状不容易被发现,在 E-mail 里还能畅所欲言,比打电话方便得多。其实 E-mail 的最重要特征就是容易被转发,这一点对于喜欢越级发 E-mail 的"小聪明们"是致命的。

4.5.3 手机短信的沟通技巧

根据有关部门统计,每年春节有上亿条祝福短信。手机短信以其具有的即时性、方便性、私密性、时尚性、费用低等特点,成为现代人际交往中不可或缺的一种沟通方式。在编写发送短信时,需要注意技巧和礼仪。

1. 编写短信应注意的问题

(1) 遵守社会道德规范,使用文明用语。

(2) 不以领导人作为短信内容的笑料。

(3) 不编写、发送内容不健康的短信。

(4) 文字和标点要规范、语法正确、篇幅不宜过长。

2. 短信礼仪

1) 编写短信要署名

短信署名既是对对方的尊重,也是达到目的的必要手段。例如,元旦前一天工作关系繁多的秦先生收到了 70 多条祝福短信。其中有 40 条是不署名的,好多内容还相同。秦先生也搞不清楚这些人是谁。这种祝福发了等于没发。如果是正事,不署名更会耽误事。

2) 有些重要电话可以先用短信预约

有时要给身份高或重要的人打电话,知道对方很忙,可以先发短信"有事与您联系,是否方便给您打电话?"如果对方没有回短信,一定不方便,可以过一段时间再打电话。

3) 及时删除自己不希望别人看到的短信

一些人经常把手机放在桌上,如果出办公室办事或者去卫生间,好奇之人就会顺手翻看短信。如果上面有一些不希望别人看到的短信,就可能引起麻烦。如果不幸被对方传播出去,后果就更严重。因此短信一定要及时删除。

4) 上班时间不要没完没了地发短信

上班时间每个人都在忙工作,即使不忙,也不能没完没了地发短信;否则就会打扰对方,甚至可能让对方违纪。如果对方正在主持会议或者正在商谈重要事项,闲聊天式的短信会让对方心中不悦。

例如,一位女士正在开会,会议冗长又没太多实质性内容,闲来无事,她给朋友发起了短信:"干吗呢? 在忙什么呢?"朋友怕不回短信不礼貌,回答说:"正上班呢!""有什么好忙的? 给你发个笑话放松放松!"这位女士开了 3 个小时会,发了两个半小时短信,她的朋友呢,桌上的手机不断地响,不看又怕耽误事,看了又是一通闲聊,不回好像还不合适。这位朋友一下午就因为这"信骚扰"什么也没干成。像这位女士喜欢狂发短信的人现在并不少。

5) 掌握发短信的时间

有些人觉得晚上 10 点以后不方便给对方打电话了,发个短信告知就行。短信虽然更加简便,但如果太晚,也一样会影响对方休息。如没有紧急的事情,在早晨 7 点以前和晚上 10 点以后尽量不要发信息打扰对方。

6) 提醒对方最好用短信

如果事先已经与对方约好参加某个会议或活动,最好事先提醒一下。提醒时适宜用短信而不要直接打电话。打电话似乎有不信任对方之感。短信就显得既非正式又亲切得多。短信提醒时语气应当委婉,不可生硬。

4.5.4　网络聊天的技巧

随着网络即时通信技术的发展,网络聊天的交流方式越来越普及,越来越受到现代人的青睐。在这个虚拟空间里,人们在轻松交流的同时,也应该注意掌握一定的技巧。

1. 遵守国家法律、法规

遵守国家的法律、法规,不得发布攻击党和国家的言论,要保守国家秘密。网上"交谈"具有一定的传播性,如语言涉及违法乱纪或泄露国家机密,要负法律责任。

2. 保护个人隐私

在使用网络沟通时,必须谨言慎行,不要在网上随意散布任何需要或值得保密的信息,不要随意公开自己的 E-mail、真实姓名、地址、电话号码等个人信息,也不要把与别人私聊的内容到处传播。

3. 文明交流

网上与人交流时,要用语规范文明,不可使用攻击性、侮辱性的语言。要了解网络符号与网络时尚语言,例如":D"表示大笑。但对于这些网络符号应当谨慎使用,以免对方不解而导致沟通受阻。自己应当熟练掌握,以便理解他人的意思。

4. 尊重他人

不要轻易要求加别人为好友,成为好友后不应该立即索要对方照片;遇到异性网友,不要过多询问涉及隐私的问题。

5. 公私分明

网络沟通,应做到公私分明,不可利用工作之便为个人私利服务,如收发电子邮件、玩网络游戏、进行"网上约会"等,工作时间里都应禁止,这是起码的职业道德。

4.5.5 网络沟通的负效应

虚拟化的人际交往方式,使得许多网民往往抱着游戏的心态参与网上交往,致使网上的信任危机甚于现实社会。与此同时,网络沟通没有统一的行为规范与标准约束网民,这种弱规范性会带来较强的负面效应。

1. 网络沟通所建立的人际关系较脆弱和盲目

人的能力是有限的,人的交际能力同样是有限的。网络的广泛应用,使得人际交往在时间和空间上都得到了突破。无限的虚拟网络世界,人们可以随意交友、交流,也正因此导致人际关系网的脆弱和盲目。人们在网络上可以随心所欲地展现自我、展现个性,但网络的虚拟性使得彼此之间交流信息无法真实了解,或者说无法彼此信任,这样建立的人际关系缺少全面、准确信息的互通,就显得很脆弱,且不易维持。

2. 网络人格对现实人格形成挑战

一般而言,一个人应该在不同的生活场景中表现自己统一的人格特点;而在网络世界里,同一个人可以具有两种或多种身份,在不同时间与地点交替出现。为实现自我,在网上交际时,经常扮演与自己实际身份和性格特点相差悬殊甚至截然相反的虚拟角色。在这种情况下,很多人都经常是网上网下判若两人,导致双重或多重人格障碍。这种双重人格不利于人的健康发展,会出现诸如否定自我、逃避现实等问题。

3. 网络人际沟通对现实人际沟通的冲击

不可否认,虚拟的网络世界是丰富多彩的,是吸引人的。花大量的时间在网络世界寻求精神慰藉,缺少现实交流,必然会影响现实的人际沟通。事实上,网络人际沟通对现实的冲击并不仅在于时间。网络交友是"距离产生美"。现实生活中的人际沟通是面对面的,双方的优缺点很容易显露,是要直接面对矛盾的,双方友谊的建立也需要时间的磨砺,有时这种人际沟通就很难建立。网络交友大为盛行,使很多网民对现实生活中的人际沟通缺乏耐心,造成他们的现实人际关系障碍和社会角色错位,沉溺于网络而不能自拔。最终使他们与他人之间的感情联络开始变得淡薄,生活情趣也开始淡化,内心烦躁而空虚,对社会的认识发生扭曲,慢慢失去了对现实生活的感受力和参与感。

　　总之,网络是一把双刃剑,网络的全球化和发达的信息传递手段,使人与人之间的交往没有了空间障碍,同时也使现实社会中人与人之间的情感更加疏远。正确和积极地运用网络沟通,避免网络沟通的负效应,是 21 世纪人们必须直面的问题。

问题与讨论

　　1. 你在与人沟通中是否注意到了合作的两个层面?

　　2. 谈谈你对"到什么山上唱什么歌"这句俗语的理解。

　　3. 当我们面对自己的亲人、老师、好朋友、同学或者一些陌生但又善意的朋友时,如果他们提出的要求你不能接受,但又不想伤害他们,你将怎么做呢?

　　4. 如何有效消除倾听的障碍?

　　5. 谈谈你对书面沟通必要性的认识。

　　6. 如何避免网络的负效应,而有效利用网络提升沟通能力?

实 训 练 习

1. 口述绘图

实训目的:了解如何进行有效沟通。

实训要求:

(1) 地点:教室。

(2) 道具:纸、笔。

(3) 方式:

① 两人一组实训,一人负责口述,一人负责绘图。

② 选择一些简单的图(什么图都可以)。

③ 比较绘图者的绘图与原图的差异。

实训内容:

(1) 口述表达方负责表述所见到的图,不能在看对方绘图时给予暗示,只能问对方是否完成了绘图。

(2) 绘图方负责将对方口述的图案画在纸上,不能提问,也不能让对方知道自己画了什么。

(3) 根据差异比较,谈论如何用有效的语言来表达才能使对方理解。

资料来源:史锋. 人际沟通与礼仪[M]. 北京:北京师范大学出版社,2011.

2. 案例分析

　　美国作家马克·吐温机智幽默。有一次他去某小城,临行前别人告诉他,那里的蚊子特别厉害。到了小城,正当他在旅店登记房间时,一只蚊子正好在马克眼前盘旋,这使得旅馆职员不胜尴尬。马克·吐温却满不在乎地对职员说:"贵地蚊子比传说中不知聪明多少倍,它竟会预先看好我的房间号码,以便晚上光顾,饱餐一顿。"大家听了不禁哈哈大笑。结果,这一夜马克·吐温睡得十分香甜。原来旅馆全体职员一齐出动,驱赶蚊子,不让这位博得众人喜爱的作家被"聪明的蚊子"叮咬。幽默,不仅使马克·吐温拥有一群诚挚的朋友,而且也因此得到陌生人的"特别关照"。

在交际中幽默有什么作用?你是有幽默感的人吗?

3. 测试你的倾听指数

根据自己的实际情况,逐一对每个问题做"经常""偶尔"或"很少"的回答。

(1) 在倾听时,会与对方保持目光接触。

(2) 对方外表、品位和声音会左右对他讲话内容的判断。

(3) 会试着站在对方立场,考虑他的谈话内容。

(4) 宁可听到具体明确的事,也不想听不切实际的话。

(5) 会留意台面话(客套话)背后的含义。

(6) 会要求对方再讲清楚一点。

(7) 会等到对方讲完话之后再下断语。

(8) 会用心检视对方所说的话是否有条理、前后一致。

(9) 别人讲话时,会想若有机会我要说什么。

(10) 喜欢当最后一个发言的人。

思考与讨论

测试自己是否善于倾听。

计分标准

问题 1、3、5、6、7、8,回答"经常"记 3 分,"偶尔"记 2 分,"很少"记 1 分;

问题 2、4、9、10,回答"经常"记 1 分,"偶尔"记 2 分,"很少"记 3 分。

结果解释

总分高于 26 分,倾听技巧很不错,但有少许地方需要改进。

总分在 22～26 分,倾听技巧还行,但仍有要改进的地方。

总分低于 22 分,有很多地方需要改进,距懂得"倾听"别人说话还很遥远。

拓 展 阅 读

语言不当引发的惨案

李某在网上结识了一个女孩,两人聊天时竟有一种说不出的亲切感。李某向女孩诉说自己的身世,诉说自己的苦闷。女孩劝慰他,家庭不幸固然会影响一个人的成长,可是逆境中更能造就人才,古今中外有多少这样的例子?李某豁然开朗,庆幸自己遇上了知音,淤积心头多年的郁闷一扫而光。从此后,李某经常和女孩在网上约会,对她产生了深深的依恋,一日不见,如隔三秋。

不久,两人终于见面了。女孩就读的学校离李某的学校不远,她长得娇小玲珑,性格活泼,正是李某想象的那样。李某第一次接触女性,从虚拟世界走来的女孩给李某寂寞、单调的生活洒进一片亮色,李某觉得到处阳光灿烂,看什么都顺眼。他知道自己坠入了甜蜜的初恋,感觉很幸福,也很知足。他觉得,凭自己这样的家庭出身,能有这样善解人意的女孩相伴,算得上最大的幸福。

有一天，李某的外祖母去世了，他很悲伤。外祖母生前对李某特别疼爱，外祖母出殡时李某哭成了泪人，送别了这个世界上最疼爱自己的人。从殡仪馆回来，李某急切想见到心爱的女孩，和她痛痛快快诉说失去亲人的悲痛，缓解一下心理压力。

恰好那天是农历七月初七，牛郎织女鹊桥相会的日子，许多人称之为中国的情人节。李某给女孩打电话，约她共度"七夕"情人节。女孩高兴地答应了。李某特意买来鲜花，骑上摩托车来到约定的饭店。

出乎李某的意料，女孩又约了几名同学，男生女生都有。李某心里不高兴，但脸上并没有表现出来，他打算等女孩的同学走后，再和女孩单独坐一坐。女孩不知道李某的心思，就把同学一一介绍给他，女孩说话时的亲昵语气让李某很不痛快。

"今天是情人节，你戴着黑纱，太煞风景了吧！"女孩的一个同学指着李某右臂上的黑纱，突然说了一句。

李某心头的火气"腾"就蹿起来了，他强压住顶到脑门的火气，心想要不是给女孩面子，非教训那小子不可。其他人见李某表情不对，知趣地捅捅那个同学。那个同学依然不肯罢休，又说："好好的情人节，碰个戴孝的，要倒霉三天。"李某尽量克制自己，没有发作。

这顿饭吃得没滋没味，女孩的同学看出李某有事，纷纷告辞。等别人走后，李某拉着女孩来到公园。

公园里人不多，以前他们经常来这里幽会，李某有什么不开心的事，都在这里和女孩诉说。可今天女孩的情绪有些不好，不愿听李某唠叨他家的事。

"今天是情人节，你戴黑纱来，什么意思？"

"最疼爱我的人走了，我戴黑纱表示哀悼，有什么错？"

"大伙情绪都挺好，瞧你那哭丧样！"

李某本来不想计较女孩的同学嘲笑自己戴黑纱，没想到女孩也说这样的话，难道她不懂亲情，一点儿同情心都没有？刹那间，女孩在他心目中的圣洁、贤淑、善解人意统统化为乌有。李某说出尖刻的话回敬女孩。女孩也不示弱，反唇相讥，两个人在公园里大吵起来。

李某平时就是个"闷葫芦"，和别人吵架绝对是弱项，在女孩的伶牙俐齿前，很快败下阵来。他气得嘴唇直哆嗦，大脑一片空白，猛地从腰里拔出一把尖刀。这把刀他一直带在身边，只是谁也没有发现。女孩见他拿刀，有点儿害怕，连忙后退几步。

"你干啥？"

"我……"

李某握着尖刀，不知要干什么，他深爱着女孩，女孩是他活着的动力，可为什么她不理解自己的心情？李某怒目相向，并不忍心对女孩动刀子，只想朝自己的胸口刺几刀，与其不被人理解不如自我了断吧。世间预料不到的事太多了，李某在女孩面前挥刀乱骂的情景，被张某撞见。50多岁的张某为人正直，热心肠，遇到个大事小情的都愿意出面说和说和。女儿刚刚考上大学，张某心情很好，和朋友到公园散散心。他见一个小伙子拿刀在女孩面前比比画画，急忙上前劝解。

"小伙子，有话好好说，别动刀啊！"

"你管啥闲事？"

李某最讨厌别人掺和自己的事，马上把一腔邪火撒到了张某头上。张某耐心地解劝，李某根本听不进去，还对张某破口大骂。

"小伙子怎么这样不讲道理!"张某劝解不了,转身就走。李某正在气头上,几步追过去,揪住张某,张某不想纠缠,甩开李某。李某气急败坏,挥刀就刺,正中张某左胸,鲜血喷了出来。

李某见出血了,吓坏了,放开张某,拽起女孩就跑。张某拼全身力气,扯住女孩,李某又向张某胳膊刺了一刀,张某松开手,"扑通"一声摔倒在地。李某和女孩骑上摩托车就跑。

锃亮的手铐铐住了李某的双手。这双手本来是拿笔写字的,却挥刀杀了人,17岁的年龄,本应该坐在教室里读书,却身陷囹圄。李某对自己的行为悔恨不已:"当时我情绪太激动,根本控制不了自己,脑子里一片空白,很想自杀……我后悔死了,我对不起那个人,现在明白了,他是为我好啊……"

上述案例告诉人们,人的情绪一旦失控,就会变成难以驾驭的野马,其后果不堪设想。如果女孩的那个朋友懂得沟通,懂得尊重别人,懂得用不伤害对方的语言;如果女孩能站在李某的角度看问题,懂得"换位思考",在李某最痛苦的时候听听他的倾诉,这个血案是完全可以避免的。了解愤怒,在于打破引起愤怒的循环。要认清所有的潜在情绪是什么,用加倍的爱心去对待自己。其次是学会如何感知愤怒情绪并将怒火发泄在合适的地方。

资料来源:李谦. 现代沟通学[M]. 北京:经济科学出版社,2009.

精彩的提问

亚伯拉罕·林肯接手的第一个案子,是一名叫盖瑞森的年轻人被指控在 1837 年 8 月 9 日晚上的野营布道会上枪杀了克拉伍,目击证人是苏维恩。作为盖瑞森的辩护律师,林肯在法庭上一言不发,直到默默听完目击证人的证词。待到法庭渐渐平静下来,林肯才缓缓开始提问。

林肯:"在看到枪击之前你与克拉伍曾在一起吗?"证人:"是的。"

林肯:"你站得非常靠近他们吗?"证人:"不,约有 20 米远。"

林肯稍微沉默了一会儿,继续问道:"不是 10 米吗?"证人犹豫了一下,又接着说:"不,有 20 米或更远。"

林肯:"在宽阔的草地上?"证人:"不,在林子里。"

林肯:"什么林子?"证人:"榛木林。"

林肯:"在 8 月里,榛木林的叶子很密实吧?"证人:"是的。"

林肯:"你认为这把手枪就是凶手当时用的那把吗?"证人:"看起来很像。"

林肯:"你能看到被告开枪射击,那么能看到枪管的情形吗?"证人:"是的。"

林肯:"这距离布道会的场地有多远?"证人:"750 米。"

林肯:"灯光在哪儿?"证人:"在牧师的讲台上。"

林肯:"有 750 米远吗?"证人:"是的。我已经回答你两遍了。"

林肯:"你是否看到克拉伍或者盖瑞森所在之处有烛光?"证人:"没有,要烛光干吗?"

林肯:"那么,你怎么看到的这起枪击事件呢?"证人:"借着月光呀!"

林肯:"你在 22:00 看到枪击,在榛木林里,离灯光 750 米远,你看到了手枪枪管,看到那人开枪,你距离他有 20 米远。你看到的这一切都是借着月光?离营地灯光几乎 1 英里之外看到这些事情?"证人:"是的,我之前都告诉你了。"

听完了证人说的最后一句话,林肯从大衣口袋里拿出一本天文历,翻到其中的一页高声念道:"1837 年 8 月 9 日晚上根本看不到月亮,月亮是在次日的凌晨 1 点才升起的。"

　　林肯帮盖瑞森彻底打赢了这场官司。林肯为什么能打赢这场官司？如果你是目击证人，应该如何应对林肯的提问呢？可见在上述案例中，林肯是在耐心而认真地倾听后，与自己掌握的资料紧密相结合找出了证人证词中的致命漏洞。然后再成功地运用 14 个提问，使证人无法自圆其说，最终证人的证词被宣布无效。

　　资料来源：崔佳颖 . 360 度高效沟通技巧[M]. 北京：机械工业出版社，2009.

任务 5　非语言沟通

察言观色，以求无拂于人。

——《潜书·食难》

任务目标

- 了解非语言沟通的含义和类型；
- 理解非语言沟通的特点和作用；
- 掌握并学会运用副语言沟通、身体语言沟通和空间语言沟通。

案例导入

春秋时期，齐桓公与管仲密谋伐卫，议罢回官，来到其所宠爱的卫姬官室。卫姬见到他，立即下跪，请求齐桓公放过卫国。齐桓公大惊，说："我没有对卫国怎么样啊！"卫姬答道："大王平日下朝，见到我总是和颜悦色，今天见到我就低下头并且回避我的目光，可见今天朝中所议之事一定与我有关。我一个妇道人家，没什么值得大王和大臣们商议的，所以应该是和我的国家有关吧。"齐桓公听了，沉吟不语，心里决定放弃进攻卫国。第二天，与管仲见面后，管仲第一句话就问："大王为何将我们的密议泄露出去？"齐桓公又被吓了一跳，问道："你怎么知道？"管仲说："您进门时，头是抬起的，走路步子很大，但一见我侍驾，走路的步子立即变小了，头也低下了，您一定是因为宠爱卫姬，与她谈了伐卫之事，莫非您现在改变主意了？"虽然齐桓公并没有说话，但是他的动作、姿态将他的心理暴露无遗。

资料来源：史峰. 人际沟通与礼仪[M]. 北京：北京师范大学出版社，2011.

5.1　非语言沟通概述

方纪的散文《挥手之间》描述了抗日战争时期，毛泽东去重庆谈判前与延安军民告别时的动作。"机场上人群静静地站立着，千百双眼睛随着主席高大的身影移动。""人们不知道怎样表达自己的心情，只是拼命挥着手。""这时，主席也举起手来，举起他那顶深灰色盔式帽，举得很慢很慢，像是在举一件十分沉重的东西，一点一点地，一点一点地，等举过头顶，忽然用力一挥，便在空中一动不动了。"

"举得很慢很慢"体现了毛泽东在革命重要关头对重大决策严肃认真的思考过程，同时，也反映了毛泽东和人民群众的密切关系与依依惜别之情。"忽然用力一挥"表现了毛泽东的英明果断和一往无前的英雄气概。毛泽东在这个欢送过程中一句话也没有讲，但他的手势动作却胜过千言万语。

5.1.1　非语言沟通的含义

据研究,高达 93% 的沟通是非语言的,其中 55% 是通过面部表情、身体姿态和手势传递的,38% 是通过声调传递的。

非语言沟通,顾名思义,指利用语言以外的其他沟通元素传递信息的过程,包括沟通主体的副语言沟通、身体语言沟通以及环境语言沟通等。

非语言沟通有着非常悠久的历史。在原始社会,生存是人的最基本需要,作为个体生命的人,除要吃、穿、住之外,还要抵御自然灾害和猛兽的侵袭,而在这些侵袭面前,个人显得势单力薄,需要和其他人协作,这个时候,人们就会通过表情、呼叫、手势或者全身的动作来进行交流。因此,在语言正式诞生前,非语言沟通成为维系人与人之间基本交流的主要手段,很多得到广泛认可的身体语言甚至延续至今。

在日常交往中人们往往会发现,有时非语言沟通可以起到语言文字所不能替代的作用,一个人的手势、表情、眼神、笑声等都可以说话或传情。所以,非言语沟通不仅是利用语言进行信息交流的一种补充,而且是一种人与人之间的心理沟通,是人的情绪和情感、态度和兴趣的相互交流和相互感应。

5.1.2　非语言沟通的分类

按照非语言沟通信息传递的介质分类,非语言沟通可以分为副语言沟通、身体语言沟通及环境语言沟通。

1. 副语言沟通

副语言又称类语言,是指有声音但没有具体意义的辅助语言,包括说话者的音质、音调、语速以及停顿和叹词的应用,如所谓的"抑扬顿挫"等。副语言虽然有声音,但因为本身没有具体的语义,所以不能称为语言。副语言沟通却能传递出非常丰富的信息,在某些场合甚至胜似语言。

2. 身体语言沟通

身体语言沟通是指人们在沟通过程中,有意识或者无意识地通过身体的外观、姿势、动作传递信息的过程,它既包括人们的身体特征及身体装饰,如体形、体格、身高、发型、服饰等,也包括手势、脚势、头部动作、四肢动作等。例如,一人在和别人说话的时候不停地搓弄自己的衣角,说明他很紧张;一位顾客在排队时,不停地把口袋里的硬币弄得叮当响,表明他很着急,甚至不耐烦。

3. 环境语言沟通

环境语言沟通是指人们自身因素之外的环境因素传递沟通信息的过程。环境语言包括沟通的物理环境,如沟通场所的设计、布局、布置、光线等,也包括空间环境,如座位安排、空间距离等,还包括时间环境,如沟通时间的安排、长短、是否守时等。

5.1.3　非语言沟通的特点

非语言沟通包含非常丰富的内容,一次眼神的交互、一个会心的微笑、一个不经意的手势、一秒钟语言的停顿,都可能蕴含着十分重要的含义,对于沟通双方的交流有非常关键的作用。由此可见,非语言沟通有不同于语言沟通的突出特点,表现如下。

1. 独立性与伴随性

独立性，是指非语言沟通能够脱离语言沟通，以独立的沟通形式表现出来。

伴随性，是指非语言沟通往往伴随着语言沟通配合使用、相辅相成。很多时候仅通过语言沟通不能表达完整的信息，或者无法让沟通对象全面接收并直观理解该信息，而配合非语言使用则能更为准确地反映语言沟通所要表达的真正思想和情感，并易于为沟通对象准确接收和解析，从而达到更为显著的沟通效果。

2. 普遍性与特殊性

普遍性是指非语言沟通作为社会历史文化积累的产物，具有普遍的适用性，许多身体语言、姿态语言为全世界大多数人所识别、接受，并被理解为基本一致的含义。例如，握手和微笑是跨国界通行的语言，有赖于此，人类的跨文化沟通才能实现。

特殊性是指不同的民族有不同的文化背景和生活习惯，由此产生不同的非语言沟通符号和含义。

3. 多样性与唯一性

多样性是指在沟通主体、沟通对象、信息通道和沟通环境等因素的影响下，同一非语言信号会具有多种含义。例如，食指和拇指围成一个圆圈、其他 3 指伸开的"OK"的符号，在美国表示"同意""顺利""很好"；在法国则表示"零"或"毫无价值"；在日本表示"钱"；在泰国表示"没问题"；在葡萄牙则是侮辱人的手势，粗俗、下流。

唯一性是指非语言信号在特定的时间、地点、文化背景等环境条件下，所表示的意思是明确的、唯一的。1957 年，美国心理学家艾斯曼做了一个实验，他在美国、巴西、智利、阿根廷、日本 5 个国家选择被试，拿一些分别表现喜悦、厌恶、惊异、悲惨、愤怒和惧怕 6 种情绪的照片让这 5 国的被试辨认。结果，绝大多数被试者"认同"趋于一致。实验证明，人的面部表情是内在的，有较一致的表达方式。因此，面部表情多被人们视为一种"世界语"。

4. 外在性与内在性

外在性是指人们进行非语言沟通时，以个人或群体的形体动作、表情、空间距离等可视的、直观的外在形式，把所要表达的意思表现出来。

内在性是指非语言沟通受到人的个性、气质等内在心理因素的支配和影响。从心理学的角度，非语言信号大都发自内心深处，难以抑制和掩盖，并且具有强烈的心理刺激效应，比有声语言更能得到深刻明确的理解。例如，心理学家发现，当一个人撒谎时，他可能会做出用右手的食指搔搔耳垂下边的颈部或右手食指与拇指拉一拉耳垂的动作。

5.1.4 非语言沟通的作用

非语言沟通在人们的日常交往中发挥重要作用，它能使有声语言表达得更生动、更形象，也更能真实地体现人们的心理活动状态。

1. 替代语言

由于语言符号在信息传播中受到时间、空间、深度及某些特殊环境等方面的功能限制，需要非语言符号进行代替，才能完成信息传播与相互沟通。例如，在需要噤声的环境下使用手势，聋哑人之间用手势进行沟通，用旗语传递信息，用动作或表情表达情绪，用服饰、装束表现身份，用舞蹈等艺术形式表现内容、情节等。

2. 辅助沟通

人们用语言沟通思想、表达情感，往往有词不达意或词难尽意的情形，因此需要同时使用非语言符号进行帮助。例如,当别人在街上向你问路时,你一边用语言告诉他怎么走,一边用手指点方向,帮助对方领会道路方位,达到有效地沟通。再如,当领导在会上提出一个远大的计划或目标时,他必须用准确的非语言体现这个目标的重要性。他用沉着、冷静的目光扫视全体人员,用郑重有力的语调宣布,同时脸上表现坚定的神情;在表达"我们一定要实现这个目标"时,有力地挥动拳头;在表达"我们的明天会更好"时,提高语调,右手向前有力地伸展等。这些非语言沟通大大增强了说话的分量,体现决策者的郑重和决心。

3. 表达情感

非语言沟通还可以表达一定的感情和思想活动。例如,相互握手表示良好人际关系的建立,父母摸摸小孩子的脑袋表示爱抚,夫妻、恋人、朋友间的拥抱表示相互的爱恋和亲密。历史上,管宁通过"割席"这个无声行动拉开了同华歆的距离,汉文帝"夜半虚前席"缩小了与贾谊的君臣距离。再例如吴敬梓的《儒林外史》中严监生病入膏肓,弥留之际,已不能说话,但还不咽气,把手从被单里拿出来,赵氏慌忙上前道:"爷,别人都不相干,只有我晓得你的意思! 你是为那灯盏里点的是两茎灯草不放心,恐费了油。我如今挑掉一茎就是了。"说罢,忙走去挑掉一茎。众人只见严监生点一点头,把手垂下,顿时就没有了气。故事虽是夸张地刻画了严监生吝啬的性格特点,也说明了体态语言表达思想的重要作用。

4. 表露真相

非语言沟通大多是人们的非自觉行为,其中所包含的信息往往都在交际主体不知不觉中显现。它们一般是交际主体内心情感的自然流露,与经过人们的思维进行精心提炼的有声语言相比,非语言沟通更具有显现性。例如,不说一个字,单撇着嘴,斜睨着对方实际表达了藐视、轻蔑。在美剧 *Lie to Me* 中,男主人公卡尔·莱特曼是著名的行为主义心理学专家,他可以通过分析一个人的脸、身体、声音等非语言察觉真相,判断是否撒谎。一个人不经意地耸肩、搓手、扬起下嘴唇,抑或双脚、双手摆放的姿势都会透露他隐藏在内心的真实想法。莱特曼凭借这种"活体测谎仪"的本事服务于 FBI、当地警察、法律公司、大型企业乃至个人。

5.2 副　语　言

人类用语言进行交际,除了发出表示一定意义的字词以外,还伴随一些语音,如个人的音域、音速以及特殊的语音停顿,有时还伴随笑声、叹息声、呻吟声以及因惊恐而发出的叫喊声。这些伴随有声语言而出现的特殊语音叫作副语言,它的常用形式有重音、语调、语顿、语速以及笑声等。

美国语言学家特雷格又把副语言大致分为两大类:第一类属于"声音的性状要素",包括声音的高低、发音的方法、韵律的把握、速度等。第二类属于"发音的要素"。这一类又分三小类,第一小类属于"发音方面的特征",例如哄笑、窃笑、开怀大笑,抽泣、呻吟、耳语、叫喊等带有特征的声音;第二小类属于"发音方面的限定",主要包括声音的高低、声音的强弱、语速的快慢等;第三小类属于"发音方面的游离因素",主要指填补音之类的,有表示肯定或者沉吟的"嗯""啊",也有表示尽力嗅闻的抽鼻声,表示应答的"嗯""啊",甚至表示厌烦或尝味时的咂嘴声等也属于这一类。

一个人的嗓音具有许多特点,如音量的大小、发音的高低、音质的轻软与粗犷等。当人们在进行言语交际活动时,这些特点的单个或结合运用就可以表达语言的特定意思:或友好,或嘲讽;或兴奋,或悲哀;或诚恳,或虚假。在人们进行言语交际的同时,这些特点就会在不知不觉中反映说话人的身份和性格特征。例如,单讲一个"请"字,在人们进行言语交际时,就可以表现许多词语之外的意义。语调平稳,表明说话人客气大方,言语流露无限真情;而语调上升,并带拖腔,会让听话人觉得说话人带有一种满不在乎或无可奈何的情绪;而语调下降,语速短促,会让听话人觉得说话人是用一种命令式的、怀有敌意的口气在说话。所以说,人们在进行言语交际时,同一句话、同一个字,因为不同的说话人使用不同的副语言让听话人理解到不同的意义。

5.2.1　重音

汉语重音是在表达时有意将某些词语加重音量的语音现象。强调重音是在不同的语言环境中根据表达的需要而赋予的语音现象,它是副语言在交际言语表述中对汉语重音的超常规运用。例如:"这是我的书。"这一简单的语句,在没有被运用于言语交际这一语境中时,它表现的意义是相当明显的。可事实上,当它被运用于言语交际时,它所表达的意义是多种多样的。当重读"这"的时候,表达的意义是"书所放置"的位置;当重读"我"的时候,表达的主要意义就是"书的所属"了;而当重读"书"的时候,表达的意义变成强调的对象是书而不是其他东西。

超常规重音的表达技巧一般有 4 种方法。

(1)重音重说。就是将强调重音再加重音量,非强调重音减弱音量,形成强弱对比,突出重音的表达技巧。例如,某电视机厂的产品广告:"×××电视机厂是我国较大的电视机生产厂家,销售量全国领先,产品荣获国家金奖。"通过重音重说的表达技巧,突出了该厂电视机质量是同行业较好、信誉度较高的产品,达到在公众心目中树立良好社会形象的目的。

(2)重音轻说。将重音词语音量减弱,由实变虚,声少气多,非重音音量加大,形成反衬的表达方法。例如,列车播音员在即将到达终点站时的播音:"各位旅客,本次列车终点站上海站即将到达,请您带好行李和物品,准备下车,一路上感谢您的支持和配合,欢迎您下次再来乘坐我们的列车,再见!"播音员巧用重音轻说,既表达了亲切的关心和诚心的谢意,又使旅客感到备受尊重,取得了良好的效果。

(3)重音高说。将强调的重音词语音量提高,非强调的词语音量降低,突出重音,使表述的语言高低映衬,从而达到表述目的的表达技巧。例如,单位领导在春节慰问时的讲话:"在全国人民喜庆佳节、阖家团圆的日子里,你们仍然坚守在工作岗位上,我代表党委和行政,向你们表示衷心的感谢,并向你们致以节日的祝贺和亲切的问候!"重音高说表达了领导对坚守岗位的职工的炽热感情。

(4)重音慢说。将强调的重音词语适当延长音节,有意慢说,起到再强调的作用。例如,生日宴会上的祝词:"祝您生日快乐,身——体——健——康,万——事——如——意!"(越来越慢)重音慢说,配合有声语言表达了热情而真挚的祝愿。

5.2.2　语调

语调是指说话时声音的高低曲折变化,分为 4 种类型:平调、曲调、升调、降调。同样的一句话,如果说话者语调平直舒缓,没有太明显的高低升降变化,说明说话者想表达的是一种庄重严肃,或者悲痛冷漠的感情;如果说话者的语调由低到高,逐渐上升,说明说话者表现的是一种积极进取的呼唤和号召;如果说话者的语调不仅是由低到高,而且出现高低起伏的变化,说话者表达的是一种惊讶或怀疑的感情;当说话者的语调由高到低,逐渐下降时,说明说话者想借助话语表达一种命令或自信的感情。

在人际沟通中,巧妙地运用声调的转换,可以达到较好的表达效果。例如,通常在英雄事迹报告会或事故汇报会时,可以听到汇报人在讲到事故的发生时间时:"2005 年——5 月——5 日——下午……"(采用降抑调)将现代汉语语调常规运用的平直调巧妙地转换为低沉的降抑调的副语言的超常规运用,既表达了本人悲哀的心情,也感染了听众的情绪,渲染了气氛。

5.2.3 语顿

语顿即语音停顿,是话语的间断顿歇,分为常规语顿和超常语顿两种。超常语顿的恰当运用能够起到非同寻常的艺术效果。在言语交际中,语顿既是一种语言标志,也是一种修辞手段。同样的一句,停顿的地方不同,表达的意义就会完全不一样。大家都熟悉的"下雨天留客,天留我不留"的故事,它就说明了停连这一种副语言在言语表达中的作用。

虽然语顿是无声语言,但它同样能够表达一定的思想内容。例如在人际交往中,如果把本来应该按照正常语速表达的话语,通过断断续续的方式表达出来,这个时候说话者想要表达的意思,可能就不再是这句话的本来意义了。说话者或者是想表达出一种犹豫不决、拿不定主意的意思,或者是想表达出一种与听话者要求相背离,不愿意按照听话者意愿去做某件事情的意思。

有时语顿在特定的语言环境中所表达的思想内容是有声语言无法表达的。例如,新中国成立初,周恩来总理在一次中外记者招待会上介绍了我国经济建设情况和对外方针,一位西方记者提问:"请问总理先生,中国人民银行有多少资金?"提问有弦外之音,总理从容自然又幽默地答道:"中国人民银行的货币资金嘛,有 18 元 8 角 8 分。"说到这里总理有意停了下来(将句子间的语顿运用为段落间的语顿),此时全场为之愕然,场内鸦雀无声,总理环视全场一周,然后才解释道:"中国人民银行发行面额为 10 元、5 元、2 元、1 元、5 角、2 角、1 角、5 分、2 分、1 分的 10 种主辅币人民币,合计为 18 元 8 角 8 分。中国人民银行是中国人民当家做主的金融机构,有全国人民做后盾,信用卓著,实力雄厚,它所发行的货币,在国际上享有盛誉。"总理话音未落全场响起了热烈的掌声。这位记者要的是一个数字,周恩来总理就给他一个数字,然后总理巧用较长的语顿造成悬念,配合"环视全场一周"的体态语,给听众以短暂的时间进行联想,又使听众会神于总理下面的解释内容,恍然大悟后全场为总理的智慧报以热烈的掌声。这个语顿所表达的思想内容是有声语言无法表达的,这就是巧用语顿产生的奇妙效果。

5.2.4 语速

20 世纪的口才大师、诺贝尔文学奖获得者、英国首相丘吉尔在自己的第一篇口才学论文中曾分析和论证了口才的语言技能问题。他的结论是:口语表达艺术主要有四大要素,占第一位的就是口语的节奏。

语速就是语流的速度,即单位时间里说多少个字词。语速分为快速、中速、慢速 3 种。一般情况下,在平静的语境中,常使用中速说话;在处理紧急公务或是表达激烈的感情时,常使用快速说话;而在庄重严肃、哀悼等场合,则应该使用慢速表达。

当人们在人际交往中,根据表达的需要,说话时对语速的快慢、语调的抑扬、语音的轻重、音节的停顿等多种因素进行有效和巧妙的调节、控制和安排,就会形成口语节奏的主旋律。在一次记者招待会上,一位美国记者问海灯法师:"法师刚才说,中国军队值得信赖,你有什么根据?"法师从容说道:"老衲坐守佛门,天下之事了解很少,实是井底之蛙(用慢速)。不过关于中国军人的德行,我还有一点发言权。"法师环顾一下全场记者,"别的不说,仅就耳闻目睹的事做一些介绍。中国军人惩治越寇,保卫山河,抛头洒血,在所不辞,吃尽苦头也心甘情愿(用逐渐加快的语速,越来越快),此为一;1981年四川发大水,良田民房惨遭淹没,妇孺老幼性命危在旦夕(用越来越慢的慢速),正值生死存亡之时,千军万马忽然像天兵天将,赶赴灾区救援,普济众生(用越来越快的语速,配合逐渐升高的语调),此为二;为使人民生活更上一层楼,几千名军人和民兵活跃在四川江油青莲乡,修建水电站……"法师如数家珍,一口气列举了23宗军队为国为民的义举,然后闭目合十:"功德无量,善哉善哉(突然从快速、中速和慢速的交替使用中降为越来越慢的慢速作为结语)!"如此快慢节奏相间,表达了自己的感情和对中国军人德行的赞美,同时他的表述给人以音乐美的享受。

5.2.5 笑声

笑声、哭声、叹息声、呻吟声以及因惊恐而发出的叫喊声都是人类功能性的发声,它能够传达表示情感的、有意识的、有理智的信息。当这种功能性的发声配合有声语言出现的时候,它的语义及辅助作用就更加突出。

笑声,即笑出的声音,是伴随有声语言而发出的表情声音,属于功能性的语音现象,通过功能发声传递信息。它不同于微笑,微笑是无声的笑,是属于体态语言,通过面部表情传递信息。

出声的笑千姿百态:开怀大笑、捧腹大笑、放声大笑、哈哈大笑;狂笑、奸笑、狞笑、嘲笑、冷笑,等等,其语意具有多义性。

在公关社交活动中,恰当运用笑声,传达出友好亲切的信息,可以消除紧张、缓和气氛,使人感觉轻松欢乐。例如,当美国作家马克·吐温还是一个不大知名的作家时,有人把他介绍给格林特将军。两人握过手后,马克·吐温想不出一句可讲的话,而格林特将军也保持平日的那种缄默态度。最后还是马克·吐温结结巴巴地说了一句:"将军,我感到尴尬,您呢?"格林特将军听后发出了一串"哈哈哈哈哈"爽朗的笑声,随后两人在愉快的气氛中开始了交谈。这一串爽朗的笑声传递"我有同感"的信息,打破了沉默和尴尬,使气氛一下子活跃起来。

笑声有时还可以表示委婉的拒绝,比直接用话语拒绝效果更好。

> **相关链接 5-1**
>
> 神经学家亨利·鲁宾斯滕发现,开怀大笑1分钟就可以使人在接下来的45分钟内都处于放松的状态。斯坦福大学的威廉·弗莱教授在他的一篇报告中指出,大笑100分钟就相当于在跑步机上慢跑10分钟的有氧运动。从医学的角度来说,如果某人诅咒你的笑容,其实就相当于诅咒你的健康。
>
> 资料来源:亚伦·皮斯,芭芭拉·皮斯.身体语言密码[M].王甜甜,黄佼,译.北京:中国城市出版社,2008.

5.3 身体语言

在日常沟通中,身体语言是人们常用的非语言沟通工具,因此,正确识别和利用身体语言,是实现有效沟通的前提。身体语言既包括先天性的身体的特征,如身高、肤色等,也包括后天训练或者展现的特征,如发型、服饰、化妆、头部动作、身体动作、身体姿态等。总体来说,身体语言通常分为形象语言、肢体语言、面部表情语言。

5.3.1　形象语言

一个人的形象对其信息的传递起着非常大的作用,管理学中有"致命的 7 秒钟"这个说法,即对一个人的第一印象通常在 7 秒钟之内就已决定。卡耐基说过,"良好的第一印象是登堂入室的门票。"研究表明,看上去有魅力的人往往容易被人接受,其说出来的话也更容易被人相信,而外表出众的男性往往比外表一般的男性获得的起薪更高。呈现良好的仪表、选择得体的服饰更容易获得他人的好感,增强自己的说服力,也能传递尊重对方、尊重自己的信息。

1. 发型

在汉语中有"改头换面"的成语,旧式的理发店通常贴有"进店来虬髯太岁,出门去白面书生"的对联,可以看出古人对发型的重要性已有了相当深刻的认识。现代形象设计专家也说:"形象设计从'头'开始,发型变了,你的形象标识也就改变了。"

人们对于头发的第一印象,首先,在于其头发本身的品质,即是否干净、是否健康和美观、是否修剪得整齐,只有品质较好的头发,才能够配合发型,营造良好的形象。如果一个人的头发脏乱粗糙,给人的印象则会大打折扣,如果头发枯黄,再漂亮的发型都无法得到体现。其次,发型的选择也要符合自己的年龄、职业和身份。一般而言,青年学生的发型要活泼大方,以显示朝气与活力;教师应该选择端庄大方的发型,以示教师的庄重典雅;演员则可以选择时尚的发型;对于商界、政界等职业人士而言,女士头发前不过额头,后不过肩部,必要时应盘发或束发,男士则前发不触及额头,后发不及领口,两侧不遮挡耳朵。

2. 化妆

化妆可以改变人们五官的形状,突出想让他人注意的优点,遮蔽自己的缺点。例如使扁平的鼻子显得高耸、清白的面色变得红润等。随着社会的发展,化妆已经成了大部分女性和一些男性生活中不可或缺的内容,以至有些人不化妆就不能面对自己和他人。现代社会,男女皆用的化妆品应该是香水。香水与体味相融合,形成独有的味道,营造优雅、时尚的个人形象,让人觉得整洁和职业。香水的选择与个人的喜好和沟通场合有关。一般说,清淡的香水比较高雅,浓烈的香水充满诱惑。

其他化妆品,如眼影、眉笔、假睫毛、胭脂、粉、唇膏、指甲油等,更多为女性使用,现代职业女性上班期间宜化淡妆,以体现女性的健康、自信,而出席晚宴或舞会的时候则可以适当化浓妆。

3. 服装

郭沫若先生曾说:"衣裳是文化的表征,衣裳是思想的形象。"服装的选择反映了一个人的文化素养和审美水平,直接影响别人对你的看法与接受程度。得体的服饰,对于美化人的仪表、改善人的气质、完善人的形象有着极为重要的作用。

在服装的选择上,应遵循以下几个原则。

1) 服装要与年龄、体形相符

中山装在中老年身上,显得成熟、稳重,在青少年身上未免有老气横秋之感。超短裙、白长袜在少女身上显得天真活泼,若在少妇身上则有轻佻之嫌。偏胖偏瘦的人不宜穿过于紧身的衣服,以免欠美之处凸显。身材矮小者适宜穿造型简洁、色彩明快、小花型图案的服装。脖子短的人穿低领或无领衣可以使脖子显得稍长。

另外,穿着必须与肤色在色彩上相协调。肤色白净者,适合穿各色服装;肤色偏黑或发红者,忌穿深色服装;肤色黄绿或苍白的人,最适合穿浅色服装。

2)服装要与职业、身份相符

教师、干部一般要穿着的庄重一些,不要打扮得过于妖艳,衣着款式也不要过于怪异,这样可以给人留下一个良好的印象;医生穿着要力求显得稳重和富有经验,一般不宜穿着过于时髦给人以轻浮的感觉,这样不利于对病人进行治疗;青少年学生穿着要朴实、大方、整洁,不要过于成人化;而演员、艺术家则可以根据他们的职业特点,穿着时尚一些。

3)服装要符合环境要求

环境主要包括时间(Time)、地点(Place)和场合(Occasion),简称为TPO,它们分别代表着装应该与当时的时间、地点和所处的场合相协调。

(1)与时间相协调。时间是指每一天的早、中、晚3个时间段,也包括每年春、夏、秋、冬的季节更替,以及人生的不同年龄阶段。时间原则要求着装考虑时间因素,做到随"时"更衣。例如,对于女性而言,白天工作时,应穿着正式套装,以体现专业性;晚上出席鸡尾酒会则须多加一些修饰,如换一双高跟鞋、戴上有光泽的佩饰、围一条漂亮的丝巾等。服装的选择还要适合季节气候特点,夏季以凉爽、轻柔、简洁为着装格调,在使自己凉爽舒服的同时,让服装色彩与款式给予他人视觉和心理上以好的感受;层叠褶子过多、色彩浓重的服装不仅使人燥热难耐,而且一旦出汗就会影响女士面部的化妆效果。冬季应以保暖、轻便为着装原则,避免臃肿不堪,也要避免要风度不要温度,为形体美观而着装太单薄。

(2)与地点相协调。特定的环境应配以与之相适应、相协调的服装,以获得视觉与心理上的和谐感。衣冠楚楚的人步入金碧辉煌的高级酒店会产生一种人境两相宜的效果,而衣冠楚楚的人走进破旧的农屋,便会显得极不协调。在静谧肃穆的办公室里穿着一套随意性极强的休闲装、一双拖鞋,或者在绿草茵茵的运动场穿着一身挺括的西装、一双皮鞋,都会因环境的特点与服装的特性不协调而显得人境两不宜。

(3)与场合相协调。衣着要与场合协调。例如,与顾客会谈、参加正式会议时,衣着应庄重考究;听音乐会或看芭蕾舞,则应按惯例着正装;出席正式宴会时,女性则应穿中国的传统旗袍或西方的长裙晚礼服;而在朋友聚会、郊游等场合,着装应轻便舒适。试想一下,如果大家都穿便装,你却穿礼服就有欠轻松;同样地,如果以便装出席正式宴会,不仅是对宴会主人的不尊重,也会令自己颇觉尴尬。

4)服装要符合配色原则

服装的配色方法一般包括同色搭配法、相似搭配法和主辅搭配法3种。

(1)同色搭配法,是指把同一颜色按深浅、明暗不同进行搭配,如浅灰配深灰、墨绿配浅绿等。

(2)相似搭配法,是指邻近色的搭配,如橙色配黄色、黄色配草绿、白色配灰色等。

(3)主辅搭配法,是指以一种色彩为整体的基调,再适当辅以一定的其他色的搭配。

服饰配色要坚持一条基本的原则,即调和。一般来说,黑、白、灰3色是配色中的安全色,最容易与其他色彩搭配以取得调和的效果。服饰色彩还与一个人的身材、肤色等协调一致,比如深色有收缩感,适宜肥胖者穿戴;而浅色的料子有扩张性,身材瘦小者穿上后有丰腴的效果。

这里还要提醒一点:无论对男士还是女士,"深蓝色西服+白衬衫"的服装搭配是放之四海而皆准的、走遍全世界不出错的商业标准装。这是为什么呢？有个小故事。在 20 个世纪 60 年代，有一个专门负责替法院挑选陪审团的美国专家米尔斯·福斯特做了一个调查，他发现陪审团成员倾向于相信那些着装得体，看上去像有教养、有权威的，可以引起人们信任的人。即使是恶魔般的被告人，如果能精心展示给陪审团成员一个可信、可敬的形象，他甚至会被认为是轻罪或无罪的。当然这只是一种假说。律师不但自己努力利用穿着以赢得法官和陪审团的信任，也劝被告辩护人的律师和证人以可信的形象出庭。福斯特的调查发现，深蓝色西服配以白衬衣，被认为是最可信的搭配。时至今日，蓝、白色是最常用于企业和公司制服的首选外衣与衬衣色。

相关链接 5-2

赖斯的"穿"

2006 年 10 月，朝核危机升级，联合国安理会通过制裁朝鲜的决议。美国国务卿赖斯为此展开了东亚之行。这次访问中，赖斯可以说把服装"穿"到了极致。

日本是美国在东亚地区最紧密的盟国，时值日本首相安倍晋三刚刚上任，赖斯此行便把第一站选在了日本。见安倍时，赖斯穿了一身灰色西服，上衣领子形成一个尖利的锐角。专家们认为，赖斯如此穿着，一方面，不希望一见面就抢了日本新首相的风光，在颜色上有所克制；另一方面，硬硬的衣领似乎也不忘提醒安倍"该硬的时候得硬"。

此后，赖斯到韩国见卢武铉时，穿的也是同一身衣服。

之后，赖斯来到中国，受到中国国家主席胡锦涛接见。她脱下在盟国的装扮，换上一身抢眼的紫色套裙。时装设计师小西认为："紫色在中国是象征典雅和高贵的颜色，是在意对方看法的举动。"

4. 饰品

饰品是指能够起到装饰点缀作用的物件，主要包括服装配件（如帽子、领带、手套等）和首饰佩戴（如戒指、胸花、项链、眼镜等）两类。饰品在人的整体形象装饰中至关重要，一件使用得当的饰品好似画龙点睛，更能凸显个人气质。饰品的搭配需要遵守一定的原则。

1）数量原则

"饰不过三"的原则，是指女士全身所佩戴的首饰种类不应当超过 3 件，否则就显得过于笨重、肤浅和炫耀。例如，中华民国时期的著名外交官顾维钧夫人在其回忆录《没有不散的筵席》一书中，谈到在美国进行公关的宋美龄时写道："她经常穿一件长长的中式旗袍。假如她有珠宝首饰，她却很精明从来不戴。所见到她戴的，至多是枚不起眼的普通别针或一枚戒指。罗斯福总统执政期间——我们那时不在美国——蒋夫人颇受青睐。"

2）质色原则

质色原则即所佩戴的首饰在质地上要相似，在颜色上要相近，给人以协调的感觉。

3）搭配原则

饰品的佩戴要和服装相协调。一般穿考究的服装时，才佩戴昂贵的饰品，服装轻盈飘逸，饰品也应玲珑精致，穿运动装、工作服时不宜佩戴饰品。

饰品的佩戴还应考虑所处的季节、场合、环境等因素。例如，春秋季可选戴耳环、别针；夏季选择项链和手链；冬季则不宜选用太多的饰品，因为冬天衣服过多臃肿，饰品过多反而不佳。

4）扬长避短原则

饰品的佩戴应与自身条件相协调，如体形、肤色、脸形、发型、年龄、气质等。例如，椭圆脸形的女性可以佩戴多种形状款式的珠宝；方脸形的女性应佩戴一些形状圆滑，如水滴形、椭圆形的耳环，忌戴一些棱角分明或几何形态过于规则的耳饰。再如，长发女性一般以戴稍大的耳扣或耳环，或悬垂式、颜色鲜艳的耳环为宜；留短发穿着运动装或流行时装的人，可选择一些装饰性强的首饰，如一些随意形宝石做成的项链、人造宝石的首饰、玛瑙饰品、几何抽象图形的耳环等。

5）习俗原则

一个社会的人们在一定时期会形成一些具有一定共性的衣着方式，即衣着习俗，其中包含着特定的社会文化信息。这种衣着习俗在社会经济稳定时期往往具有较强的稳定性，甚至世代相传，鲜有改变。而在社会经济剧烈变动时期则会随之发生较大的变动，出现一些新的衣着方式，甚至流行而形成新的衣着习俗。例如，戒指是首饰中最明确的爱情信物，佩戴戒指可标明你的婚姻状况：戴在食指上表示求婚，戴在中指上表示已在恋爱中，戴在小指上则表示自己是一个独身主义者。戒指一般只戴一枚，而且戴在左手上。所以，饰品佩戴要注意寓意和习俗。

5.3.2　肢体语言

身体的姿势与动作称为肢体语言，是非语言沟通的重要组成部分。它包括人的身体姿势、身体动作等，而身体动作中常见的有手势、头部动作、肩膀动作、脚势和身体接触。总的来说，舒展的、开放的、上扬的姿势或动作，表示积极或正面的信号；而收缩的、封闭的（交叉的）、下垂的姿势或动作，则传递消极或负面的信息。Joe Navarro 所著的《第一时间看透对方：FBI 教你破解身体语言》一书中提及了很多常见的肢体语言，下文中会有所引用。

1. 身体姿势

身体姿势可以反映一个人的精神面貌和身体状况，是另一种无声的语言。中国俗语就有"站如松，行如风，坐如钟，卧如弓"的说法。不同的体态传达不同的信息：站立时弯腰曲背，耷拉着脑袋，往往是缺少自信、消极悲观的表现；站立时总是脊背挺直、精神抖擞，是充满自信、豁达大度和积极向上的表现。

1）坐姿

（1）标准的坐姿。标准的坐姿要求端庄而优美，给人以文雅、稳重、自然大方的美感。坐，作为一种举止，有着美与丑、优雅与粗俗之分。正确的礼仪坐姿要求"坐如钟"，指人的坐姿像座钟般端直，当然这里的端直指上体的端直。

① 入座时要轻、稳、缓。坚持尊者先坐的原则。正式场合一般从椅子的左边入座。如果正对座椅，走到座位前，转身后轻稳地坐下。如果椅子位置不合适，需要挪动椅子的位置，应当先把椅子移至欲就座处，然后入座；坐在椅子上移动位置，是有违社交礼仪的。女子入座时，若是裙装，应用手将裙子稍稍拢一下，不要坐下后再拉拽衣裙，那样不优雅。

② 入座后，要立腰、挺胸，上体自然挺直，神态从容自如，双肩平正放松，两臂自然弯曲放在腿上，掌心向下。双膝自然并拢，双腿正放或侧放，双脚并拢或交叠或成小 V 形。男士两膝间可分开一拳左右的距离，脚态可取小八字步或稍分开以显自然洒脱之美，但不可尽情打开腿脚，那样会显得粗俗和傲慢。女士入座尤要娴雅、文静、柔美，两腿并拢，双脚同时向左或向右放，两手叠放于左腿或右腿上。坐在椅子上，通常只坐椅子的 1/3 到 2/3，宽座沙发则至少坐

1/2。落座后至少 10 分钟左右时间不要靠椅背,时间久了,可轻靠椅背。

③ 离座时要自然稳当,右脚向后收半步,而后站起。离座时也要从椅子左边离开,尊者先离座。

(2)不同场合的坐姿。谈判、会谈时,场合一般比较严肃,适合正襟危坐,但不要过于僵硬。

在节目访谈嘉宾、面对长者、尊者坐时,谈话时应根据交谈者方位,将双膝侧转向交谈者,身体稍向前倾,表现出一种谦虚、迎合、重视对方的态度,但不要出现自卑、恭维、讨好的姿态。讲究礼仪要尊重别人,但不能失去自尊。

在餐厅就餐时,就座后,坐姿应端正,上身可以轻靠椅背。不要用手托腮或双臂肘放在桌上,不要随意摆弄餐具和餐巾,不要频频离席,或挪动座椅。要避免一些不合礼仪的举止体态,如随意脱下上衣、摘掉领带、卷起衣袖;说话时比比画画,或挪动座椅;头枕椅背打哈欠、伸懒腰、揉眼睛、搔头发等。

2)站姿

站姿是人的一种本能,是一个人站立的姿势,它是人们平时所采用的一种静态的身体造型,同时又是其他动态身体造型的基础和起点。"站如松,坐如钟",这是中国传统的有关于形象的标准。人们在描述一个人生机勃勃充满活力的时候,经常使用"身姿挺拔"这类词语。站姿是衡量一个人外表乃至精神的重要标准。优美的站姿是保持良好体形的秘诀。从一个人的站姿,人们可以看出他的精神状态、品质和修养及健康状况。

(1)标准的站姿。从正面观看,全身笔直,精神饱满,两眼正视,两肩平齐,两臂自然下垂,两脚跟并拢,两脚尖张开 60°,身体重心落于两腿正中;从侧面看,两眼平视,下颌微收,挺胸收腹,腰背挺直,手中指贴裤缝,整个身体庄重挺拔。采取这种站姿,不仅会使人看起来稳重、大方、俊美、挺拔,它还可以帮助呼吸,改善血液循环,并在一定的程度上缓解身体的疲劳。

(2)站姿的基本要领。

① 头正,双目平视,嘴唇微闭,下颌微收,面部平和自然。

② 双肩放松,稍向下沉,身体有向上的感觉,呼吸自然。

③ 躯干挺直,收腹,挺胸,立腰。

④ 双臂放松,自然下垂于体侧,手指自然弯曲。

⑤ 双腿并拢立直,两脚跟靠紧,脚尖分开为 60°,男子站立时,双脚可分开,但不能超过肩宽。

(3)不同场合的站姿。站姿是影响个人仪态美最基础、最关键的因素,所以商务人士、服务行业的从业人员,尤其应该注意自己的站姿,自然挺拔的站姿能给人一种可靠而干练的形象。一般来说,站姿可以根据从业人员的行业、岗位的不同而不同。

在升国旗、奏国歌、接收奖品、接受接见、致悼词等庄严的仪式场合,应采用严格的标准站姿,而且神情要严肃。

在做演讲、新闻发言、作报告宣传时,为了减少身体对腿的压力,减轻由于较长时间站立双腿的疲倦,可以用双手平放支撑在讲台上,两腿轮流放松。

主持文艺节目、联欢会时,可以将双腿并拢站立,女士可以站成"丁"字步,让站立姿势更加优美。站"丁"字步时,上体前倾,腰背挺直,臀微翘,双腿叠合,玉立于众人间,富于女性魅力。

门迎、侍应人员往往站立时间很久,双腿可以平分站立,双腿分开不宜超过肩。双手可以交叉或前握垂放于腹前；也可以背后交叉，右手放到左手的掌心上，但要注意挺胸收腹。

礼仪小姐的站立，要比门迎、侍应人员更趋于艺术化，一般可采取立正的姿势或"丁"字步。

相关链接 5-3

小赵的疑惑

小赵是某公司员工，和他的同事小章一样是业绩优秀的员工，他们的能力和外表形象不分伯仲，但奇怪的是，公司每次有重大的活动都要小章主持。小赵百思不得其解，向朋友抱怨道："领导为什么只重用小章，对我的多才多艺就视而不见呢？"朋友说："如果是我，我也会用小章的，你们俩能力和外形差不多，但是他往那儿一站很高大、很标致，就没有见他对谁说话的时候弯着腰的，他的站姿让人看了很振奋，那么笔直，让人认为他是个很自信的人，充满活力。老板放心把工作交给他。而你总爱低着头，和人交谈的时候靠在墙或者柱子上，我们会以为你对一切都不感兴趣，缺乏活力。这不是一个成功的、富有活力的年轻人应有的样子。"

【问题与讨论】

你明白为什么老板重用小章而对小赵的多才多艺视而不见了吗？结合自身谈谈你今后该怎么做。

3）走姿

走姿是人体所呈现的一种动态，是站姿的延续。走姿是展现人类动态美的重要形式，正确的走姿，能走出风度，走出优雅，走出美来，更能显示一个人的活力与魅力。

（1）标准的走姿。

标准的走姿主要有 3 个要点：从容、平稳、直线。

标准的走姿应当身体直立、收腹直腰、两眼平视前方，双臂放松在身体两侧自然摆动，脚尖微向外或向正前方伸出，跨步均匀，两脚之间相距约一只脚到一只半脚，步伐稳健，步履自然，要有节奏感。起步时，身体稍微前倾，身体重心落于前脚掌，行走中身体的重心要随着移动的脚步不断向前过渡，而不要让重心停留在后脚，并注意在前脚着地和后脚离地时伸直膝部。

步幅的大小应根据身高、着装与场合的不同而有所调整。一般情况下步速要自然舒缓，显得成熟自信，男子行走的速度标准为每分钟 108～110 步，女子为每分钟 118～120 步为宜。女性在穿裙装、旗袍或高跟鞋时，步幅应小一些；相反，穿休闲长裤时步伐就可以大些，凸显穿着者的靓丽与活泼。

（2）不同场合的走姿。参加喜庆活动，步态应轻盈、欢快、有跳跃感，以反映喜悦的心情；参加丧事活动，步态要缓慢、沉重、有忧伤感，以反映悲哀的情绪；参观展览、探望病人时，因为环境安静，不宜出声响，脚步应轻柔；进入办公场所，登门拜访，在室内这种特殊场所，脚步应轻而稳；走入会场、走向话筒、迎向宾客，步伐要稳健、大方、充满热情；办事联络，往来于各部门之间，步伐要快捷又稳健，以体现办事者的高效与干练；陪同来宾参观，要照顾来宾行走速度，并善于引路。

2. 手势语言

手势语言是通过手和手指的动作传情达意的体态语，能直观地表现人们的心理状态，包括握手、招手、摇手、挥手和手指动作等。手势语言灵活多变,富有极强的表达功能,通常与口头语言同时使用。在聋哑人群体中,手势被上升为手语,用来相互交换情绪、情感、思想、态度、观点等,是他们的主要交流方式。

心理学家研究表明,手势是通过学习获得的,由于长期的生产生活实践,使手势形成了一些相对稳定的格式。但是,手势不仅有个体差异,而且由于社会文化、传统习惯的影响,手势又有民族或团体的差异。如美国人面对开过来的车辆,右手竖起大拇指向右肩晃动,表示要求搭便车。其他时候,竖起大拇指,可表示友好、赞赏。但这一手势在澳大利亚和新西兰,则被认为是淫荡之意。前任美国总统布什在结束了对澳大利亚的访问后,在机场与欢送者告别,由于不了解这一文化差异,他竖起的大拇指就引起了澳大利亚人的误会。

1) 手指语

手指语是通过手指的各种动作传递信息的体态语言。手指语的表意很丰富,它不仅可以用来明确指称对象,还可以在语言不通的情况下,具备替代功能。这里介绍几种常见的手指语言。

(1) 尖塔式手势。尖塔式手势可能是最具自信力的一种动作(见图5-1)。做这个动作时,双手手指张开,然后做出与"合掌式"相似的动作,但是十指并不交叉,手掌也可能互不接触。做这个动作时,双手的形状就像教堂的尖塔,所以称为"尖塔式手势"。当老板两只手的指尖轻轻相碰,形成尖塔式手势,放在嘴上或颔下,代表他对眼前的事很自信。这是上级指导下级,或律师面对客户时的招牌动作。身体语言研究者发现,三成以上的老板,在和员工进行私人谈话时,都以"尖塔式"作为开场动作。但是,许多女性会在桌子下面或是十分低的位置上做出这种手势,这就大大降低了她们本有的自信。

(2) 竖起拇指。当人们将拇指高高竖起时,表明他们对自己评价很高,或是对自己的思想或现状非常自信(见图5-2)。竖起拇指是另外一种背离重力的姿势,这种行为通常与舒适感和自信度有关。正常情况下,十指交叉并攥在一起,表明动作的实施者极其不自信,但是,当拇指向上伸直时,含义就完全不一样了。便可以判定,这种行为一定表达某种积极的情感。

图5-1 尖塔式手势　　　　　　图5-2 竖起拇指手势

(3) 十指交叉紧扣。遇到重大事件或变化时,人们的手指会交叉紧扣,这是压力或低度自信的表现(见图5-3)。这是一种全世界认可的安慰行为。动作本身像在祈祷——当然也可能只是一个下意识的动作。随着手指紧扣的力度加大,手指的颜色也可能会发生变化,局部区域甚至会变白。这种情况说明,事情变得更糟了。

（4）搓手。处于怀疑或低度压力状态下，人们通常会轻轻地用一根手指去摩擦另一只手的手掌。但是，当形势变得更严峻时，就会突然变成十指交叉摩擦（见图5-4）。

  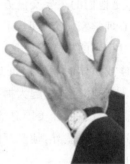

图 5-3　十指交叉紧扣手势　　　　　　　　　图 5-4　搓手

手指语言复杂多变，在运用手指语时应注意以下几点原则。

（1）看语境。如在庄重和谐的场合，直伸食指指向对方，就显得对对方不尊重；在怒火满腔的情况下，直指对方就非常有力，加强了有声语言的表达效果。在长辈、上级面前说话，一般不宜用手指语，更不应该把手指捏得咯吱响。

（2）不要滥用手指语。在与别人交谈时，边说话边打响指，会让人觉得你对他很轻慢，从而引发不快。

（3）手指使用的频率、摆动的幅度等都要讲究，如果频率过多、幅度过大，轻则给人以缺乏修养的印象，重则会给人以张牙舞爪的感觉。

2）握手语

在人际沟通中使用最频繁的是握手。握手是现代社会常见的见面礼仪，握手语是信息的双向交流，能表达许多复杂微妙的思想、感情。握手的作用很多，如表示友情、祝福、诚意、谅解、合作、鼓励、欢迎、告别、感谢、达成协议、握手言欢等。根据握手的力量、姿势和时间的长短，可以传递出不同的信息。在一般情况下，握一下即可，不必用力。年轻者对年长者，身份低者对身份高者则应稍稍欠身，双手握住对方的手，以示尊敬。男性和女性握手时，往往只握一下女性的手指部分。主人、年长者、身份高者、女性应先伸出手，客人、身份低者、年少者、男性见面先问候，待对方伸手再握。多人同时握手时要注意，不要交叉，待别人握完再伸手。握手时双目注视对方，微笑致意，不要看着第三者握手。

相关链接 5-4

图5-5所示的照片拍摄下了1993年以色列前总理伊扎克·拉宾与巴勒斯坦领导人耶沙·阿拉法特于白宫前的一次握手。通过这张照片，可以发现不少有趣的地方。

首先，照片中，克林顿站在两人之间，位于照片的正中位置，周围没有任何遮挡，而且很明显，他比其他两位领导人都高出许多。所以，这张照片虽然拍摄的是两位领导人的握手，但是事实上，其核心人物却是美国前总统克林顿。其次，克林顿张开双臂，从后面揽住拉宾与阿拉法特的姿势很容易让人联想到上帝庇佑其子民的情景。而克林顿微笑时，如弯月般的笑容和微抿的嘴唇都显示了他对双方略有收敛的情感。

在这张著名的照片中，握手的两位领导人都稳稳地立于地面之上，暗自较量，试图迫使对方离开自己的独立领域。伊扎克·拉宾占据了有利的左侧位置，并且采用了单刀直入式的握手方式,与此同时,他的身体稍稍向前倾斜从而防止阿拉法特进入自己的私人空间。而耶沙•阿拉法特则保持一种笔直的站立姿势,试图用弯臂式的握手将对方拉入自己的控制范围。为了坚守自己的立场,伊扎克•拉宾(左)使用了单刀直入式的握手方法,从而对抗耶沙•阿拉法特以弯臂式握手法所产生的拉力。

图 5-5　新闻图片

资料来源:亚伦•皮斯,芭芭拉•皮斯.身体语言密码[M].王甜甜,黄佼,译.北京:中国城市出版社,2008.

3)鼓掌语

鼓掌语是交际者通过双手相拍发出声响传递信息的体态语言。它在交际中也是经常用到的。一般鼓掌语传递两种信息:一是正面的,表示欢迎、感谢、支持、称赞等;二是反面的,表示不满,喝倒彩、鼓倒掌。鼓掌一般是用来代替口头语言传递信息,在更多时候是用在大庭广众之下,表示群体的一种意向和态度。鼓掌语在运用时也要掌握一定的技巧。

(1)根据情况运用不同程度的鼓掌。一是应酬式的,动作不大,声音较轻,时间不长,仅表示一种礼貌;二是激动式的,发自内心的鼓掌,动作较大,声音较响,时间较长,常用"热烈"形容;三是狂热式的,心情难以抑制时使劲鼓掌,动作大,声音响,时间长,常用"暴风雨般的""雷鸣般的"来形容。

(2)把握时机鼓掌。在别人讲话未告一段落或意思没有表达完整时不要鼓掌;在文艺节目的表演过程中,在表演处于惊险状态时,也不要鼓掌,等表演完后再鼓掌,以免妨碍表演的进行。

(3)根据场合的对象鼓掌。1959年,赫鲁晓夫访问美国时,把双手举过头鼓掌,这个鼓掌的手势在俄罗斯表示友谊,但在美国,通常是在战胜对手后表示骄傲的意思。苏联、美国在20世纪五六十年代就是冷战的对手,赫鲁晓夫这一举动使许多美国人感到十分不快。

4)挥手语

举起或挥动手臂传情达意,称为挥手语。一是表示正确的决断、坚定的信心和一往无前的精神;二是表达依依惜别之情和对告别者的安慰与鼓励。如《孔雀东南飞》中描写刘兰芝和焦仲卿分手时的情形:"举手长牢牢,两情同依依。"

3. 头部语言

法国舞蹈教师萨尔特说:"作为表现媒介的人体可以分为 3 个区域:头部和颈部为精神区域,躯干为精神情感区域,臀部和腹部为物质区域……"这个说法很有见地。头部处于人际沟通最上端的位置,也是交流时对方比较关注的部分,头部语言是否得体,对交流的成功与否起着重要作用。结合不同的语境识别和判断,常见的头部动作有以下几种。

(1)点头。在对方说话的时候轻轻点头,一般表示理解、认可、赞同、肯定,在和人相遇的时候轻轻点头,则代表"打招呼"和问候。

(2)摇头。摇头一般代表不同意、不认可、拒绝。进化生物学家们认为,摇头起源于襁褓中的哺乳时期,当新生儿吮吸了足够的奶水后,他就会左右摇摆脑袋,以此抗拒母亲的乳房。假如一个男人一边摇头一边说"我爱你",一定没有女人会相信他的表白。有时候轻轻摇头还代表对思考中的问题的否决。

(3)低头。一般表示谦恭、臣服、认错、顺从、害羞。徐志摩有诗云:"最是那一低头的温柔,恰似水莲花不胜凉风的娇羞。"此时的低头被诗人解读为温柔,也不外是因为其代表一种温婉顺从。

(4)仰头。仰头一般代表激昂的情绪,比如自信、激越、悲愤、不服气等。如果把头部高高昂起,同时下巴向外突出,就显示强势、无畏或者傲慢的态度。人们可以通过这个姿势刻意暴露自己的喉部,并且让自己的视线处于更高的水平。

(5)侧头。把头部向一侧倾斜是一种顺从的表示,因为这个姿势不仅暴露人们的喉咙和脖子,还会让人显得更加弱小和缺乏攻击性。这个姿势很有可能起源于婴儿时期把头靠在父母的肩膀和胸脯上休息的动作。人类在对某件事情感兴趣时,就会把头部歪向一侧。查尔斯·达尔文是最先发现这一现象的科学家之一。女人们经常使用这个姿势向心仪的男士表达自己对他的兴趣,因为她们明白一个毫无威胁感并且看起来非常温顺的女人,在大部分男人眼里都是极具吸引力的。

4. 手臂语言

在观察身体语言时,往往会忽略手臂。其实,在表达舒适感、自信等情感方面,手臂的作用毫不逊色,它是名副其实的情感发送器。从我们的祖先开始直立行走起,人类就可以自如地使用手臂了。手臂不仅可以搬重物、投掷、抓东西,还可以将人们提离地面。它们线条流畅、行动敏捷,遇到威胁时总做出第一反应。如果有人向我们投东西,我们的手臂会本能地上扬并准确地将其挡开或接住。手臂的反应是如此活跃,哪怕不合逻辑或判断失误,它们也会抬起来保护我们。

(1)背手。站立或走路时,如果双臂背在背后,并用一只手握住另一只手,表示的往往是优越感和自信心,有地位的人通常倾向使用。同时,背手还有镇定作用、可以缓解紧张情绪。但如果双手背在后面,但一只手握住另一只手的手腕、手肘、手臂,则表示沮丧不安、正处于努力控制中,而且握的部位越高,沮丧的程度也越高。

(2)双手垫头(见图 5-6)。双手交叉垫在脑后,是有权威、占优势或有信心的表现,这也是一种暗示权力的表现,表明当事人对某物拥有所有权。

图 5-6　双手垫头

图 5-7　双臂交叉于胸前

（3）双臂交叉抱于胸前（见图 5-7）。很多人在面临压力时会将手臂交叉并反复用双手摩擦肩膀，仿佛很冷的样子。当将双臂交叉抱于胸前，就好比与对方之间筑起了一道障碍物，将不喜欢的人或物统统挡在外边。双臂交叉抱于胸前的姿势在人与人的交流中相当普遍，而且世界各地对这一姿势的理解也几乎完全相同：消极、否定或防御。在一些诸如自助餐厅、电梯等公共场所以及众人排队等候的过程中，常会看到彼此陌生的人们在感到不确定或不安全的时候摆出这样的姿势。

看到有人做出这样的动作时，常会让人想起母亲抱住孩子的场景。这是一种保护性动作，它能让人平静。同时，这也是一种自我安慰方式，通过这么做，会产生一种安全感。但是，如果看到一个人双手交叉于胸前，身体后倾并表现挑衅的神情，可千万不要以为这是一种安慰行为。

5. 肩部语言

（1）耸肩。耸肩这一动作蕴含丰富的含义。当老板向员工提出这样的问题："你听到过客户的抱怨吗？"员工可能会回答说"没有"，然后耸耸他的半个肩，这样的动作说明这个人没说实话。如果他是诚实的，他的双肩耸动应该是敏锐的、向上的且双肩动作应该是一致的。当人们对自己说的话确信无疑时，他们会大幅度地向上耸双肩（耸得很高）。这种背离重力的行为表明这个人感到很自在，且对自己的言行充满信心。耸肩在西方人的沟通中运用得较多，一般是耸耸肩膀，摊开双手，表示一种无奈或不理解。受到惊吓的时候，也会紧张得耸肩。

（2）肩部收缩。一些正处于消极状态下的人会慢慢地将双肩提升到耳朵的高度，看起来就像脖子没了一样（见图 5-8）。

图 5-8　肩部收缩

这样的动作的目的就是想缩回自己的头，就像乌龟那样。做这样动作的人缺乏信心，而且感到非常不自在。例如，当一位父亲对孩子们说："我很伤心，因为有人打破了我的床头灯却没有告诉我。"这时一个孩子的动作可能是这样的：低着头、双肩升至耳朵高度。输了球的足球运动员在走向更衣室时也会做出同样的动作。

6. 腿足语言

在人的肢体动作中，腿脚部位的动作虽不易观察，然而，它能直率地表达情感或欲求，足以令人吃惊。比如,有些人坐在饭店里等着上菜时,有的人坐在候车室里等候上车时,都会用脚尖敲打地板,这是在表示他内心中的不耐烦。也有时,他用摇动足部表示。无论是用脚尖敲打地面还是摇动足部,他都在向朝他走近的人发出这样的信号:"你一靠近我,我就会感到不安。"在这个时候,如果一个陌生人上前去与他搭讪或询问什么,往往会遭到他的拒绝。

(1)快乐脚。快乐脚是指高兴时双腿和双脚一起摆动或颤动。快乐脚有时会突然出现,特别是听到或看到某些意义重大的事情或事物时。快乐脚是一种非常可靠的信号,它表示一个人认为他正在得到他想要的,或有优势从另一个人或周围环境那里赢得有价值的东西。久别的情侣在机场相会时也会表现快乐脚。腿脚的抖动也可以是不耐烦的表现。例如学生在临近下课时腿脚摆动的次数和频率会增加,这时"快乐脚"就不再快乐,而是不耐烦和希望事情加速的信号。

(2)转向脚。通常,人们会将身体转向自己喜欢的人或事。事实上,也可以通过这种信息判断别人是否愿意见到我们,或是否更愿意离开我们。假设你走近两个正在谈话的人,你认识他们并想加入他们的讨论,于是你走过去跟他们打招呼。如果他们移动自己的双脚和躯干欢迎你,他们的欢迎应该是全心全意的。如果他们并没有移动双脚,而只是转了转身说了声"你好",表示他们不愿意你加入。一个人将双脚移开也是一种希望解脱的信号,说明他想远离自己的位置。当与人交谈时,如果发现对方渐渐地(或突然地)将他的双脚从你这一侧移开,这时候你应该做些调整了。也许是因为这个人有事不得不走,也许是他不想再听下去了,也许是你说了什么冒犯的话或做了什么令人厌烦的事。总而言之,转向脚是一个人想要离开的信号(见图5-9)。

图 5-9 转向脚

图 5-10 抱紧膝盖

(3)抱紧膝盖。这个体态语言同样表明一个人想要离开当前位置的意图。注意观察图5-10中这个坐着并用双手按住膝盖的人。这是一种非常清楚的信号,说明他已经做好了结束此次见面的准备。通常,紧跟这种姿势之后的是躯干前倾或身体放低转向椅子的一侧,这些也是意图动作。当看到这些动作时,特别是当上司做出这样的动作时,就要结束自己的谈话了,机灵点,千万不要拖延。

(4)叉开的双腿。叉开的双腿是最明显、最容易被认出的"捍卫领地"式行为。很多哺乳动物（包括人），在感到压力、烦乱或威胁时都会强调自己的领地，执法人员和军人更是如此，因为他们早已习惯占据统治地位。当人们陷入对峙状态时，他们的腿和脚会叉开。这样做不只是为了让自己站得更稳，更是为了获得更多的领地。对细心的观察者来说，这是一种强烈的信号，至少也表明有些事情正在准备中，或者麻烦真的要来了。如果发现一个人的腿从并在一起到叉开，基本上可以肯定这个人越来越不高兴。它清楚地告诉你"一定有什么不对劲的地方，我必须做好准备来应付它"。这种情况下，就要提高警觉了。

（5）交叉的双腿。双腿交叉尤其能反映社交时的舒适感。另外，在别人面前感到自信时也会将双腿交叉。一个独自站在电梯里的人很可能会将双腿交叉，因为一个人是很自在的。但是，当有人走进来时，她会很快站回正常的姿势，让双脚紧紧地站立在地板上。当两个交谈中的人都将双腿交叉时，说明他们都感到很轻松，这两个人之间的关系很好，彼此可以完全放松下来（见图5-11）。可见，双腿交叉是一种交流积极情感的重要方式。

图 5-11　交叉的双腿

5.3.3　面部表情语言

法国作家罗曼·罗兰说过："面部表情是多少世纪培养成功的语言，是比口中讲的复杂了千百倍的语言。"在人体语言中，面部表情是最丰富、最具有感染力的。"体语学"创立者雷·伯德惠斯代尔估计："仅是人的脸，就能做出大约25 000种不同的表情。"美国的一位记者在《回忆罗斯福》中写道："在20分钟里，罗斯福的面部表情呈现出诧异、好奇、焦虑、同情、坚定、幽默、尊严和无可抵挡的魅力等不同的变化，而在这一段时间里他几乎没有说一句话。"面部表情语言是通过面部器官的动作形态传递信息，人们可以通过观察、分析他人的面部表情变化，揣摩、把握其内心世界和真实观点。

1. 目光语

与脸部的其他部位不同，眼部动作的反射性很强，在几千年的进化中，眼部周围的肌肉得到了很好的改良，它们能保护眼睛免受伤害。例如，眼球内部的肌肉能够收缩瞳孔，以保护眼睛免受强光的刺激，而当有危险物品袭来时，眼睛周围的肌肉会立刻合上眼帘。因此，眼睛成为脸上最诚实的部位之一。有研究证明，在信息交流中，人们用大约30%～60%的时间与他人眉目传情。所以说，眼睛是心灵的窗户。《诗经》对卫庄公夫人庄姜的赞美是"美目盼兮"，孟子曰"心中正，则眸子瞭焉"，德国谚语中也有"眼睛是爱情的信使"的说法。一个人眼睛形态及变化可以反映出其喜怒哀乐、思虑爱憎。

1）瞳孔

暴露人们心灵秘密的，首先是眼睛瞳孔的变化。在相同的灯光条件下，随着态度和情绪从积极转向消极，瞳孔就会由扩张转向收缩，反之亦然。当人们处在兴奋的状态中时，瞳孔会比原始尺寸扩大4倍，"神采奕奕""炯炯有神"说的就是这样的眼睛（见图5-12）。相反，如果人们处在消极的情绪中时，瞳孔就会收缩。瞳孔的变化是无法用意志控制的，因此，瞳孔大小是兴

图 5-12　瞳孔的变化

趣、偏好、态度、情感和情绪等的表现。

2）注视

行为科学家断言，只有在相互注视到对方的眼睛时，彼此的沟通才能建立。

（1）注视的时间。注视对方脸部的时间应占全部谈话时间的 1/3～2/3，如果对方的目光与你的目光接触超过 2/3，可以认为对方对你比谈话内容更感兴趣，这时对方的瞳孔是扩大的；反之，低于 1/3 者，表示对方对谈话内容和你本人都不怎么感兴趣，或对自己的话缺乏自信。但需要注意，除关系十分亲近的人以外，连续注视对方的时间应在 1～2 秒以内，以免引起对方的反感。

（2）注视的部位。注视部位一般分为 3 种。一是公务注视，视线范围一般是以两眼为底线，以前额上部为顶点所连接成的三角区域。由于注视这一部位能造成严肃认真、居高临下、压住对方的效果，所以常用于谈判、磋商等正式严肃的场合。二是社交注视，视线范围是以两眼为上限，以下颚为顶点所连接成的倒三角区域。注视这一区域易形成平等感，适用于日常生活的大多数交际场合。三是亲密注视区，视线范围主要是对方的双眼、嘴部到胸部的三角部位。恋人之间，至爱亲朋之间，注视这些区域能够激发感情、表达爱意。"频送秋波""眉目传情"都是通过这样的区间进行的。

（3）注视的方向，不同的注视方向表示着不同的含义：视线向下（俯视），表示"爱抚""宽容"，也可以表示"轻视"；视线平行接触（正视），表示"平等"，也可以表示"欣赏"；视线向上（仰视），表示"敬仰""期待"；视线侧面接触（斜视），表示"厌恶""轻视"等。

3）眨眼

眨眼在沟通中也具有重要意义，在正常而放松的状态下，人们的眼睛每分钟会眨 6～8 次，每次眨眼时眼睛闭上的时间只有 1/10 秒。眨眼的频率以及闭眼持续时间，都能暴露人们的心理。例如，当人们感到兴奋、烦乱、紧张或忧虑时，眼睛眨动的频率就会提高；感到厌恶、无趣，体现傲慢时，闭眼时间会延长。

相关链接 5-5

丘吉尔的眼神

英国首相丘吉尔有一张怒容满面、目光炯炯的照片（见图 5-13），据说这是加拿大摄影家卡希的杰作。当时丘吉尔刚步入镜头之内，卡希猛然向前，一把夺下了他的烟斗，首相毫无思想准备，一时勃然大怒，双目圆睁，一手叉腰，气势咄咄逼人。后来，这张照片就成为第二次世界大战时英伦三岛"永不投降"的精神象征，不能不说这是人的面部语言成功运用的一个有力证明。

资料来源：李树斌. 领导口才全书［M］. 北京：线装书局出版社，2008.

图 5-13　丘吉尔的眼神

2. 嘴语

和眼睛一样,嘴也能提供很多有价值的信息。

(1)挤压嘴唇。这个动作仿佛是大脑在告诉人们闭上嘴巴,不要让任何东西进入身体(见图 5-14)。嘴唇的挤压是消极情感的一种反映,它清楚地表明一个人遇到了麻烦,或某些地方出了问题。

(2)缩拢嘴唇。说明对方不同意他人所讲的内容,或是他正在酝酿着转换话题(见图 5-15)。了解这一信息,有助于人们继续自己的描述、调试自己的提议或主导一段谈话。例如,在法庭审讯中,当一方律师陈述时,另一方律师常常会缩拢嘴唇以表示意见不同。法官如果不同意律师陈述,也会做出这样的动作。

图 5-14　挤压嘴唇

图 5-15　缩拢嘴唇

另外,生气或不屑时,嘴巴会向下撇;开心微笑时嘴角上翘,惊讶时张大嘴巴;隐忍时,紧咬下唇;把手指挡在嘴唇上方,通常代表想要掩饰自己的真正想法。

3. 眉语

眉毛除了和眼睛一起,构成仪表的重要部分外,还表现着主人的心情。如眉飞色舞、扬眉吐气、眉开眼笑,是说眉毛上扬、舒展的时候人的心情很好;横眉冷对则说明愤怒;至于双眉紧锁表示苦恼,林妹妹"两弯似蹙非蹙罥烟眉"暗示着她内心的孤苦伶仃。

4. 微笑语

英国诗人雪莱说过:"微笑是仁爱的象征、快乐的源泉、亲近别人的媒介。有了微笑,人类的感情就沟通了。"在日常工作生活中微笑能让人们获得更多机会与友谊。当然,每个人微笑的方式千差万别,有些可能不太容易被人领会,因此,很多人都着力对微笑进行训练。礼仪培训中惯常讲道,美的微笑是嘴角微微上扬,上下刚好各露出 6～8 颗牙齿。但虚伪的笑容只会让觉得"皮笑肉不笑",真正的微笑要是发自内心的、充满友善的。

1)微笑的作用

微笑能美化形象。微笑能美化人们的外表,陶冶人们的心灵。一位著名的政治家曾说:"一个人的微笑价值百万美元。"很多政治家、外交家、演员、公关小姐、运动员,他们事业上的成功不仅因为出众的才华,更重要的是他们那颇具魅力的微笑。美国的爱达荷州的波卡特洛市被称为微笑之都,该市通过了一项法令,规定全体市民不得愁眉苦脸或拉长面孔,否则违者将被送到"欢容遭送站"去学习微笑,直到学会微笑为止。波卡特洛市每年都举办一次"微笑节",

可以想象,"微笑之都"市民的微笑绝不比"蒙娜丽莎"逊色。

微笑能改善交际环境。交际环境对交际成功有着重大的影响。当人们遇到交际关系不融洽的情况时,交际者可以主动地用微笑语言去加以改变。例如,在纽约场外交易所斯塔哈特写给卡耐基的信中,他写道:"现在,当我出门上班时,我微笑着向公寓电梯司机打招呼……在地铁票台要求换零钱时,我向出纳员微笑;当我来到场外交易所时,我向同事们微笑。我发现人们很快就对我微笑。我以愉快的态度对待前来找我发牢骚、诉苦的人,我微笑着倾听他们的诉说。这样一来,我发现调整工作容易得多了。"

微笑能委婉、得体地表意。有时,在特定的时间里,人们要表达的思想感情只可意会,难以言传,就可以用微笑来沟通双方的思想。例如服务人员的微笑,代表的是服务态度的热情与主动;商务人员业务洽谈中的微笑,代表的是潇洒大方、不卑不亢。

2) 几种常见的微笑

在社会交往中,常见的微笑方式有以下几种。

(1) 抿唇笑。微笑时双唇紧闭且向后拉伸,形成一条直线,完全看不见双唇后的牙齿,这意味着微笑者隐藏了某个不为人知的秘密,或是他不想与对方分享自己的想法或观点。杂志上经常会刊登一些成功人士的照片。从他们的照片中,也能看见同样的微笑,而那笑容则仿佛是在说,"我已经掌握了成功的秘诀,你们猜猜是什么呢?"

(2) 歪脸笑。这种歪脸的微笑是由于内心并不愿意真正微笑,左右两边脸出现不对称的结果,传递的信息也只有一个——挖苦讽刺。

(3) 斜瞄式的微笑。微笑时双唇紧闭,同时还低下头,歪向一侧,并且斜着眼睛向上望,这样的笑容不禁会让人联想到少年时的俏皮和心思暗藏。女性都喜欢在异性面前露出这种略有些腼腆害羞的笑容,因为这样做意味着她想获得同情和保护。已故的戴安娜王妃就是用这样的笑容征服了全世界。

(4) 傻呵呵的微笑。这是一种没有特别意义的、习惯性的微笑,通常源自一个人的文化背景、个性及习惯,看起来非常笃定、满足。但是,经常这样微笑,可能会让沟通对手揣测微笑者是否掌握更多他人不知道的信息。乔治·布什的脸上经常会保持着这种傻呵呵的笑容。

3) 微笑的技巧

在张岩松等主编的《人际沟通与语言艺术》中提到了微笑要注意 4 个结合。

(1) 笑与口眼结合。要口到、眼到、神色到,笑眼传神,微笑才能扣人心弦。

(2) 笑与神、情、气质相结合。这里讲的"神",就是要笑得有情入神,笑出自己的神情、神色、神态,做到情绪饱满,神采奕奕;"情",就是要笑出感情,笑得亲切、甜美,反映美好的心灵;"气质"就是要笑出谦逊、稳重、大方、得体的良好气质。

(3) 笑与语言相结合。只有注意微笑与美好语言相结合,声情并茂,相得益彰,微笑方能发挥出它应有的特殊功能。

(4) 笑与仪表、举止相结合。以笑助姿、以笑促姿,形成完整、统一、和谐的美。

5.4 环境语言

人际沟通必然发生在特定的环境中,同时,环境又是沟通的工具,通过时间环境、空间环境也能进行信息和情感的交互。

5.4.1　时间环境

沟通时间的选择、交谈间隔的长短、沟通次数的多少等,都能反映出人们的品行和态度。是否准时赴约,也体现出人们对沟通的重视程度和个人修养。例如一个学生经常上课迟到或早退,会被认为学习态度不认真;一位女性和异性约会时,让对方稍微等一下,会体现她的矜持;人们可以运用及时答复朋友来信的方式,表示对于友谊的重视。

但是由于文化差异的存在,不同的文化背景下,人们在时间取向和时间习惯上各不相同。例如东西方在时间观念上存在冲突,美国人被邀请参加宴会时往往采用替代点模式,即如果时间定在 7:00,他们会在大约 7:05 到达且不迟于 7:15。而中国人很可能迟到的时间超过主人所能够等待的时间,让主人家的饭菜失去色泽;也可能提前到达,让主人手忙脚乱,因为当时主人也许尚未准备好,或女主人正在梳妆打扮。

5.4.2　空间距离

像大多数动物一样,人类也有自己专属的个人空间,它仿佛是一个便携式的大气泡,无形地环绕着人们的身体。不管走到哪里,这个“气泡”以内的空间就是人们的个人空间。人类个人空间的大小也要取决于生长环境当中的人口密度。这也就意味着,个人空间的大小还与文化背景有关。例如日本人已经对拥挤的环境习以为常;但是很多其他国家的人就更偏爱开阔的个人空间,希望其他人能够跟自己保持适当的距离。

研究显示,跟大部分社交区域相比,监狱里的人们似乎对个人空间的需求更为强烈,所以在面对朝自己走过来的人时,犯人们总是会变得具有攻击性。如果把犯人单独关押,犯人的情绪就能够得到平复。在 19 世纪 90 年代,航空公司因为折扣机票而收入锐减,为了改善赢利状况,公司增加了飞机上的座位,旅客们之间的距离随之变得比以前拥挤,结果导致旅客之间的冲突时有发生。

一般情况下,每个人都不想侵犯他人空间,也不愿意他人侵犯自己的空间。人与人的亲密程度与双方的空间距离成正比。美国人类学家和心理学家爱德华·霍尔通过大量实例分析,将人类的交往空间划分为 4 种区域。

(1) 亲密距离。亲密距离(0～45 厘米)又称亲密空间。其语义为“亲切、亲密、热烈”。在所有不同模式的个人空间中,亲密距离的间距是最为重要的,因为人们对于这个空间有着格外强烈的防护心理,就像对待自己的私有财产一样。只有在感情上特别亲近的人或者动物才会被允许进入这个空间,比如恋人、父母、配偶、孩子、密友、亲戚和宠物等。亲密距离又可以分为两个区间:其中0～15 厘米为近位亲密距离,常用于恋人或夫妻之间,表达亲密无间的感情色彩;16～45 厘米为远位亲密距离,是一个可以肩并肩、手挽手、说悄悄话的空间。

(2) 个人距离。个人距离(46～120 厘米)又称身体区域。其语义为“亲切、友好”,其语言特点是语气和语调亲切、温和,谈话内容常为无拘束的、坦诚的。属于一般熟人交往的空间,人们在鸡尾酒会、公司聚餐以及其他友好的社交场合,通常会与他人保持这样的距离。近位个人距离为 46～75 厘米,可与亲友亲切握手,友好交谈;远位个人距离为 76～120 厘米,在交际场所,任何朋友、熟人都可自由进入这一区间。

(3) 社交距离。社交距离(120～360 厘米)的语义为“严肃、庄重”。这个距离已经超出了亲友和熟人的范畴,是一种理解性的社交关系距离。其中,120～210厘米为近位社交距离,其语言特点为声音高低一般、措辞温和,适合于社交活动和办公环境中处理业务等;210～360厘米为远位社交距离,其语言特点是声音较高、措辞客气。适用于比较正式、庄重、严肃的社交活动,如谈判、会见客人、工作招聘时的面谈等。

(4)公共距离。公共距离(360厘米以上)又称大众界域,是人们在较大的公共场所保持的距离。其语义为"自由、开放"。其语言特点为声音洪亮。措辞规范,讲究风格。适用于大型报告会、演讲会、迎接旅客、小型互动等场合。此距离表示安全感和权威性。

上述4种空间距离,只是人际交往的大致模式,并不是刻板的、凝固的。人际接触的具体空间距离是根据具体情况的变化而变化的。如民族文化传统不同,人们交往的空间意识会有差异,两个关系一般的西班牙人或阿拉伯人的谈话,他们之间的空间距离就只有15厘米,而这种距离会被英国人和美国人视为一种侵犯和干扰。

相关链接 5-6

在"跳华尔兹"时日本人为何总是领舞

开国际会议的时候,美国人通常会与他人保持46～122厘米的距离,而且在跟别人交谈的时候,会始终站在原地。但是,如果仔细观察一个日本人和一个美国人交谈的场面,将发现这两个人会一边谈话一边在房间里慢慢移动,美国人一直在后退,而日本人则一直在前进。这是因为交谈双方(日本人和美国人)都在调整属于自己的个人空间,好让自己感觉舒服自在。所以,只需要半径25厘米个人空间的日本人,会不断地靠近交谈对象,以适应自己对空间的需要;可是美国人却感觉自己的私密空间遭到入侵,于是不得不一直往后退,来满足自己对空间的需求。记录这一场面的录像在快放的时候会呈现非常滑稽的现象:这两个男人仿佛在房间里跳华尔兹一般,领舞的就是那个日本人。

资料来源:亚伦·皮斯,芭芭拉·皮斯.身体语言密码[M].王甜甜,黄佼,译.北京:中国城市出版社,2008.

5.4.3　讲求界域礼貌

在张岩松的《现代交际礼仪》一书中讲到,讲究界域礼貌对赢得公众有重要意义。具体可以从以下几个方面做起。

1. 保持距离

距离产生美感,在与人交谈的时候,要注重远近适当,太远了使人感到傲慢,架子大;太近了,又显得不够重视。

在行进中不但要保持距离,而且要适当地变换,比如不要以2米左右的距离尾随在陌生人的后面,以免引起误会;骑自行车或开车时,不要离前面的车靠得太近,不要强行超车。

看到别人围成一个圈形成封闭式的交谈,就要绕开行走,不要从中穿越。公园的长椅上,如果已经有人坐上,就不要再去挤座位。

2. 变换体位

体位是指身体所处的位置,根据交际的目的和场合,还要经常改变自己身体所处的位置,如从前往后,从左到右,由坐而站等。

(1)移动位置。移动位置是向对方表示诚意的界域行为。例如,我国对外国国家元首的迎送仪式中就有这方面的规定："国宾抵达北京首都机场(车站)时,陪同团团长等赴机场(车站)迎接并陪同来访国宾乘车前往宾馆下榻……国宾离京回国,我方出面接待的领导人到宾馆话别,由陪同团团长前往机场(车站)送行。"对一般的来访者也是如此："对应邀前来访问的来访者,无论是官方人士、专业代表团、民间团体、知名人士,在他们抵离时,均安排相应身份的人前往机场(车站、码头)迎送。"

美国学者莫里斯把这种移动称为"不便的展示"。他说:"客人前来和主人去接的距离也是一种不便。不便越大,表示诚意越高。国家元首去机场迎接重要客人,兄弟驾车去机场迎接外国来的姊妹,这种移位的举动,是主人所能表现的最大的不便。由于各种不同层次相对缩减,要看主人的距离而定,因此,有的去当地车站,有的候在门前,有的等门铃响了再去。有的干脆就在他自己的房内等候,让仆人或小孩去开门……分别时,不便的展示再度重演。"

移位可以表示尊重,也可表示妥协或服从。比如当你开汽车或骑自行车违章被交通警察拦住时,就应马上下车,赶快主动走到指定地点。然后在警察接近车子之前走近警察,因为警察离他的岗位越远,不信任和敌意就会越强烈。总之,主动迅速地向警察靠近,表示出对他的服从态度,可以避免从重的处罚。

(2) 改变高度。改变高度是变换体位的另一种方式。比如降低身高,表示对对方的尊重,能获得好感。朱利叶斯·法斯特介绍说,我认识一个青年,他足有七英尺高,在做买卖时,他极其走运,原因是他感化合伙人的本事。观察了一些他的成功的买卖动作后,我发现,他随时随地只要可能就偏向弯腰,或者半坐下来,以便让合伙人得到统治权,感到优越。

降低身高要看场合,有的时候降低了,反而显得不尊敬。比如晚辈在一起聊天,长辈到场,晚辈需站起来,如果仍旧保持低位,或坐、或躺,就说明他对来者的蔑视。莫里斯是这样分析原因的:"弯身表示服从动作,主要作用是要使行礼的人感到不便和不舒服,让居高位的人舒舒服服地坐着,不会因为降低高度就丧失他的威严。"从历史的发展变化来看,古代的皇位设于高处,君主坐在那里当然要比站在下面的臣子还高。现在不设高位了,大家在一张桌子旁议事,地位低者站立的习惯却仍旧保留下来,或用于高位者到场的一种礼节性动作。

总之,无论是横向的移动,还是纵向的升降,都应根据不同的交际目的,以及当时的情景,随时变换界域行为。一个坐下后就不知起来的人,会给人留下傲慢至少是懒惰的印象,进而影响交际的顺利进行。

3. 尊重他人的领域权

(1) 不乱动他人物品。主人不在场时,不要私自动用其领域内的物品。未经许可,一般不要翻动亲友,甚至是子女的抽屉、书包、信件等,因为这种揭人隐私的行为会伤害对方的自尊。

(2) 不随意进入他人领域。上海作家沙叶新曾在东方电视台的《东方潮》栏目中拍过这样的节目,请一位男青年在上海繁华的大街上有意地去紧跟着别人走,或紧挨着与别人并排着走,摄影师偷偷地拍下路人的反应。结果,人们在电视上看到了那些被陌生青年侵犯了个人空间的路人表现出种种紧张和措手不及的窘态:所有被跟随的路人都困惑或焦虑地看着这一青年,甚至很多路人慌不择路地跑进了附近的商店躲起来。这正是通过对他人个人空间的侵犯而引致路人紧张的事例。所以在进入他人领域之前,一定要征得其同意,经过允许,比如到朋友家做客,进门先按铃或敲门,经主人允许后方可进入。不经主人邀请,或没有获得主人同意,不得要求参观主人卧室。即使是较熟悉的朋友,也不要去触动他的个人物品和室内陈设,对家庭成员也应尊重。在公众场合,要尽量避免侵犯他人的空间。有一些人往往不注重自己的界域行为。在无意之中伤害了他人,也损害了自己的形象。比如在公共汽车上横着站，两手抓两边的把手；在剧场里，或扒在前面的背椅上，或把腿登在前排的座椅上，使别人无法通过。

目光侵入也属于侵犯空间。孔子说："非礼勿视。"现在有的地方却无视这个问题。有这样的旅馆，每个客房门上都开着一个玻璃窗口，窗帘安在外边，管理人员可以随时监控，真让客人们哭笑不得。还有些人喜欢在地铁里面看旁边人的报纸。主人看正面，他看反面，主人翻报纸时，他甚至干涉说先别翻，我还没看完呢。这种界域行为中国人还可以容忍，西方是不可以接受的。

（3）不污染他人的界域。空气污染，比如当众抽烟、冲着人打喷嚏、张着嘴出气、在餐桌上端起碗来用嘴吹等。国家之间比如核电站泄漏事件，都属于污染别人的界域，因为别人的身体虽然没有被侵入，但是空气被污染了。

噪声污染，如在某届北京国际音乐节上，手机、呼机铃声此起彼伏，把指挥大师都气坏了，他停下来以示抗议；再如在楼道里大声喧哗，影响邻居们休息。记得侯宝林大师有这样一个段子：有一小伙子，下了夜班，上楼的脚步特别重，吵得楼下的老先生神经衰弱，每天夜里都要等小伙子"噔噔噔噔"上楼，开门，脱下皮鞋，"噔——噔"两声一摔之后，才能心跳渐趋正常，再慢慢入睡。有一天，老先生给小伙子提了意见，小伙子满口答应。下班后，他已经忘记了这事，又"噔噔噔噔"上楼。进门之后，他脱了一只鞋往地上一摔之后，突然想起来，于是第二只鞋就轻轻地放在了地上。第二天，他问老人："昨天睡得好点儿吗？"老人说："我昨天一夜都没有睡！""怎么了？""我等你那第二只鞋呢！心一直悬着！"

可见，讲究界域礼貌，不污染他人的界域是非常重要的。

此外，在空间距离的处理上还应注意交往对象关系远近、性别、性格等方面的差异。俗话说"熟则远，亲则近"，空间距离与交际对象陌生还是熟悉是有一定区别的。交往的双方互相认识，又是亲朋好友，空间距离可以近些，以至拍肩碰肘、抚摩、拥抱、依偎等都可以，有时更能促进关系的密切；相反，交往双方是初次见面，做出上述举动，会引起对方的不快和反感。

交往对象的性别不同，交往时空间距离也是有明显区别的。心理学家做实验发现：男人挤在一间小屋子里，容易引起相互的怀疑，甚至发生斗争；女人在这种环境中，则更友善、更亲密、更容易找到共鸣。如果给一个女人换一个大些的房间，她们会感到不太满意。正由于男女间的这种心理差别，男人与男人交谈的距离不宜太近，近则会有不和谐之感；女人与女人交谈的距离不宜太远，远则会有不投机之嫌。

在交往中对不同性格的人，在空间距离上应有不同的区别。与内向型的人交往，空间距离可稍远些，因为距离太近，对方会感到不自在；与性格外向的人交往，距离可近些。若与性格外向的人相聚，可老远打招呼，以表示热情；与内向型的人相遇，倘若老远打招呼，不一定会得到回应，往往是用微笑或点头来代替回答。

问题与讨论

1. 你在人际交往中是否注意到了非语言沟通的方式？

2. 搜集身边某些人不正确的非语言表达，以情境展示的方式进行讨论分析。

3. 尝试做出不同的肢体语言，让你的同伴猜猜其传达的含义，并讨论在不同的文化背景下，肢体语言不同的表意功能。

4. 你在日常与人沟通的过程中是否注意到了空间语言？

5. 分组讨论人们在社交场合对座位座次是如何安排的。

实 训 练 习

1. 沟通游戏

游戏目的:证明沟通有时完全可以通过肢体动作完成,而且同样行之有效;证明通过手势和其他非语言的方法完全能够实现人与人之间的沟通。

游戏形式:全体同学,两人一组。

游戏时间:10 分钟。

游戏要求:

(1) 向对方介绍自己。一方先通过非语言的方式介绍自己,3 分钟后双方互换。

(2) 在向对方进行自我介绍时,双方都不准说话,整个介绍必须全用动作完成,大家可以通过图片、标识、手势、目光、表情等非语言手段进行沟通。

(3) 请大家通过口头沟通的方式,说明刚才通过肢体语言所表达的意思,与对方的理解进行对照。

思考与讨论

(1) 你用肢体语言介绍自己时,表达得是否准确?

(2) 你读懂了多少对方用肢体语言表达的内容?

(3) 对方给了你哪些很好的线索使你了解他?

(4) 在运用非语言沟通时存在哪些障碍?

(5) 怎样才能消除或削弱这些障碍?

资料来源:王建民. 管理沟通理论与实务[M]. 北京:中国人民大学出版社,2005.

2. 人际沟通自测(你了解身体语言吗)

(1) 当一个人试图撒谎时,他会尽力避免与你的视线接触。(对/错)

(2) 眉毛是一个传达感情状态的关键线索之一。(对/错)

(3) 所有的运动和身体行为都有其含义。(对/错)

(4) 大多数身体语言交流是无意识行动的结果,因而是个人心理活动的最真实流露。(对/错)

(5) 在下面哪种情况下,一个人最可能采用身体语言交流方式?(　　　)

　　A. 面向 15～30 人发表演讲

　　B. 与另外一个人进行面谈

(6) 当一位母亲严厉斥责她的孩子,而又面带微笑时,孩子将会(　　　)。

　　A. 相信语言信息

　　B. 相信身体语言信息

　　C. 同时相信两种信息

　　D. 两种信息都不相信

　　E. 变得迷惑不解

(7) 如果你坐在下列位置 1 的时候,另外一个人坐在哪个位置能够最充分地显示出合作的姿态,并最有利于非言语交流?

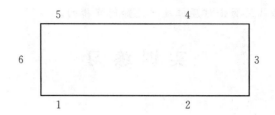

(8) 如果你想表示离开,那么你将采用什么样的动作? 请写下来。

(9) 别人对你的反应取决于你通过交流留给他们的印象。(对/错)

(10) 下面哪些举动能使你给人留下更好的印象? (　　　)

  A. 谈话中不使用手势

  B. 避免较长的视线接触

  C. 仅偶尔地露出微笑

  D. 上述所有动作

  E. 不包括上述任何动作

(11) 肢体语言交流相对于其他交流有许多优势,你能列举出一些吗?

参考答案(见表 5-1)

表　5-1

题号	答案	说　明
(1)	错	因为人们已变得更加难以预料。"撒谎者不敢看他人的眼睛"已成为一般常识,所以狡猾的撒谎者常能够在双目直视你的情况下撒谎,要识别谎言,需要捕捉其他更能说明问题的信号
(2)	对	眼睛是最能传达内心活动的面部因素之一,另一个则是嘴唇
(3)	对	人们可能并没有在每一个姿势中都有意地去传达某种信息,但这些动作和姿势不可避免地落在对方眼里并产生一定的感想
(4)	对	通过身体语言可以发现别人的心理活动,这一点取得了专家共识
(5)	A	当面对 15～30 人讲话时,你需要对 15～30 双眼睛和嘴唇做出反应。这将比只与一个人面谈更能刺激你使用身体语言交流
(6)	E	尽管身体语言信号(微笑)比语言信号(责骂的语句)有更强的作用,但两者的混合导致的结果将是迷惑不解
(7)	6	位置 1 和 6 之间有桌角相隔,两个人可以随时调整自己与桌角的距离,从而改变两个人之间的距离。因此,在谈判中,坐在 1 和 6 的两个位置会较少地受空间环境的影响,更易于非语言交流
(8)		最好的信号是有意无意地用眼睛扫一下你的手表,站起身来,再慢慢站起来拍拍大腿,慢慢挪向门附近或是靠在门框上等
(9)	对	因为我们总是根据别人留给我们的整体印象做出反应,其他人对我们的反应也是同样的
(10)	E	当自然地使用手势、目光接触、微笑等身体语言时,会给别人留下好的印象
(11)		身体语言给人的印象更深刻,它们有助于传达真诚、信任等语言交流所达不到的效果;它们能够传达更微妙的言下之意;身体语言信息有助于洞察他人的真情实感。当然,身体语言信息也存在一些严重的缺陷;它们可能会泄露我们的秘密;它们很容易被误解;它们的含义因不同的文化背景而不同;它们可能需要长时间地重复进行才能被人理解

资料来源:张喜春,刘康声,盛暑寒. 人际交流艺术[M]. 北京:清华大学出版社,北京交通大学出版社,2009.

3. 微笑训练

(1) 情绪记忆法,就是将自己生活中最高兴的事件中的情绪储存在记忆中,当需要微笑时,可以想起那件最使你兴奋的事件,脸上会流露出笑容。注意练微笑时,要使双颊肌肉用力向上抬,嘴里念"一"音,用力抬高口角两端,注意下唇不要过分用力。

（2）对着镜子,做最使自己满意的表情,到离开镜子时也不要改变它。

（3）当一个人独处时,深呼吸、唱歌或听愉快的歌曲,忘掉自我和一切的烦恼,让心中充满爱意。

资料来源:张岩松.现代交际礼仪[M].北京:中国社会科学出版社,2006.

4.案例分析

一天傍晚,巴黎的一家餐馆来了一群中国人,老板安排了一位中国侍者为他们服务,交谈中得知他们是东北某县的一个考察团,今天刚到巴黎。随后侍者向他们介绍了一些法国菜,他们不问贵贱,主菜配菜一下子点了几十道,侍者担心他们吃不完,何况菜价不菲,但他们并不在乎。

点完菜,他们开始四处拍照,竞相和服务小姐合影,甚至跑到门外一辆凯迪拉克汽车前面频频留影,还不停地大声说笑,用餐时杯盘刀叉的撞击声,乃至嘴巴咀嚼食物的声音,始终不绝于耳,一会儿便搞得杯盘狼藉,桌子、地毯上到处是油渍和污秽。坐在附近的一位先生忍无可忍,向店方提出抗议,要求他们马上停止喧闹,否则就要求换座位。侍者把客人的抗议转述给他们,他们立刻安静了。看得出来,他们非常尴尬。

这个考察团成员的行为有哪些不得体的地方?公众场合应注意哪些界域礼貌?

资料来源:张岩松.现代交际礼仪[M].北京:中国社会科学出版社,2006.

拓 展 阅 读

审　讯

当时盟军部队已经进入比利时,德军仓皇溃退。一天,两名盟军士兵在驻地附近逮捕了一个叫艾米里约·布朗格尔的人。平托上校感觉到:这个人的穿着和谈吐虽然是典型的北方农民,口音也是地道的瓦隆地区(比利时某地区)的土音,但他粗壮的颈部和魁梧的运动员体形,与当地常见的惰性十足的人截然不同,于是决定对他进行审讯。

第一次审讯:

问:你是农民吗?

答:过去是,现在不是。德国鬼子抢走了我的牲畜,杀死了我的家人。

问:会数数吗?

答:数数?

问:对,把桌上这盘豆子数一数吧。

答:1、2、3……(慢慢地用法语数)

在第一次审讯中,上校未发现任何破绽,但仍不气馁,决定进行第二次审讯。这次审讯换用了特殊的方式:他派人在布朗格尔的住处放了几捆草,一个士兵点着了后,烟从门的下面进到了屋里,值勤的士兵用德语大喊:"着火了!"布朗格尔惊醒,动了动,又睡了。接着平托上校用法语大声喊道:"着火了!"布朗格尔一下子跳了起来,绝望地敲打着门。这一次,上校仍未发现破绽。

第三次审讯,上校又用了新的方案。在布朗格尔被带来时,上校拿起一支从他身上搜出的铅笔。

问:你带这个干什么？答:不就是支铅笔吗？

问:用它来写情报？答:(流露出不屑回答的样子)

"可怜的家伙,"上校用德语向身边的军官说,军官也用德语反问:"为什么?"上校仍用德语说:"他还不知道明天上午就要被绞死,已经 21 点了。他肯定是个间谍,不会有别的下场。"

平托上校一边说一边用眼睛斜视着布朗格尔,特别注意他的眼睛和喉头。但布朗格尔没有任何表示,他以神态证明自己不懂德语。很明显,第三次审讯没有结果。到此为止,上校几乎绝望了,开始怀疑自己以前的判断。但直觉让他进行最后一次审讯——第四次审讯。如果再没有突破,就决定立即释放了。

最后一次审讯是这样进行的:当布朗格尔像平时一样走进平托上校的办公室时,上校装作正看一份文件,看完后拿起铅笔在上面签了字,然后抬起眼睛突然用德语对布朗格尔说:"好啦,我满意了,你自由了,现在就可以走了。"布朗格尔长长地出了一口气,动了动肩膀,像是卸了一个沉重的包袱,他仰起脸,眼睛放着光,愉快地呼吸着自由空气。当他发现平托上校嘲笑的眼光时,一切都已经晚了,身后的士兵已紧紧地抓住了他。

资料来源:张岩松,孟顺英,樊桂林,等．人际沟通与语言艺术[M]．北京:清华大学出版社,2010.

任务6 职场沟通

未来竞争是管理的竞争,竞争的焦点在于每个社会组织内部成员之间及其外部组织的有效沟通上。

——奈斯比特

任务目标

● 了解职场沟通的特殊性;
● 认识职场沟通的重要意义;
● 明了职场沟通的基本原则和语言艺术;
● 把握职场沟通的技巧。

案例导入

小莉进公司不久,总经理的秘书出国了。由于小莉谦虚、勤奋和聪明,总经理秘书这个空缺就被她填补了。随着地位的变化,她开始有些飘飘然。不久,同事们能从她说话的口气中感受到她那种无形的优越感。

这天,市场部张经理打电话找总经理,小莉回答:"总经理出去了,等他回来我马上与你联络。"小莉的回答让张经理感觉怪怪的,心里很不舒服。没过几天,总经理就提醒小莉要摆正自己的位置,为人要低调一些。

显然,张经理在总经理那里说了对小莉不满的话。张经理为何对小莉的应答感觉怪怪的呢?因为小莉的答语给张经理这么一种感觉:总经理似乎只属于她一个人,我只是一个外人。

小莉应该怎么答复张经理呢?

资料来源:谭一平.秘书人际关系与沟通实务[M].北京:外语教学与研究出版社,2009.

职场人士每天至少有1/3的时间是在职场度过的,能否从工作中获得满足与快乐,能否爱岗敬业并最终成就一番事业,领导、同事和下属均有着很重要的影响。因此,在职场中,如何与领导、同事及下属进行交往和沟通,是职场人士必须积极面对的一个问题。讲究职场沟通艺术,不仅可以使职场人际关系更加和谐融洽,大大提高工作效率,还可以减少矛盾与冲突,营造健康优良的工作环境。松下幸之助指出:"企业管理过去是沟通,现在是沟通,未来还是沟通。"很多管理专家把沟通技能列为职场人士三项必备技能之一。

6.1 求职的语言艺术

职场人士正式进入职场之前必先经过面试环节。作为即将踏入职场的新人,如何在面试过程中脱颖而出,给面试官留下一个较好的第一印象而成为用人单位最后的人选呢?

面试过程实际上是对应聘者进行综合素质和实际运用能力的一次全面考核的过程。在面试中,面试官们力求通过与面试者的广泛深入交流,观察其言谈举止是否得体,个性特点、行事风格是否合意,敬业精神与自信是否具备,表达能力、理解能力、学习能力、沟通能力和团队合作能力是否满足相应岗位的要求。因此,在求职过程中,面试时的语言表达就显得至关重要。

6.1.1 面试中的基本原则

1. 充分准备

应聘者要想取得面试的成功,在参加面试以前,必须做好充分准备,做到知己知彼。首先,要求应聘者要对用人单位的情况进行全面了解,具体包括组织规模、管理理念、行业发展前景、产品特色、竞争优势、招聘岗位的职务描述与资格要求等;另外,应聘者对自己要有一个明确的把握,充分分析自己在应聘过程中的优势与劣势。其次,面试者应充分考虑到面试官会从哪些方面来考察、评价自己,准备面试官有可能要提出的面试题目等,做到胸有成竹,遇事不乱。

2. 准时守约

应聘者一般要提前 10~15 分钟到达面试地点,熟悉环境,缓解紧张心理。但是到达后不要提前进入办公室,也不要提前 10 分钟以上出现在面试地点。迟到会影响自身的形象,而且大公司的面试往往一次要安排很多人,如果迟到一刻,就很可能与这个公司永远失之交臂了。

如果面试官迟到,也要给以理解。这一点一定要知道,否则,面试官一旦迟到,应聘者的不满情绪便会流于言表,给面试官留下的初步印象就大打折扣了。况且,面试官们的确有其迟到的理由:一是业务人员作招聘时,公司业务自然优于招聘事宜,因此可能会因业务而延误了时间;二是前一个面试长于预定的时间;三是人事部或秘书没协调好,这种情况经常发生。

> **相关链接 6-1**
>
> ### 卡耐基培训师的故事
>
> 有位卡耐基总部的副总裁来香港给培训老师讲课。培训中心地处铜锣湾,这位副总裁下榻的饭店也在铜锣湾,不过 5 分钟的路程,可他整整提前了半个小时。老师就问他,为什么提前这么早到。这位副总裁说:"我早到,心里就踏实,就能镇定一下,更有自信。我们搞心理培训的人都明白,如果一旦迟到,就很容易心怀愧疚,在课堂上的发挥以及在逻辑思维、语言表达方面都会大打折扣。"

3. 讲究礼仪

中国是礼仪之邦,面试中的面试官也非常看重一个人的礼仪。应聘者从进入招聘单位所在区域就应该随时注意礼仪,例如门关着,就应先敲门,得到允许后再进去。开、关门动作要轻,以从容、自然为好。见面时要向招聘者主动打问好致意,称呼应当得体。在面试官没有请你坐下时,切勿急于落座。面试官请你坐下时,应道声"谢谢"。坐下后保持良好体态,切忌大大咧咧,左顾右盼,满不在乎,以免引起反感。离去时应询问"还有什么要问的吗",得到允许后应微笑起立,道谢并说"再见"。同时,不仅要对面试官有礼貌,对其他人也一样要以礼相待。

另外,等待面试时,不要不断发送手机短信和接打电话,要充分利用这段时间了解用人单位的相关情况,进入面试房间前要关闭手机。面试结束但还没有离开招聘单位所在区域时,应聘者仍要时刻注意自身言行。

4. 充满自信

面对掌握着"生杀予夺"大权的面试官们,许多应聘者会表现出紧张的情绪,这实际上是面试的大忌。对大多数求职者来说,面试时的紧张主要由于太在乎面试机会,唯恐不被录取,为此,参加面试时,应聘者要以一颗平常心正确对待面试,不要把它当成自己唯一的出路;保持乐观的心态,让自己的声音充满自信,吐字清晰、条理分明地回答问题。与别人对话时,眼睛要适时地注意对方,不要东张西望,也不要眼皮低望,显得缺乏自信,回答谁的问题,你的目光就应注视谁,并应适时地环顾其他面试官以表示你对他们的尊重。

5. 实事求是

通过面试,面试官们要考察的是应聘者的真实的观点、看法、品质和素养,因此,应聘者在接受提问时,最好实事求是地向面试官们表明自身的相关情况信息,把自己个人的真实情况、思想观念有重点、有逻辑性地表达出来。口才只是一种手段,绝不是目的。应聘者绝不可夸夸其谈、一味地卖弄口才,以致给人华而不实之感。切不可捏造事实,美化自己。

相关链接 6-2

雅利安公司的面试故事

作为美国环球广告代理公司的中国办事处,雅利安公司因为业务需要正准备在中国招聘 4 位高级职员。竞争是激烈的,凭着良好的资历和优秀的考试成绩,张先生荣幸地成为 10 名复试者之一。最后的面试由贝克先生主持。贝克先生是全球闻名的大企业家,从一个报童成长为美国最大的广告代理公司董事长、总经理,他的经历充满了传奇色彩。张先生一连几天,从英语口语、广告业务及穿戴方面都做了精心准备,以便向贝克先生顺利"推销自己"。

复试是单独面试。张先生一走进小会客厅,坐在正中沙发上的一位外国人便站了起来,正是贝克先生。戏剧性的一幕发生了:"是你? 你是张。"贝克先生用流利的中文叫出了张,并且快步走上前来。"我找了你好长时间了。"贝克先生一脸的惊奇,并激动地对在座的另外几位外国人嚷道:"先生们,向你们介绍一下,这位就是救我女儿的那位年轻人。"

震惊之余,张先生的心开始狂跳,脑子高速运转着。贝克先生继续热情洋溢:"很抱歉,那天我光顾着女儿了,没来得及向你道谢。"

张先生回过神来了,抑制着狂跳的心,说道:"很抱歉,贝克先生,我想您是认错人了,我没有救过您女儿。"

贝克先生继续说:"肯定是你,我记得你脸上有颗痣,年轻人,你骗不了我。""贝克先生,我想肯定是您弄错了。我没有救过您女儿。"张先生站起来,肯定地说。

看他说得坚决,贝克先生愣住了。忽然,他又笑了:"年轻人,我很欣赏你的诚实。现在我决定:你被录取了。"

几天后,张先生与新同事聊天,问起贝克先生女儿的救命恩人是否找到。同事一愣,随即说:"哦,有 7 个人因为贝克先生的女儿被淘汰了,可是,贝克先生根本没有女儿。"

资料来源:左夫. 小故事中的大智慧[J]. 人才瞭望,2001(11).

6. 紧扣问题

面试官提问时,应聘者要集中精力听,抓住提问的要点,同时合理整理自己的思路、组织回答问题的语言。在回答过程中,要提供确切的信息支持自己的观点,只有论据确切翔实,其观点才容易被接受。如果回答过程中离了题,考官们就会认为应聘者力图逃避所提的问题,这样他们就会追加一些额外的提问,从而使应聘者处于更加被动的状态。对方给你介绍情况时,要认真聆听。为了表示已听懂并感兴趣,可以在适当的时候点头或适当提问、答话。回答面试官的问题,口齿要清晰,声音要适度,答话要简练、完整。一般情况下不要打断面试官的问话或抢问抢答,否则会给人急躁、鲁莽、不礼貌的印象。问话完毕,听不懂时可要求重复。当不能回答某一问题时,应如实告诉面试官,含糊其辞和胡吹乱侃会导致面试失败。对重复的问题也要有耐心,不要表现出不耐烦。

6.1.2　面试中的言语沟通

言语沟通主要指口头语言沟通。在面试中,主要指应聘者与面试官面对面的语言交流。在这一过程中,语言是应聘者展示自己的知识、智慧、能力和综合素养的重要工具。恰当得体的语言无疑会增加应聘者的竞争力,相反则会损害应聘者的形象,导致求职面试的失败。

面试时的言语沟通可细分为 3 种:自我介绍、回答与提问、特殊情况下的语言沟通。

1. 自我介绍

面试开始后,面试官通常会首先要求应聘者进行"自我介绍"。这个问题看似简单,其实要想做好并不容易。面试官通过个人简历或求职信对应聘者的个人情况已经有了一个初步印象,面试时仍让求职者做"自我介绍",其目的是通过应聘者的口头语言表达获得更多的信息。因此,在进行"自我介绍"时要更加注重发挥口语交际的优势、有针对性地介绍自己,注重突出自己与应聘职位相吻合的知识、能力、经验和心理素养。所有口头信息都要以真实为基础,内容不能与书面简历相矛盾。

在具体操作过程中,要注意说好第一句话,开门见山,简明扼要。要突出长处,且突出的长处与申请的职位相关;运用具体生动的实例、材料或证书证明自己,不要泛泛而谈;注意说话的语气、语调和语速,因为它们能够反映出一个人的气质、性格与修养,还会影响到语言的表达效果。

2. 回答与提问

在回答面试官的提问时,应聘者要注意倾听,抓住提问的要点,面试官未说完,绝不能打断其话头。面试官问完之后,应聘者先不要急着回答,不妨稍等两三秒钟再开口回答。回答过程中要不时留心自己讲话的速度,密切关注面试官的反应;发现面试官未听清楚时,要及时重复;当面试官表示困惑时,要加以解释或补充说明;如果面试官流露出不耐烦的情绪,应聘者应及时有策略地结束谈话,不要等到面试官叫停。

在面试过程中,主要是面试官发问和应聘者应答的过程。有时,应聘者也可根据实际情况,适时向面试官提出问题。爱因斯坦有句名言:"提出一个问题往往比解决一个问题更重要。"实际上,很多专业的人力资源管理者在进行招聘面试时更加注重应聘者能够提出什么样的问题与要求。只会回答、不会发问的求职者正在逐渐被淘汰。值得注意的是,提问绝不是随意而问、信口开河或故意卖弄,而是要通过提问补充自己在回答问题中未能得以展示的优势,也可通过提问让面试官明确你在很仔细地倾听他的谈话,甚至可以就能够代表面试官基本用人理念或管理理念的一两句话来进行提问;对于自己还没有弄清楚的问题也可策略地提问,但不可问一些太注重个人实利的问题。总之,应聘者力求通过提问显示出自己的上进心、对新工作的重视和对用人单位的忠诚度。即使真的没有问题,当面试官提出"你有什么问题吗"时,应聘者也应该说:"我暂时没有问题。"而不要说:"我没有问题了。"

另外,当前一些管理理念比较先进的企业,面试的问题与工作根本没有直接关系,因而提出的问题往往也出人意料。应聘者在参加面试前也应关注可能出现的这类面试考核。

相关链接 6-3

先进厨房煮道菜

德国越来越多的大公司正采取一种别开生面的招聘政策,他们要求应征公司高级主管的人员到厨房做一道像样的饭菜,让应聘者在有压力的环境中烹饪,以观察他们的各种能力。

利生银行的一位主管斯迪芙女士说:"我们的业务需要招 3 名高级人才,便从应征者中挑出 8 人,然后要求他们一起下厨房做出一顿饭菜。"她选择了一份菜单,包括意大利烩饭和鸡胸肉,然后让他们一起做菜。

她说,这是考核人才的全新方法,它与一般的面试方式截然不同。德国有名的人力公司"天才网络",已在法兰克福总部建造了一间"招聘厨房",为客户挑选应聘人才。公司的行销主管娜特高先生说,厨房是最能考验高级主管人员技巧的地方。他还说,这是一种了解应聘者的可靠方式,传统的考验人才的方法可以了解一个人的理论知识,但在厨房里,更可以看出他的执行能力。

天才网络公司征求每个高级管理人才时,每个职位会过滤大约 1000 人。在通过传统方式过滤后,会请最符合要求的前 10 名到"招聘厨房"考试。招聘公司的人力资源经理每次都会到场观察,并评估入围者的鉴别力、创意、团队运作技巧等。

---

3. 特殊情况下的语言沟通

这里的特殊情况是指由于种种原因,导致应聘者在面试开始后语言表达无法顺利进行或不能有效地传达自己的意愿。现将可能出现的语言沟通障碍及其应对策略介绍如下。

(1) 临场紧张。如果因为紧张导致回答问题时说话结结巴巴或越说越快,此时,最好的办法就是有意放慢自己说话的速度;如果紧张得难以控制,以致思维混乱,不妨直接告诉面试官,例如说:"对不起,我太紧张了,可不可以让我先冷静一下,再回答您的问题?"通常面试官都会帮助你缓解紧张情绪,并给予你鼓励。同时,你的诚实坦率也会给面试官留下很好的印象。

(2) 说错了话。在口语交流中,偶尔说错话是一种很正常的现象,因此,在面试中,应聘者往往因为紧张等因素说错话的概率会大大提高。对于一些经验不足的面试者,一旦意识到自己说错了,有的会习惯性地伸舌头、挤眼睛或做出各种奇怪的表情,有的则因为心慌意乱而直接导致其随后语言表达的不流畅,有的干脆停下来默不作声。这种种表现都显示出应聘者应急能力的不足和心智的不成熟。在回答问题时,当意识到自己说错了话时,应聘者首先要保持镇静,适时道歉并更正,例如,"对不起,我有点紧张,刚才好像说错了话,我的意思是……不是……请原谅!"能够在现场意识到自己出现了错误并及时弥补,显示出应聘者良好的心理素质、坦白的态度和较强的应急反应能力,很容易博得面试官的好感。

（3）冷场。造成冷场的原因不外 3 种。第一种，遇见了自己不懂或不明白的问题。对于不懂的问题，应聘者不能因不知如何作答而长时间默不作声，当然也不可硬着头皮东拉西扯企图蒙混过关。遇到这种情况，最明智的应对办法就是坦白承认"我不懂"，例如可以说："对于这方面的知识，我确实很欠缺，今后我一定会加强这方面知识的学习的。"每个人的知识视野都有一定的限度，只要态度诚恳，是能够取得面试官的谅解的。第二种，面试官没有讲明白所要问的问题。遇到这种情况，应聘者不应该当面指出（"您的问题很模糊，请您解释一下"），而应该婉转地与面试官沟通，可以说"您想知道的是不是……"之类的话。第三种，面试官不作声或漫不经心。面对这种情况，应聘者首先要注意的是保持平和的心态积极回答问题，然后尽量通过自己语言音调音量和语速的变化使口语表达更加生动活泼。有时，面试官会故意对应聘者的回答毫无反应，其目的就是有意造成冷场来看看应聘者面对难堪场面如何应对。

6.1.3　面试中的非语言沟通

非语言沟通作为一种信息交流过程，它与语言沟通的区别在于信息交流渠道的不同。在非语言沟通中，信息是通过非语言符号进行交流的。非语言交流的重要性前面已有分析。在面试中，恰当使用非语言交流的技巧，将会为应聘者带来事半功倍的效果。

1. 握手

在很多情形下，尤其是在商业经济趋于全球化的今天，握手时该如何有礼貌地晃动，是一种非常重要的礼节。美国爱荷华大学经济学教授格雷特·斯图尔特的一项新研究显示：在面试中，紧紧的、有力的握手，对赢得一份好工作会起到至关重要的作用。为什么握手会这么重要呢？据斯图尔特认为，原因在于在面试的最初几分钟里，"握手"是能让面试官在瞬间对面试者个性进行有效了解的细微动作之一。斯图尔特指出："面试官都是些受过专门训练的人，对于在面试中该有怎样的行为，该如何讲话、如何着装以及如何发问等，他们都有一定的规范，所以他们也会以同样的标准去观察参加面试的人。不过，'握手'或许是一个更具有主观性和更微妙的环节，它可能会比穿着或外表等其他因素传达出的东西更丰富一些。"因此，初次见面，如果面试官伸出手，却握到一只软弱无力、湿乎乎的手，这肯定不是好的开端。握手应该坚实有力，但不要太使劲，而且手应当是干燥、温暖的。

2. 坐姿

坐姿包括入座姿势和坐定的姿势。应聘者到达面试指定地点后，在面试官没有请就座之前，先不要急于坐下。主考官说"请坐"之后，应聘者再坐下，不用故意客套地说："您先坐。"入座时要轻而缓，不要发出任何嘈杂的声音。坐下以后，身体不要随意扭动，双手不应有多余的动作，双腿不可反复抖动，因为这些都是缺乏教养和傲慢的表现。有些人因为紧张，无意识地用手摸头发、耳朵甚至捂嘴说话，虽然应聘者是无心的，但面试官可能会因此而认定应聘者没有用心交谈，甚至还会怀疑应聘者话语的真实性。

不同性别，对于面试就座时的礼仪要求也不同。男性就座时，双脚踏地，双膝之间至少要有一拳的距离，双手可分别放在左右膝盖之上，若是面试穿着较正式的西装，应解开上衣纽扣。女性在面试入座时，双腿并拢并斜放一侧，双脚可稍有前后之差，如果两腿斜向左方，则右脚放在左脚之后；如果两腿斜向右方，则左脚放置右脚之后。这样对方从正面看双脚是交成一点的，腿部线条更显修长，也显得颇为娴雅。若女性穿着套裙，入座前应收拢裙边再就座，坐下后，上身挺直，头部端正，目光平视面试官。坐稳后，身子一般占座位的 2/3，两手掌心向下，自然放在两腿上，两脚自然放好，两膝并拢，面带微笑保持自然放松。

3. 眼神

面试时应聘者目光应注视着面试官,但要注意的是,保证自己与面试官能够保持目光接触而不是面对面的逼视,更不要瞪视,因为这样显得太有进攻性。通常应聘者的眼神要么是平视的,要么是向上倾斜15°。面试现场通常不止一位面试官,应聘者在回答问题时不要只与一位面试官保持目光交流,在回答某一位面试官提问时,要经常扫视一下其他面试官,以示尊重。不要不停地环视房间,因为这样会显得缺乏自信或对所谈话题不感兴趣。

在面试时,应聘者尤其要注重眼睛的特殊功能,一方面通过自己的眼神向面试官表述自信;另一方面要始终注意察言观色,以化解面试中的尴尬。

1) 眉目传神,热情自信

一般来说,眼睛表现出自卑、自信、诚实和伪装。在你进门之后,面试官会叫你的名字,与你打招呼;在问的过程中,他会用眼睛注视你。如果你的眼光游移不定,逃避他的注视,这既表现你还比较拘谨,也表示你对于他的问题有一种自卑心理。如果你与对方打招呼或提问时都能热情地注视对方,则显示你既有坚定的性格又有自信心。一个人诚实与否,可以从他的眼睛里反映出来。如果他的内心为某种事实担心,而又无法坦白地说出时,眼睛是忽东忽西的。有的人会突然做出一些姿态转移别人的眼神。而诚实的眼睛哪怕是避开别人,也会显得是在认真地思考,而不是在打其他主意。

2) 关注面试官的细微动作,及时调整面谈内容

应聘者必须随时注意识别面试官的细微动作,从中获得他内心深处的真正情绪。当面试官厌烦时,会表现为坐立不安,眼看桌面的小东西,手指头轻敲着桌面。这时你可以试着改变话题或主动提问题,让面试官重新回到面谈中来。当面试官分神时,会表现为眼睛在你身上到处游移,或眼睛看着桌上的东西,这时,你说什么他都没有听进去。当面试官不太愉快时,通常会表现为双手在胸前交叉,身体向后靠,明显地改变坐姿等。当面试官听了你的话感到有兴趣时,会表现为坐姿向前倾,接近你,眼睛注视着你。

3) 察言观色,巧妙应付

最令人担忧的是这样的面试官:他的脸上似乎洋溢着笑容,但眼睛中却无一丝笑意。这"笑意"就是一种眼神中的光亮。这种情况如果始终不能改变,就说明你还未能使他满意。有人把这种面试官的脸叫作"扑克脸",说他们毫无真实的表情,笑容仿佛是机械式的。但是,如果你留的观察,仍能测出其内心的变化。如果对方眼光黯淡,说明他对你产生了不信任。特别是还会有其他举动显示他的这种心理,如他开始向下看手中的东西,表情严峻起来。如果对方对你的回答产生了厌烦,他会把视线抛到老远的地方,例如抬头望天花板,侧身注视窗外。不论你在说什么,他都不会留心,他也许会"嗯"一两声,内心却已在盘算另外的事了。这时,你应立即意识到自己说走了题或说得过于冗长,应设法赶快结束。

4. 手势

面试时,手势语既能辅助有声语言传情达意,又可以展示应聘者的个性风采。但要注意,在运用手势语时要大方自然、幅度适中。手势幅度过大让人觉得性格不稳定,无节制地挥手或无规律地乱摆手会让人觉得说话者轻浮或狂妄;手势幅度过小则显得呆板,缺少风度。手势也不可太多,太多了容易分散听者的注意力甚至影响他们的情绪。避免一些下意识的举动,如摸嘴、拉耳朵、掰手、扯衣服、挠头发等,因为这些手势语反映出应聘者内心的不安、窘迫或慌张,会给面试官留下不良印象。

那么,在面试中究竟应该怎样正确地运用手势呢?

(1) 表示关注的手势。在与他人交谈中,一定要对对方的谈话表示关注,要表示出你在聚

精会神地听。对方在感到自己的谈话被人关注和理解后,才能愉快专心地听取你的谈话,并对你产生好感。面试时尤其如此。一般表示关注的手势是:双手交合放在嘴前,或把手指搁在耳下;或把双手交叉,身体前倾。

(2)表示开放的手势。这种手势表示你愿意与听者接近并建立联系。它使对方感到你的热情与自信,并让他觉得你对所谈问题已是胸有成竹。这种手势的做法是手心向上,两手向前伸出,手要与腹部等高。

(3)表示有把握的手势。如果你想表现出对所述主题的把握,可先将一只手伸向前,掌心向下,然后从左向右做一个大的环绕动作,就好像用手"覆盖"着所要表达的主题。

(4)表示强调的手势。如果想吸引听者的注意力或强调很重要的一点,可把食指和大拇指捏在一起,以示强调。

5. 服饰语

服饰既是一个人审美观的集中表现,也是文化素养的具体反映。求职面试时,给人的第一印象往往是服饰。面试时的服饰一定要给人以整洁、美观、大方、明快的感觉。由于招聘单位的不同,对服饰的要求也会有所变化:国家机关进行招聘,希望未来的公务员衣着端庄,体现稳健踏实的作风;公司企业(尤其是外企)注重整体形象的漂亮、明快。一位人事总监说:"我认为你不可能仅由于戴了一条领带而取得一个职位,但是我可以肯定你戴错了领带就会使你失去一个职位。"因此,面试时的着装要与自己发型、脸形、体形、年龄、气质、季节以及环境等因素很好地结合起来,才能取得理想的效果。

6.2　初入职场人际沟通原则与技巧

6.2.1　初入职场人际沟通原则

人际沟通的关键是要意识到他人的存在,理解他人的感受,既满足自己,又尊重别人。初入职场者在进行人际沟通时要注意遵从以下几个基本原则。

1. 尊重对方原则

尊重对方是沟通的前提,礼貌是对他人尊重的情感的外露,是谈话双方心心相印的导线。因此,在与人沟通时,首先要真诚地尊重对方,其次要多用礼貌语。

2. 真诚守信原则

真诚是打开他人心灵的金钥匙,因为真诚的人能使人产生安全感,减少自我防卫。良好的人际关系需要沟通双方暴露一部分自我,把自己真实想法说出来。答应他人的事一定尽力完成,因种种原因难以履行承诺的,要及时说明原因。

3. 主动交往原则

主动对人友好,主动表达善意能够使人产生受重视的感觉,主动的人往往令他人产生好感。要想做好本职工作,不仅要取得上司的信任,还必须与同事们保持和谐的关系,只有这样,在工作中才能得到他们的支持与帮助。只要有机会,初入职场者就要主动与同事们多交流、多沟通。同事之间难免会出现一些误会和矛盾,很多初入职场的年轻人一遇到这种情况,就会马上质疑对方的人品,甚至上纲上线,以为对方有什么企图,最后决定以牙还牙,这样,双方的关系很快就会变僵。因此,初入职场,一定要学会宽容,与人为善。与同事产生了误会,首先要从自身开始反思,然后主动想办法化解、消除。只有这样,人际关系才会更加和谐。

4. 信息组织原则

信息组织原则是指沟通双方在沟通之前应该尽可能地掌握相关的信息,在向对方传递这些信息时应尽可能地简明、清晰、具体。初入职场的年轻人,由于以前也没有任何工作经验,在与人沟通时很容易给同事或上级一种"异想天开、脱离实际、年轻气盛"的感觉。降低或消除这种感觉,最好的办法就是尽可能地充分准备,使自己的建议建立在事实基础之上,从而具有说服力和可执行力。切不可仅凭借自己的观察和主观判断就提出问题,而且没有针对问题的解决方案。

相关链接 6-4

信息准备与有效沟通

林华是一个典型的北方姑娘,她喜欢坦诚,有什么说什么,总是愿意把自己的想法说出来和大家一起讨论。今年,林华从上海某大学的人力资源管理专业毕业,经过将近一个月的反复投简历和面试,林华最终选定了深圳市的一家研究生产食品添加剂的公司。

但是到公司实习一个星期后,林华就陷入了困境中。原来该公司是一个典型的小型家族企业,其中充满了各种裙带关系。

尤其是老板给林华安排了他的大儿子做她的临时上级,而这个人根本没有管理理念,更不用说人力资源管理理念。但是林华认为越是这样就越有自己发挥能力的空间,因此在到公司的第五天林华拿着自己的建议书走向了直接上级的办公室。

"章经理,我到公司已经快一个星期了,我有一些想法想和您谈谈。"林华走到经理办公桌前说。

"来来来,小林,本来早就应该和你谈谈了,只是最近一直太忙了。"

"章经理,对于一个企业尤其是处于上升阶段的企业来说,要持续发展必须在管理上狠下功夫。我来公司已经快一个星期了,据我目前对公司的了解,我认为公司主要的问题在于职责界定不清;雇员的自主权力太小,致使员工觉得公司对他们缺乏信任;员工薪酬结构和水平的制定随意性较强,缺乏科学合理的基础,因此薪酬的公平性和激励性都较低。"林华按照自己事先所列的提纲开始逐条向章经理叙述。

章经理微微皱了一下眉头说:"你说的这些问题我们公司也确实存在,但是你必须承认一个事实——我们公司在赢利,这就说明我们公司目前实行的体制有它的合理性。"

"可是,眼前的发展并不等于将来也可以发展,许多家族企业都是败在管理上。""好了,那你有具体方案吗?"

"目前还没有,这些还只是我的一点想法而已,但是如果得到了您的支持,我想方案只是时间问题。""那你先回去做方案,把你的材料放这儿,我先看看然后给你答复。"说完章经理的注意力又回到了研究报告上。

林华的建议书提交上去之后石沉大海,章经理好像完全不记得建议书的事。林华陷入了困惑之中,她不知道自己是应该继续和上级沟通还是干脆放弃这份工作,另找一个发展空间。

资料来源:莫林虎. 商务沟通与交流[M]. 北京:中国人民大学出版社,2011.

5. 保持适当距离原则

在人际交往中,一方面要积极主动地与各方面交往,扩大交际范围,保持良好的人际关系;另一方面要注意不给人一种拉帮结派的印象。也就是说,在职场中,既要积极主动与人交往,又要注意保持适当距离。所谓适当距离,就是无论关系多密切,交情多深,双方都有自己的隐私,要在彼此真诚相待的基础上互相尊重,不干扰对方的私生活,在和谐中保持各自的独立。

6.2.2 初入职场人际沟通技巧

1. 自信的态度

自信是取得良好沟通效果的前提。在职场沟通过程中,不随波逐流或唯唯诺诺,有自己的想法与作风,才能赢得他人的尊重与信赖,才能充分调动交际对象沟通的积极性。

2. 体谅他人的行为

体谅他人包含"体谅对方"与"表达自我"两方面。所谓体谅是指设身处地为别人着想,并且体会对方的感受与需要。在人际交往过程中,要想有效地对他人表示体谅与关心,唯有自己设身处地地为对方着想。由于我们的了解与尊重,对方也相应会体谅我们的立场与好意,从而做出积极而适当的回应。

3. 有效地直接告诉对方

一位知名的谈判专家在谈到他成功的谈判经验时说道:"我在各个国际商谈场合中,时常会以'我觉得'(说出自己的感受)、'我希望'(说出自己的要求或期望)为开端,结果常会令人极为满意。"其实,这种行为就是直言不讳地告诉对方我们的要求与感受,若能有效地直接告诉对方我们想要表达的思想,将会有利于建立良好的人际关系。但是,在沟通时,也要善于控制自我表达。有一种说法:"强势的建议,是一种攻击",有时,即使说话的出发点是良善的,但如果讲话的口气太强势,对方听起来,就像是一种攻击,感觉很不舒服。因此,在与人沟通时,尽量做到"异中求同、圆融沟通",有话可以直说,但口气要委婉,才能很好地传情达意。

4. 善用询问与倾听

询问与倾听的行为,是用来控制自己,让自己不要为了维护权力而侵犯他人。尤其是在对方行为退缩、默不作声或欲言又止的时候,可通过询问引出对方真正的想法,了解对方的立场以及对方的需求、愿望、意见与感受,并且运用积极倾听的方式,来诱导对方发表意见,进而对自己产生好感。一位优秀的沟通好手,一定善于询问以及积极倾听他人的意见与感受。

相关链接 6-5

职场沟通 8 个黄金句型

(1) 我们好像碰到了一些情况。 ——以最婉转的方式传递不好的消息

(2) 我马上去做。 ——上司会因此觉得你是一名有效率的好员工

(3) 某某的办法真不错。 ——体现出团队精神

(4) 这个报告缺了你就不行啦! ——说服同事愿意帮你忙

(5) 让我再仔细地想一想,4 点半以前给你答复怎么样?

         ——巧妙避开你没把握或不愿意参与的事

(6) 我很想知道你对某个方案的见解。 ——不露痕迹地讨好

(7) 是我一时没能明察,好在…… ——承认疏失又避免上司明显不满

(8) 谢谢你告诉我,我会认真参考你的建议。 ——对待他人批评表现出冷静

6.3　与上级的沟通

职场沟通的对象指的是领导、同级同事和下属。对象不同,沟通的技巧必然会有所不同。

上下级之间的良好沟通,无论对个人还是对组织,都具有非常重要的意义。对于下级来说,通过与上级的良好沟通,既能全面、准确地了解相关信息,进而提高工作效能,又可以向领导及时表达自己的思想、观念,有利于自己职场上的快速发展。另外,在与上级沟通时,一定要注意选择合适的沟通渠道,确保沟通的质量。

相关链接 6-6

某分管公司生产经营的副总经理,得知一较大工程项目即将进行招标,由于向总经理电话简单汇报未能得到明确答复,使副总经理误以为被默认而组织业务小组投入时间和相关经费跟踪该项目,最终因准备不充分而失败。事后,在总经理办公会上陈述有关情况时,总经理认为副总经理"汇报不详,擅自决策,组织资源运用不当",并当着部门同事的面给予副总经理严厉批评。副总经理反驳认为是"已经汇报、领导重视不够、故意刁难,是由于责任逃避所致"。由于双方信息传递、角色定位、有效沟通、团队配合、认知角度等存在意见分歧,致使企业内部人际关系紧张、工作被动,恶性循环,公司业务难以稳定发展。

6.3.1　与上级沟通的原则

与职场上其他交际对象相比,"上级领导"这个群体具有特殊性。从在组织机构中的作用方面看,他们位高权重、影响范围广;从个性特征上来讲,他们稳重老练、能力过人而又多少有点自尊自恋、好为人师。因此,与上级沟通过程中,除遵循一般的人际沟通原则以外,还有一些特殊的原则要引起重视。

1. 服从至上

上级在组织机构中处于高层,对于自己领导的组织,他们一般都能够掌握全局情况,对问题的分析、处理比较周全,能够从大局出发。在与上级沟通时坚持服从原则,是现代管理的基本特征,是一切组织通行的原则,也是组织得以生存和不断发展的基本条件。如果下属与上级沟通时持对抗态度、拒不服从,这样的组织是无法形成统一的意志和管理理念的,组织就会如同一盘散沙,不可能有大的发展。当然,服从不是盲从,下属一旦发现上级明显的失误,就要敢于直言,及时向领导反映。

2. 不卑不亢

与上级沟通,既不能唯唯诺诺、一味附和,也不要恃才傲物、盛气凌人。作为下级,一定要尊重领导的意见,维护领导的威信,理解领导的难处和苦衷,提出不同的意见或建议时,一定还要选择适当的时机,用上级易于接受的方式。这样,无论是对工作还是对沟通双方的感情,建立融洽的关系,都很有益处。

3. 充分准备,工作为重

上下级之间的关系主要是工作关系,因此,下属在与上级沟通时,应从工作出发,以工作的开展作为沟通的主要内容。切不可在上级面前搬弄他人是非或一味地对上级讨好谄媚、阿谀奉承,丧失理性和原则。在与上级沟通之前,一定要广泛收集相关信息,做好信息的分析与整理,尽量形成非常明确的结论。

相关链接 6-7

买土豆的故事

张祥和李建同时受雇于一家店铺,拿同样的薪水。一段时间后,张祥青云直上,李建却原地踏步。李建想不通,老板为何厚此薄彼,就去找老板理论。

老板说:"李建,你现在到集市上去一下,看看今天早上有卖土豆的吗?"一会儿,李建回来汇报:"只有一个农民拉了一车土豆在卖。""有多少?"老板又问。李建于是赶紧又跑到集上,然后回来告诉老板:"一共40袋土豆。""价格呢?""您没有叫我打听价格。"李建委屈地申明。

老板又把张祥叫来:"张祥,你现在到集市上去一下,看看今天早上有卖土豆的吗?"

张祥也很快就从集市上回来了,他一口气向老板汇报说:"今天集市上只有一个农民在卖土豆,一共40袋,价格是两毛五分钱一斤。我看了一下,这些土豆的质量不错,价格也便宜,于是顺便带回来一个让您看看。"

张祥边说边从提包里拿出土豆,"我想这么便宜的土豆一定可以赚钱,根据我们以往的销量,40袋土豆在一个星期左右就可以全部卖掉。而且,咱们全部买下还可以再适当优惠。所以,我把那个农民也带来了,他现在正在外面等您回话呢……"

资料来源:吕进. 买土豆的故事[J]. 中国市场,2009(3).

---

4. 掌握有效的沟通技巧

同普通人一样,上级领导的性格特征也千差万别、各种各样,作为下属,一定要在基于对上级充分了解的基础上,寻找、探索出与领导进行沟通的最佳方式、技巧。

6.3.2 与上级沟通的技巧

1. 坦诚相待,主动沟通

初入职场,最为重要的就是要与人坦诚相待,给人留下坦诚的印象。在与上级沟通时,工作中的事情不要力图保密或隐瞒,要以开放而坦率的态度与之交流,这样才能赢得上级的信赖。与上级沟通,主动的态度十分重要。工作不久、阅历较浅的下属,工作热情高,富有开创性,对工作任务能够提出一些设想和建议。但他们往往慑于周围人际环境的压力,不能主动与上级及时进行沟通,从而丧失展示才华、取得成功的机会。

在实际工作中,任何人都难免会犯错误,但有的下属一旦在工作中出现纰漏或错误,就会感到内疚、自卑,甚至后悔不已。犯错误后,不敢主动与上级沟通、交流,而是唯恐领导责备,害怕见到领导。事实上,犯错误本身并不要紧,重要的是要尽早与上级沟通,以期得到他们的批评、指正和帮助,同时取得谅解。消极回避,不仅不能取得上级的谅解,反而有可能让他们产生误解。

相关链接 6-8

坦诚沟通,弥补失误

2004年的潍坊国际风筝会期间,具体负责外事接待工作的干事小王,因为一时疏忽,把几个外国友人的国籍、名字给弄混了,这让前来会见的市长很难堪。正待提拔的小王当然能够意识到错误的严重性,如果处理不好,不但不能得到提拔,恐怕连"现在"的这个职位也难保。好在小王研究过"领导心理学",于是他借着午餐前与市长、外宾接近的机会,主动向他们检讨了自己的错误。外宾们为小王的坦诚态度所打动,在市长面前连连称赞小王诚恳而且友好;市长也为小王能够在外宾面前及时承认错误、挽回面子感到高兴,并对小王留下了深刻的印象。两个月后,小王不但没有被降职,反而经市长直接点名,调到市长办公室担任了主任。

资料来源:韩金玲.掌握与上级沟通的艺术[J].商场现代化,2006(3).

2. 了解内心,适度恭维

下属只有了解上级的个性心理,才能开展有效沟通。领导者作为社会生活中的个体,有他的性格、爱好,也有他的作风和习惯。作为下属,要善于找出领导的优点和长处,并在适当的时候给予诚实而真挚的恭维。

相关链接 6-9

恭 维 适 度

曾国藩是清朝末期著名的智者和儒将。有一天,曾国藩与幕僚们谈论天下英雄豪杰,他说:"彭玉麟与李鸿章均为大才之人,我曾某人有所不及,虽然我可以夸奖自己,但我生平不喜欢这一套。"一位幕僚逢迎说:"你们三位各有特长。彭公威猛,人不敢欺;李公精敏,人不能欺。"说到这里,说不下去了,因为他不知道如何来赞美他的顶头上司。但曾国藩并不放过他,继续追问:"老朽如何?"大家都找不到恰当的词语来赞美曾国藩,只好哑言无语。正在沉默之时,一个年轻的下属突然站出来说道:"曾帅仁德,人不忍欺!"众人拍手称快。曾国藩十分得意,心中暗想:"此人大才,不可埋没。"不久,曾国藩升任两江总督,提拔那位机敏的年轻下属担任了盐运使这个要职。

资料来源:韩金玲.掌握与上级沟通的艺术[J].商场现代化,2006(3).

3. 心怀仰慕,把握尺度

只有对上级怀有仰慕的心情,才能实现有效沟通。与领导交谈时,要有一个积极乐观的心态,保持充沛的精力,要把握尺度,不能无原则地扯关系、拉近乎。对上级交办的事情,要慎重,看问题要有自己的立场和观点,不能一味地附和。对于领导者个人的事情,作为下属不要妄加评论。对领导提出的问题发表评论时,应当很好地掌握分寸。

4. 注意场合,选择时机

领导者的心情如何,在很大程度上影响到与之沟通的效果。当领导者的工作比较顺利、心情比较轻松的时候,如某些方面取得成功、节日前夕、生日等时候,心情会比较好,这是与他们进行沟通的好时机。领导心情不好,或者处于苦恼时,最好不要与之沟通。

5. 尊重权威,委婉交谈

领导者的权威不容挑战。不论领导是否值得敬佩,下属都必须尊重他。态度决定一切,忠诚高于一切是绝大多数领导所信奉的,因此,与上级沟通时,要采取委婉的语气,切不可意气用事,更不能放任自己的情绪。总之,下属与上级沟通,要讲究方法、运用技巧。

6.3.3　与各种性格的领导打交道的技巧

由于个人的素质和经历不同,不同的领导就会有不同的领导风格。仔细揣摩每一位领导的不同性格,在与他们交往的过程中区别对待,运用不同的沟通技巧,会取得更好的沟通效果。

1. 控制型领导的特征和与其沟通的技巧

(1) 性格特征。控制型领导的性格特征是:态度强硬;充满竞争心态;要求下属立即服从;实际,果决,旨在求胜;对琐事不感兴趣。

(2) 沟通技巧。与控制型领导相处,重在简明扼要,干脆利索,不拖泥带水,不拐弯抹角。面对这一类人时,无关紧要的话少说,直截了当,开门见山地谈即可。

此外,他们很重视自己的权威性,不喜欢部下违抗自己的命令。所以应该更加尊重他们的权威,认真对待他们的命令,在称赞他们时,也应该称赞他们的成就,而不是他们的个性或人品。

2. 互动型领导的特征和与其沟通的技巧

(1) 性格特征。互动型领导的性格特征是:善于交际,喜欢与他人互动交流;喜欢享受他人对他们的赞美;凡事喜欢参与。

(2) 沟通技巧。面对互动型领导,切记要公开赞美,而且赞美的话语一定要出自真心诚意,言之有物,否则虚情假意的赞美会被他们认为是阿谀奉承,从而影响他们对你个人能力的整体看法。要亲近这一类人,应该和蔼友善,也不要忘记留意自己的肢体语言,因为他们对别人的一举一动都十分敏感。另外,他们还喜欢与部下当面沟通,喜欢部下能与自己开诚布公地谈问题,即使对他有意见,也希望能够摆在桌面上交谈,而厌恶在私下里发泄不满情绪的部下。

3. 实事求是型的领导和与其沟通的技巧

(1) 性格特征。讲究逻辑而不喜欢感情用事;为人处世自有一套标准;喜欢弄清楚事情的来龙去脉;理性思考而缺乏想象力;是方法论的最佳实践者。

(2) 沟通技巧。与实事求是型领导沟通时,可以省掉话家常的时间,直接谈他们感兴趣而且实质性的东西。他们同样喜欢直截了当的方式,对他们提出的问题也最好直接作答。同时,在进行工作汇报时,多就一些关键性的细节加以说明。

6.4　与同事沟通

对职场人士来说,处理好同事关系至关重要。所谓同事关系,是指同一组织内部处于同一层次的员工之间存在的横向人际关系。同事之间最容易形成利益关系,如果不能及时、有效地沟通,就容易形成沟壑。因此,适时地与同事进行沟通,既有利于营造和谐的工作环境,也有利于各项工作的顺利开展。

6.4.1　与同事沟通的技巧

同事之间既是合作者又是潜在的竞争者,这是一种非常微妙的人际关系,因此,职场人士在与同事相处时,一定要特别注意沟通艺术。

在与同事沟通时,通常要注意以下几个方面的要求。

1. 主动交流沟通

人际关系要顺畅,注重彼此的交流是前提。因此,在紧张的工作之余,主动找同事谈谈心、聊聊天或请教一些问题是非常必要的。在主动沟通中应注意把握以下几点：①要选择合适的时间、地点、场合，选用易引起对方感兴趣的话题；②要保持诚恳、谦虚的态度；③要随时体察对方的心理变化，因势利导，随机应变；④要注意语言艺术。

2. 懂得相互欣赏

职场人士都有得到赞许的欲望，都希望自己的职业和工作受到别人的重视，得到他人较高的评价。因此，在职场人际交往过程中，要善于发现同事的优点、长处及其工作中取得的成绩和进步，并及时加以肯定和赞美。一句由衷的赞美，既可以表达对同事的尊重，又会赢得对方的好感，进而融洽彼此之间的关系。

3. 保持适当距离

同事之间保持适当距离，对人、处事才可能客观、公正。"过密则狎，过疏则间。"每个人都有自己的私人空间，搞好职场人际关系并不等于无话不谈、亲密无私。所以，当自己的个人生活出现危机时，不要在办公室随意倾诉；同时，要尊重同事的权利和隐私，不打探同事的秘密，不私自翻阅同事的文件、信件，不查看对方的计算机；对同事不过多地品头论足。

4. 重视团队合作

随着社会分工的越来越细，现代企业越来越强调员工之间的沟通协调。作为团队中的一员，无论自己处于什么职位，在保持自己个性特点的同时，一定要很好地融入集体。在工作中，同事之间要同心协力、相互支持；需要大家协同完成的，要事先进行充分的沟通，配合中要守时、守信、守约；自己分内的事认真完成，出现问题或差错要主动承担责任，不拖延，不推诿；确需他人协助完成的，要使用请求的态度和商量的语气，不能颐指气使、居高临下。

5. 善待分歧和矛盾

同事之间经常会不可避免地出现分歧和矛盾，在发生矛盾和分歧时，职场人士一定要学会用适当的交流方式去化解。通常的做法是：①不要激化矛盾，对于那些原则性并不是很强的问题，不必非要和同事分个胜负；②学会换位思考，与同事发生矛盾时，要学会站在他人的角度想问题，同时多从自身找原因，主动忍让；③主动打破僵局，如果与同事之间已经产生矛盾，自己又确实不对，这时就要放下面子，学会道歉，以诚待人，以诚感人。

6.4.2　与同事沟通的基本要求

1. 确立一种观念：和为贵

在中国的处世哲学中，中庸之道被奉为经典之道，中庸之道的精华之处就是以和为贵。与同事相处，难免会有利益上的或其他方面的冲突，处理这些矛盾的时候，首先想到的解决方法应该是和解。这样才能使自己的各种业缘关系非常顺畅，能够始终与同事和睦相处，往往也极容易赢得上司的信赖，因为人际关系的和谐处理不仅是一种生存的需要，更是工作上的需要。

相关链接 6-10

三国时的荀攸智慧超群，谋略过人。他辅佐曹操征张绣、擒吕布、战袁绍、定乌桓，为曹操统一北方建功立业，做出了自己的贡献。在朝二十余年，他能够从容自如地处理政治旋涡中上上下下的复杂关系，在极其残酷的同僚斗争中，始终地位稳定，立于不败之地，原因就在于他能谨以安身，以忍为安，很好地处理同僚关系。他平时特别注意周围的环境，对同僚从不刻意去争高下，总是表现得十分谦卑、文弱、愚钝和怯懦。他对于自己的功勋讳莫如深。这样,他才能和其他的同僚和平共处,并且深受曹操的宠信,也从来没有人到曹操处进谗言加害于他,朝中朝外口碑极好。

资料来源:梁玉萍,丰存斌.沟通与协调的技巧和艺术[M].北京:中国人事出版社,2009.

2. 明确一种态度:尊重同事

在人际交往中,自己待人的态度往往决定了别人对自己的态度,因此,若想获取他人的好感和尊重,必须首先尊重他人。每个人都有强烈的友爱和受尊敬的欲望。与你同一阶层甚至某方面不如你的人,很可能因为自卑而表现出极强的自尊,如果你能以平等的姿态与其沟通,对方会觉得受到极大的尊重,从而对你产生好感。因此,可以说,没有尊重就没有友谊。

3. 坚持一个原则:避免与同事产生矛盾

同事与你在一个单位中工作,几乎日日见面,彼此之间免不了会有各种各样鸡毛蒜皮的事情发生,各人的性格、脾气禀性、优点和缺点也暴露得比较明显,尤其每个人行为上的缺点和性格上的弱点暴露得多了,会引出各种各样的瓜葛、冲突。这种瓜葛和冲突有些是表面的,有些是背地里的,有些是公开的,有些是隐蔽的,种种的不愉快交织在一起,很容易引发各种矛盾。为此,要非常理性地对待他人的缺点、弱点,多一点宽容、多一份承担。

4. 学会一种能力:与各种类型的同事打交道

每个人都有自己独特的生活方式与性格。在任何一个组织中,总有些人是不易打交道的。职场人士必须要学会因人而异,采取不同的交际策略。下面简要列举一下日常工作常可能遇到的几种同事及与其交往的策略。

(1) 傲慢的同事。这类同事的特征是:性格高傲、举止无礼、出言不逊。与其交往不妨采取这样的措施:①尽量减少与他相处的时间,在和他相处的有限时间里,尽量充分地表达自己的意见,不给他表现傲慢的机会;②交谈言简意赅,尽量用短句子来清楚地说明你的来意和要求,给对方一个干脆利落的印象,也使他难以施展傲气,即使想摆架子也摆不了。

(2) 过于死板的同事。与这一类人打交道,不必在意他的冷面孔,相反,应该热情洋溢,以热情来化解他的冷漠,并仔细观察他的言行举止,寻找出他感兴趣的问题和比较关心的事进行交流。同时,与这种人打交道一定要有耐心,不要急于求成,只要能找到共同的话题,他的那种死板会荡然无存,而且会表现出少有的热情。

(3) 好胜的同事。这类同事狂妄自大,喜欢炫耀,总是不失时机自我表现,力求显示出高人一等的样子,在各个方面都好占上风。与这类同事交往时,可在适当时机挫其锐气,使他知道,山外有山,人外有人。

(4) 城府较深的同事。这种人对事物不缺乏见解,但是不到万不得已,或者水到渠成的时候,他绝不轻易表达自己的意见。他们一般都工于心计,总是把真面目隐藏起来,希望更多地了解对方,从而能在交往中处于主动地位,周旋在各种矛盾中而立于不败之地。和这种人交往,首先要有所防范,不要让他掌握你的全部秘密,更不要为他所利用,从而陷入他的圈套中不能自拔。

(5) 急性子的同事。遇上性情急躁的同事,头脑一定要保持冷静,对他的莽撞完全可以采用宽容的态度,一笑置之,尽量避免争吵。

（6）刻薄的同事。刻薄的人在与人发生争执时好揭人短，且不留余地和情面。他们惯常冷言冷语，挖人隐私，常以取笑别人为乐，行为离谱，不讲道德，无理搅三分，得理不让人。碰到这样的同事，要与他拉开距离，尽量不去招惹他。吃一点儿小亏，听到一两句闲话，也应装作没听见，不恼不怒，与他保持相应的距离。

6.5　与下属沟通

随着人们文化水平的不断提高，管理的过程中，上下级之间能否实现有效的沟通往往决定着管理的效率，进而决定着组织能否获得大的发展。因此，领导者必须时刻了解下属的观点、态度和价值观念，积极帮助他们通过创造性的工作实现其价值。实现这一目标的根本途径就是面对面的语言沟通。可以说，没有沟通，就没有了解；没有了解，就没有全面、整体、有效及平衡的管理过程。作为领导者，不管工作多么繁忙，都要始终保留与下属沟通的时间。实际上，真正有效的沟通并不妨碍工作，也不会占用太长的时间，比如去工作现场的同行、共进午餐等，都是进行有效沟通的极好机会。要成功地与下属沟通，基本原则有三点：①要有真诚的态度，不搞形式主义；②要保持开放的心态，广开言路；③要主动创造良好的沟通氛围，不咄咄逼人。

> **相关链接 6-11**
>
> 张伟被提拔为生产部经理后不久就与下属和同事建立了良好的人际关系。但是，在生产部有两位班组长总是把应该经过张伟的事情直接报告给主管生产工作的副总经理。这两位职工在公司的时间至少比张伟长 10 年，而且非常了解那位副总。面对这一情况，张伟是否要与两位班组长就此事进行沟通？他是否要与那位主管生产的副总经理谈此事？为什么？如果要谈，他该怎样谈？

6.5.1　与下属沟通的技巧

上级在与下属沟通时，可灵活综合使用下列技巧。

1. 积极授权，传达信任

授权指上级将职权或职责授给某位下属负担，它是一门管理的艺术，充分合理的授权不仅能使领导者们不必亲力亲为，把更多的时间和精力投入组织机构的大政决策上，更重要的是还能够充分传达对下属的信任。它对下属的激励作用是任何其他管理行为都难以企及的。可以说，由授权所传达出的信任为上级与下属沟通打下了坚实的情感基础。

2. 拉近距离，平等交流

下属对上级往往存在各种各样的心态：试探、戒备、恐惧、对立、轻视、佩服、无所谓等。作为领导者，要充分了解下属的心理和他们所关心的焦点问题，适时地与之进行有效沟通。交流伊始，要重视开场白的作用。可以从日常生活话题开始，拉几句家常，开一些善意的小玩笑。这样，既可以消除对方的疑虑，又能拉近双方心理上的距离，在此基础上再引入正题就很容易达到沟通的目标了。上级在围绕相关问题阐述自己的观点时，语气要平和，语调要自然，态度要和蔼，晓之以理，动之以情，多采用商量的口吻。

相关链接 6-12

艾森豪威尔是第二次世界大战时的盟军统帅。有一次,他看见一个士兵从早到晚一直在挖壕沟,就走过去跟他说:"大兵,现在日子过得还好吧?"士兵一看是将军,敬了个礼后说:"这哪是人过的日子哦!我在这边没日没夜地挖。"艾森豪威尔说:"我想也是,你上来,我们走一走。"艾森豪威尔就带他在那个营区里面绕了一圈,告诉他当一个将军的痛苦和肩膀上挂了几颗星以后,还被参谋长骂的那种难受,打仗前一天晚上睡不着觉的那种压力,以及对未来前途的那种迷惘。

最后,艾森豪威尔对士兵说:"我们两个一样,不要看你在坑里面,我在帐篷里面,其实谁的痛苦大还不知道呢,也许你还没死的时候,我就活活地被压力给压死了。"这样绕了一圈以后,又绕到那个坑的附近的时候,那个士兵说:"将军,我看我还是挖我的壕沟吧!"

资料来源:余世维. 有效沟通[CD]. 上海:上海高级电子音像出版社,2006.

3. 提高频率,缩短时间

上级与下属的沟通是开展日常管理活动的一种重要方式,因此,作为领导者,不要寄希望于一次沟通解决所有问题。要随时随地尽可能多地与下属进行交流,只有这样,才能使上下级关系日趋顺畅。但这并不是要求领导者没话找话,而是要把沟通在管理当中的作用日常化。要带着明确的目的交流,一旦目标实现,就策略地撤退,果断结束谈话,不拖泥带水,海阔天空地扯一些与工作无关的话。也就是说,领导者与下属的沟通要经常化,一次交流的时间不要太长,频繁地、短时间地与下属沟通,下属更容易感受到领导者的亲近,更明确地体会到上级对他的注意、关心。

4. 因人而异,不做比较

由于个性性格、知识水平和人生经验的差异,不同的人开展工作的能力和方式也会有很大的差别,这就要求上级在与下属沟通时要根据不同对象采取不同的方式。要避免拿一个人的短处与他人的长处进行比较,也不能将一个人做错的事同别人做对的事相比较。

6.5.2 表扬下属的技巧

表扬下属,就是对下属的工作给予正面评价,对其行为、举止予以肯定,其目的是激励下属以良好的心态更加积极地工作。

表扬是现代管理者用得最多又最容易得到对方认同的一种激励措施。领导对下属的表扬能够有效激发下属的工作积极性和主动性。心理学家杰斯莱尔说:"表扬就像温暖人们心灵的阳光,我们的成长离不开它。"因此,身为领导者,应该努力及时发现下属的优点、进步和成绩,并送上真诚的赞美。

作为一种沟通技巧,表扬部下不是随意说几句好听的话就可以奏效的。事实上,表扬下属也要掌握一些技巧。

1. 当众不提名表扬

团队成员有一个特点:如果在会议上表扬一种现象,而不是表扬某个人,很多人都会对号入座,认为自己就是这种现象产生的主体,所以上司表扬的就是自己;反之如果是批评一种现象,绝大部分人都会认为自己没有这种现象,批评的主体不是自己。所以当众不提名地表扬一种现象,可以起到表扬很多个人的目的,鼓舞很多人的士气。事实上,当众直接提名表扬,不仅起不到表扬的边际效应,还会使被表扬的人在所有的同事面前略感尴尬,并进而使其成为大家远离的对象。

2. 一对一口头表扬

要真正鼓励某个人,最行之有效的办法就是一对一、面对面表扬。这种表扬方式不但可以真表扬,还常被用于假表扬真鼓励。所谓真表扬,就是某人出众的行为和现象加以赞许,肯定其以前的工作,鼓励以后的工作。员工的工作激情往往来源于上司的肯定,而肯定的方式有很多种,如升职、加薪等是重大表扬,而口头表扬也是一种重要方式。假表扬真鼓励指的是某人的综合表现不是很出众,但属于综合素质相对较高的员工,因为种种原因一直没有发挥到最佳能量,这样的人需要用鼓励来调动其工作状态,为我所用。面对面告诉他:他的某种行为非常好,只要继续努力,一定能够取得更好的成绩。

3. 借上司之口

这种表扬方式适合于核心团队老成员。这类人多年以来都是在直接上司的鼓励下成长起来的,同样的鼓励语言出自同一个人之口次数太多自然就会失去影响力。另外,这些核心团队成员对自己在上司心目中的地位、形象已了然于心,因此,作为上司,要经常将自己属下的突出表现向更高一级的领导汇报,以便他们在与那些表现突出的人员接触时,能够有针对性地加以赞美、鼓励,这样可以起到自己无法达到的激励目的。

4. 不要又表扬又批评

作为上司,一定要注意,在表扬下属时不要像工作总结似的:先表扬,然后是"但是""当然"一类的转折词。这样会使原有的夸奖失去其作用,丝毫达不到激励的效果。应当将表扬、批评分开,不要混为一谈。若下属确有问题需要指出,也要等到事后寻找合适的机会再批评,这样效果会更好。

6.5.3　批评下属的技巧

工作中犯错也是难免的,作为领导者,在没搞清楚事情始末的时候,就一顿连环炮般的轰炸,完全不给下属作解释的机会,不仅不利于问题的解决,反而会导致上下级关系的紧张,根本达不到批评的目的。因此,作为领导者,要想使自己的批评被对方接受,需要讲究批评的艺术。

1. 摆正自己的心态

从法律上说,人人都是平等的,没有地位高低、身份贵贱之分。切忌张口闭口就说"你怎么搞的""你这么差劲,怎么能……"等有伤下属自尊的话。工作的失误有可能是员工本人一时疏忽大意,也有可能是不可抗拒的外力所致。因此,批评下属时,应对事不对人,切忌对下属进行人身攻击,也不可将其以往工作中出现的错误集中起来,一起算账。

2. 避免当众指责

有些领导喜欢当众斥责下属,以此转移责任,这种做法是不可取的。身为领导,无论如何都对单位的人和事负有责任,这是推诿不掉的。一味强调自己的不知情,反而暴露出管理不力,还会给人留下自私狭隘的印象。

在发生问题的时候,领导者如果确实不知情,应把有关人员找来,问清楚问题,领导者负起责任处理问题,等事后再对下属进行必要的纠正、批评。

3. 不要过分指责

对于工作中产生失误,并已经认错的下属,不论是真认错还是假认错,认错本身总不是坏事,作为领导应予以肯定,然后帮助下属分析:错在哪儿? 为什么会犯这样的错误? 错误造成了什么后果？怎样进行弥补？怎样防止再犯类似的错误？这些问题解决了，批评指责的目的也就达到了。

对受到批评之后即能认错道歉的下属，不能继续对其加以责备，特别是犯了极轻微的错、第一次犯错和不小心犯错误的下属，只要稍微提醒一下就可以了。

4. 欲抑先扬，就事论事

卡耐基曾经说过："矫正对方错误的第一方法——批评前先赞美对方。"这就要求上级在批评下属之前先就对方的长处真诚地赞美，因为这样能够很好地化解被批评者的对立情绪，使批评在和谐的氛围中进行，从而达到理想的效果。在批评下属时，一定要客观具体，就事论事，不转移话题，不随意联想，更不要进行人身攻击。批评的话语要简洁明了，适可而止。

相关链接 6-13

批评的技巧

1923 年，约翰·卡尔文·柯立芝当选为美国总统。

柯立芝有一位漂亮的女秘书，长得不错，工作时却经常出错。

一大早，秘书走进办公室，柯立芝说："今天，你穿的这身衣服真漂亮，正适合你这样年轻漂亮的小姐。"这几句话让秘书受宠若惊。柯立芝说："但是，你也不要骄傲，我相信，你的公文也能处理得和你一样漂亮。"

从那天起，女秘书在工作中很少出错。

一位朋友知道了这件事，就问柯立芝："这个方法很妙，你是怎么想出来的？"柯立芝说："这很简单，你看见过理发师给人刮胡子吗？他要先给人涂肥皂水，为什么呢？就是为了刮起来使人不痛。"

资料来源：志刚，朝辉．批评有技巧[J]．基础教育，2007(01).

问题与讨论

1. 你认为求职面试是从什么时候开始的？为什么？应该怎样接通知你参加面试的电话？

2. 初入职场，当有人想把你拉入他的小圈子时，你该怎么说？

3. 因为你工作的失误而给公司带来巨大损失时，你该怎样与领导沟通而不致失去领导对你的信任？

4. 如果你正在和顾客谈一笔至关重要的业务，你的同事在中间插了几句不该说的话，这些话可能会影响业务谈判的成功，你该怎么应对？

5. 你无意中碰到下属们正在对你品头论足，你该怎么办？

实训练习

1. 胡鹏是某公司销售部的一名员工，人比较随和，不喜争执，和同事的关系处得都比较好，但是，前一段时间，不知道为什么，同一部门的张力老是处处和他过不去，有时候故意在别人面前指桑骂槐，对跟他合作的工作任务也都有意让胡鹏做得多，甚至还抢了胡鹏的好几个老客户。

起初,胡鹏觉得都是同事,没什么大不了的,忍一忍就算了,但是,看到张力如此嚣张,胡鹏一赌气,告到了经理那儿。经理把张力批评了一通,但结果是,从此,胡鹏和张力成了绝对的冤家。

思考与讨论

(1) 你觉得胡鹏的做法对吗? 如果你是胡鹏,你会怎样做?

(2) 如果你是文中的经理,你会怎样与张力进行沟通?

2. 财务部成经理结算了一下上个月部门的招待费,发现有一千多元没有用完。按照惯例他会用这笔钱请手下员工吃一顿,于是他走到休息室叫员工小马,通知其他人晚上吃饭。

快到休息室时,成经理听到休息室里有人在交谈,他从门缝看过去,原来是小马和销售部员工小李两人在里面。

"呃,"小李对小马说,"你们部成经理对你们很关心嘛,我看见他经常用招待费请你们吃饭。"

"得了吧,"小马不屑地说道,"他就这么点本事来笼络人心,遇到我们真正需要他关心、帮助的事情,他没一件办成的。你拿上次公司办培训班的事来说吧,谁都知道如果能上这个培训班,工作能力会得到很大提高,升职的机会也会大大增加。我们部几个人都很想去,但成经理却一点都没察觉到,也没积极为我们争取,结果让别的部门抢了先。我真的怀疑他有没有真正关心过我们。"

"别不高兴了,"小李说,"走,吃饭去吧。"

成经理只好满腹委屈地躲进自己的办公室。

思考与讨论

(1) 请客吃饭是有效的沟通方式吗? 成经理开展人际交往的方式对吗? 为什么?

(2) 作为上司,怎样才能赢得下属背后的赞誉?

(3) 你如何评价小马的言语行为? 你觉得小马能赢得小李的信赖吗?

3. 吴经理以前是某跨国公司的职业经理人,负责南大区的运作,职位已经很高了,但总感觉到有"玻璃天花板",才能没有被充分发挥,很苦恼。正好有个机会结识了民营企业家张总,经过进一步的接触以后,被重金聘为销售部经理。但刚上任 3 个月,销售代表小李,被客户投诉贪污返利,审计部经过调查,果真如此,返利单据上面还有吴经理的签名。这件事,惹得张总很是恼火,于是他亲自到销售部质问此事。

"我不知道你是怎么当经理的,"张总对吴经理说,"你手下的销售代表,竟敢贪污客户的返利,这么长时间了,你居然不知道? 要等到客户投诉到我这里才知道,唉! 也不知道你是怎么做管理的。"

"我也知道了这件事,"吴经理辩解道,"按照流程,小李是把返利单报到我的助理那里,她审一下,整理好,给我签字,我的工作也多,可能没有看清楚。"

"是没有看清楚那么简单吗? 你的工作比我多吗?"张总怀疑地看着吴经理。

吴经理无奈地说道:"是我工作的疏忽,回头我会和助理商量改进工作流程,并要求公司处理她,也请处理我。"

"处理助理能补回公司的损失吗? 这件事应该负全责的是你!"张总对于吴经理这种模糊的态度很气愤。

"是这样的,"吴经理继续辩解道,"张总,你也知道我刚来,销售部很多关系还没有理顺,我们都知道,这个助理很能干,在工作上是一把好手。但她和我的关系,我感觉总存在问题,没有理得很顺,甚至有时,我要顺着她的意思来签署一些文件。毕竟我是新来的,要有适应的阶段,我保证,今后这样的事情一定不会发生了,你再给我一次机会吧。"

"本来我过来,是来了解一下事情的原因,并不是要处理你的,"张总说道,"不过现在得考虑一下你的能力问题了。"

思考与讨论

(1)你认为张总为何开始怀疑吴经理的能力了?

(2)你认为吴经理在应对这个事件过程中哪些地方做得不对?他应该怎么去做?

4.大雄是财务部张经理手下的一名助理,平日工作相当不认真,全办公室同事也都知道张经理对大雄非常不满意。本月大雄任职本公司刚好届满一年,按公司规定得做年度绩效考核,张经理在考绩表上把大雄评估得体无完肤,不仅不给予加薪,还建议公司最好是换人,人事部门接受了张经理的建议。于是今天一上班,张经理找大雄到他办公室,要他收拾东西离开,可是大雄说什么也不答应:"我又没做错事,干吗要我走?"他不管三七二十一,坐在办公室沙发上静坐抗议。

思考与讨论

(1)你对张经理有何建议?

(2)主管应如何处理不称职的员工?

(3)如何避免组织内不称职员工的发生?

拓 展 阅 读

面试 20 个经典问题

问题一:"请你自我介绍一下"

思路:

1.这是面试的必考题目。

2.介绍内容要与个人简历相一致。

3.表述方式上尽量口语化。

4.要切中要害,不谈无关、无用的内容。

5.条理要清晰,层次要分明。

6.事先最好以文字的形式写好背熟。

问题二:"谈谈你的家庭情况"

思路:

1.自我介绍对于了解应聘者的性格、观念、心态等有一定的作用,这是招聘单位问该问题的主要原因。

2.简单地罗列家庭人口。

3.宜强调温馨和睦的家庭氛围。

4.宜强调父母对自己教育的重视。

5.宜强调各位家庭成员的良好状况。

6. 宜强调家庭成员对自己工作的支持。

7. 宜强调自己对家庭的责任感。

问题三：最能概括你自己的 3 个词是什么？

思路：我经常用的 3 个词是：适应能力强,有责任心和做事有始终,结合具体例子向主考官解释,使他们觉得你具有发展潜力。

问题四："你有什么业余爱好?"

思路：

1. 业余爱好能在一定程度上反映应聘者的性格、观念、心态,这是招聘单位问该问题的主要原因。

2. 最好不要说自己没有业余爱好。

3. 不要说自己有哪些庸俗的、令人感觉不好的爱好。

4. 最好不要说自己仅限于读书、听音乐、上网,否则可能令面试官怀疑应聘者性格孤僻。

5. 最好能有一些户外的业余爱好来"点缀"你的形象。

6. 找一些富有团体合作精神的。这里有一个真实的故事:有人应聘时被否决,因为他的爱好是深海潜水。主考官说:因为这是一项单人活动,我不敢肯定他能否适应团体工作。

问题五："你最崇拜谁?"

思路：

1. 最崇拜的人能在一定程度上反映应聘者的性格、观念、心态,这是面试官问该问题的主要原因。

2. 不宜说自己谁都不崇拜。

3. 不宜说崇拜自己。

4. 不宜说崇拜一个虚幻的或是不知名的人。

5. 不宜说崇拜一个明显具有负面形象的人。

6. 所崇拜的人最好与自己所应聘的工作能"搭"上关系。

7. 最好说出自己所崇拜的人的哪些品质、哪些思想感染着自己、鼓舞着自己。

问题六："你的座右铭是什么?"

思路：

1. 座右铭能在一定程度上反映应聘者的性格、观念、心态,这是面试官问该问题的主要原因。

2. 不宜说那些易引起不好联想的座右铭。

3. 不宜说那些太抽象的座右铭。

4. 不宜说太长的座右铭。

5. 座右铭最好能反映出自己某种优秀品质。

6. 参考答案——"只为成功找方法,不为失败找借口"。

问题七："谈谈你的缺点"

思路：

1. 不宜说自己没缺点。

2. 不宜把那些明显的优点说成缺点。

3. 不宜说出严重影响所应聘工作的缺点。

4. 不宜说出令人不放心、不舒服的缺点。

5. 可以说出一些对于所应聘工作"无关紧要"的缺点,甚至是一些表面上看是缺点,从工作的角度看却是优点的缺点。绝对不要自作聪明地回答:"我最大的缺点是过于追求完美。"有的人以为这样回答会显得自己比较出色,但事实上,他已经岌岌可危了。

问题八:"谈一谈你的一次失败经历"

思路:

1. 不宜说自己没有失败的经历。

2. 不宜把那些明显的成功说成是失败。

3. 不宜说出严重影响所应聘工作的失败经历。

4. 所谈经历的结果应是失败的。

5. 宜说明失败之前自己曾信心百倍、尽心尽力。

6. 说明仅是由于外在客观原因导致失败。

7. 失败后自己很快振作起来,以更加饱满的热情面对以后的工作。

问题九:你想过创业吗?

思路:这个问题可以显示你的冲劲,但如果你的回答是"有"的话,千万小心,下一个问题可能就是:"那么为什么你不这样做呢?"

问题十:你参加过义务活动吗?

思路:现在就着手做一些义务活动,不仅是那些对社会有贡献的,而且是你的雇主会在意的,如果他们还没有一个这样的员工,那么你会成为很好的公关资源。

问题十一:"你为什么选择我们公司?"

思路:

1. 面试官试图从中了解你求职的动机、愿望以及对此项工作的态度。

2. 建议从行业、企业和岗位这3个角度来回答。

3. 参考答案——"我十分看好贵公司所在的行业,我认为贵公司十分重视人才,而且这项工作很适合我,相信自己一定能做好。""我来应聘是因为我相信自己能为公司做出贡献,而且我的适应能力使我确信我能把职责带上一个新的台阶。"

问题十二:"对这项工作,你有哪些可预见的困难?"

思路:

1. 不宜直接说出具体的困难,否则可能令对方怀疑应聘者不行。

2. 可以尝试迂回战术,说出应聘者对困难所持有的态度——"工作中出现一些困难是正常的,也是难免的,但是只要有坚忍不拔的毅力、良好的合作精神以及事前周密而充分的准备,任何困难都是可以克服的。"

问题十三:"如果我录用你,你将怎样开展工作"

思路:

1. 如果应聘者对于应聘的职位缺乏足够的了解,最好不要直接说出自己开展工作的具体办法。

2. 可以尝试采用迂回战术来回答,例如:"首先听取领导的指示和要求,然后就有关情况进行了解和熟悉,接下来制订一份近期的工作计划并报领导批准,最后根据计划开展工作。"

问题十四:"与上级意见不一样,你将怎么办?"

思路:

1. 一般可以这样回答:"我会给上级以必要的解释和提醒,但是,我首先会服从上级的意见。"

2. 如果面试你的是总经理,而你所应聘的职位另有一位经理,且这位经理当时不在场,可以这样回答:"对于非原则性问题,我会服从上级的意见,对于涉及公司利益的重大问题,我希望能向更高层领导反映。"

问题十五:"我们为什么要录用你?"

思路:

1. 应聘者最好站在招聘单位的角度来回答。

2. 招聘单位一般会录用这样的应聘者:基本符合条件、对这份工作感兴趣、有足够的信心。

3. 例如:"我符合贵公司的招聘条件,凭我目前掌握的技能、高度的责任感和良好的适应能力及学习能力,完全能胜任这份工作。我十分希望能为贵公司服务,如果贵公司给我这个机会,我一定能成为贵公司的栋梁!"

问题十六:"你能为我们做什么?"

思路:

1. 基本原则为"投其所好"。

2. 回答这个问题前应聘者最好能"先发制人",了解招聘单位期待这个职位所能发挥的作用。

3. 应聘者可以根据自己的了解,结合自己在专业领域的优势来回答这个问题。

问题十七:"你是应届毕业生,缺乏经验,如何能胜任这项工作?"

思路:

1. 如果招聘单位对应届毕业生的应聘者提出这个问题,说明招聘单位并不真正在乎"经验",关键看应聘者怎样回答。

2. 对这个问题的回答最好要体现出应聘者的诚恳、机智、果敢及敬业。

3. 例如:"作为应届毕业生,在工作经验方面的确会有所欠缺,因此在读书期间我一直利用各种机会在这个行业里做兼职。我也发现,实际工作远比书本知识丰富、复杂。但我有较强的责任心、适应能力和学习能力,而且比较勤奋,所以在兼职中均能圆满完成各项工作,从中获取的经验也令我获益匪浅。请贵公司放心,学校所学及兼职的工作经验使我一定能胜任这个职位。"

问题十八:"你希望与什么样的上级共事?"

思路:

1. 通过应聘者对上级的"希望"可以判断出应聘者对自我要求的意识,这既是一个陷阱,又是一次机会。

2. 最好回避对上级具体的希望,多谈对自己的要求。

3. 例如:"作为刚步入社会的新人,我应该多要求自己尽快熟悉环境、适应环境,而不应该对环境提出什么要求,只要能发挥我的专长就可以了。"

问题十九:"告诉我 3 件关于本公司的事情。"

思路:你应该知道 10 件和公司有关的事情,他问你 3 件你回答 4 件,他问你 4 件你回答 5 件。说几件你知道的事,其中至少有一样是"销售额为多少多少"之类。

问题二十:"你为什么至今还没找到合适的职位呢?"

思路:千万不要说"我上一次面试弄得一塌糊涂……",要指出这是你第一次参加面试。

职场必看的 5 个寓言

1. 情况不同

一只小猪、一只绵羊和一头乳牛,被关在同一个畜栏里。有一次,牧人捉住小猪,它大声嚎叫,猛烈地抗拒。绵羊和乳牛讨厌它的嚎叫,便说:"他常捉我们,我们并不大呼小叫。"小猪听了回答道:"捉你们和捉我完全是两回事,他捉你们,只是要你们的毛和乳汁,但是捉住我,却是要我的命呢!"

立场不同、所处环境不同的人,很难了解对方的感受。因此对别人的失意、挫折、伤痛,不宜幸灾乐祸,而应有关怀、了解的心情,要有宽容的心!

2. 靠自己

小蜗牛问妈妈:为什么我们从生下来,就要背负这个又硬又重的壳呢?

妈妈:因为我们的身体没有骨骼的支撑,只能爬,又爬不快。所以要这个壳的保护!

小蜗牛:毛虫姐姐没有骨头,也爬不快,为什么它却不用背这个又硬又重的壳呢?

妈妈:因为毛虫姐姐能变成蝴蝶,天空会保护它啊。

小蜗牛:可是蚯蚓弟弟也没骨头爬不快,也不会变成蝴蝶,它为什么不背这个又硬又重的壳呢?

妈妈:因为蚯蚓弟弟会钻土,大地会保护它啊。

小蜗牛哭了起来:我们好可怜,天空不保护,大地也不保护。

蜗牛妈妈安慰他:所以我们有壳啊! 我们不靠天,也不靠地,我们靠自己。

3. 鲨鱼与鱼

曾有人做过实验,将一只最凶猛的鲨鱼和一群热带鱼放在同一个池子,然后用强化玻璃隔开。最初,鲨鱼每天不断冲撞那块看不到的玻璃,奈何这只是徒劳,它始终不能游到对面去,而实验人员每天都要放一些鲫鱼在池子里,所以鲨鱼也没缺少猎物。只是它仍想到对面去,想尝试那美丽的滋味,每天仍是不断冲撞那块玻璃。它试了每个角落,每次都是用尽全力,但每次也总是弄得伤痕累累,有好几次都浑身破裂出血。持续了好一些日子,每当玻璃一出现裂痕,实验人员马上加上一块更厚的玻璃。

后来,鲨鱼不再冲撞那块玻璃了,对那些斑斓的热带鱼也不再在意,好像它们只是墙上会动的壁画,它开始等着每天固定会出现的鲫鱼,然后用它敏捷的本能进行狩猎,好像回到海中不可一世的凶狠霸气,但这一切只不过是假象罢了。实验到了最后的阶段,实验人员将玻璃取走,但鲨鱼却没有反应,每天仍是在固定的区域游着。它不但对那些热带鱼视若无睹,甚至当那些鲫鱼逃到那边去,它就立刻放弃追逐,说什么也不愿再过去。实验结束了,实验人员讥笑它是海里最懦弱的鱼。可是失败过的人都知道为什么——它怕痛。

4. 神迹

法国一个偏僻的小镇,据传有一个特别灵验的泉水,常会出现神迹,可以医治各种疾病。有一天,一个挂着拐杖,少了一条腿的退伍军人,一跛一跛地走过镇上的马路。旁边的镇民带着同情的口吻说:"可怜的家伙,难道他要向上帝祈求再有一条腿吗?"这一句话被退伍军人听到了,他转过身对他们说:"我不是要向上帝祈求有一条新的腿,而是要祈求他帮助我,叫我没有一条腿后,也知道如何过日子。"

试想:学习为所失去的感恩,也接纳失去的事实,不管人生的得与失,总是要让自己的生命充满亮丽与光彩,不再为过去掉泪,努力地活出自己的生命。

5. 钓竿

有个老人在河边钓鱼，一个小孩走过去看他钓鱼。老人技巧纯熟，所以没多久就钓上了满篓的鱼。老人见小孩很可爱，要把整篓的鱼送给他。小孩摇摇头，老人惊异地问道："你为何不要？"小孩回答："我想要你手中的钓竿。"老人问："你要钓竿做什么？"小孩说："这篓鱼没多久就吃完了，要是我有钓竿，我就可以自己钓，一辈子也吃不完。"我想你一定会说：好聪明的小孩。错了，他如果只要钓竿，那他一条鱼也吃不到。因为，他不懂钓鱼的技巧，光有渔竿是没用的，因为钓鱼重要的不在钓竿，而在钓技。有太多人认为自己拥有了人生道路上的钓竿，再也不会惧怕路上的风雨，如此，难免会跌倒于泥泞地上。就如小孩看老人，以为只要有钓竿就有吃不完的鱼；像职员看老板，以为只要坐在办公室，就有滚滚而进的财源。

资料来源：康瑞铎．职场八卦经：上班那点事[M]．北京：企业管理出版社，2010.

任务 7 团队沟通

大成功靠团队,小成功靠个人。

——比尔·盖茨

任务目标

- 了解团队的基本概念、构成及要素;
- 认识团队沟通对组织发展的重要意义;
- 明了团队沟通的一般程序和高效团队的特征;
- 把握团队沟通中的障碍及其克服技巧。

案例导入

阿东为了参加毕业典礼,买了条裤子,可惜裤子长了 2 寸,吃晚饭时,趁奶奶、嫂子、妈妈都在场,阿东把裤子长 2 寸的问题说了一下,饭桌上大家都没有反应。饭后大家都去忙自己的事情,这件事就没有被再提起。妈妈睡得晚,临睡前想起儿子明天要穿的裤子还长 2 寸,就把裤子剪了 2 寸,叠好放回原处。半夜起风了,嫂子起来关窗户,突然想起阿东的裤子,而自己辈分最小,怎么着也该自己去做,于是把裤子剪了 2 寸叠好放回原处。奶奶早晨起得早,给孙子做饭,烧水的同时,想起阿东的裤子的事,于是又剪了 2 寸放回原处。最后,阿东只好穿着短了 4 寸的裤子去参加毕业典礼……

7.1 团队沟通概述

团队工作意味着大家要协同一致,和睦相处。管理者之所以组建团队,就是想让员工们能充分发挥各自的优势,在需要的时候互相帮助,最终实现共同目标。对团队来说,成员间的沟通能力是保持其高效的工作和旺盛生命力的必要条件;就个体而言,要想在团队中获得成功,必须要加强与团队成员的积极沟通。因为好的想法、建议,只有尽快让他人了解、让上级采纳,才有意义和价值。因此,一个人身在团队之中,良好的沟通能力是一种必备的技能。

团队成员唯有从自身做起,秉持对话精神,有方法、分层次地对同事发表意见并探讨问题,汇集经验和知识,才能凝聚团队共识,激发自身和团队的力量。

7.1.1 团队概述

1. 团队概念

团队是一种新型的组织模式,它是由员工和管理层组成的一个共同体,该共同体合理利用每一个成员的知识和技能协同工作,解决问题,达到共同目标。

任何团队都包含 5 个要素,简称为 5P,具体如下。

(1) 目标(Purpose)。团队应该有一个明确的目标,告知团队成员努力的方向,没有目标的团队就没有存在的价值。团队的目标必须跟组织的目标一致。同时,目标还应该有效地向大众传播,让团队内外的成员都能充分地了解。

(2) 人员(People)。人是构成团队最核心的力量。因为目标是通过人的活动才得以实现的。通常认为,两个(包含两个)以上的人就可以构成团队。不同的人通过分工来共同完成团队的目标,因此,在组建团队时,要充分考虑到人员的知识、能力、经验和技能等,形成一种互补的态势。

(3) 团队的定位(Place)。团队的定位包含两层意思:①团队的整体定位,包括团队在企业中处于什么位置、由谁选择和决定团队的成员、团队最终应对谁负责、团队采取什么方式激励下属等;②团队中个体的定位,指的是成员在团队中扮演什么角色。

(4) 权限(Power)。团队中领导人的权力大小跟团队的发展阶段相关,一般来说,团队越成熟,领导者所拥有的权力相应越小,在团队发展的初期阶段领导权相对比较集中。团队权限关系的两个方面:①整个团队在组织中拥有什么样的决定权,如财务决定权、人事决定权、信息决定权等;②组织的基本特征,如组织的规模、团队的数量、组织对于团队的授权、业务类型等。

(5) 计划(Plan)。计划也有两个层面的含义:①计划工作,是指根据对组织外部环境与内部条件的分析,提出在未来一定时期内团队要达到的目标以及实现目标的方案或途径;②计划形式,是指用文字和指标等形式表述团队在未来一定时期内的行动方向、内容和方式安排。

团队与一般意义上的群体有着本质的区别,具体表现在以下几个方面。

(1) 领导方面。作为群体,应该有明确的领导人;而团队则不一样,尤其是团队发展到成熟阶段时,成员共享决策权。

(2) 目标方面。群体的目标必须跟组织保持一致;但团队中除了这点之外,还可以产生自己的目标。

(3) 协作方面。协作性是群体和团队最根本的差异,群体的协作性可能是中等程度的,有时成员还有些消极、有些对立;但团队中始终是一种齐心协力的气氛。

(4) 责任方面。群体的领导者要负很大责任;而团队中除了领导者要负责之外,每一个团队的成员也要负责,甚至要相互作用,共同负责。

(5) 技能方面。群体成员的技能可能是不同的,也可能是相同的;而团队成员的技能是相互补充的,把不同知识、能力、经验和技能的人综合在一起,形成角色互补,从而达到整个团队的有效组合。

2. 团队的发展阶段

从团队的创建和发展过程来看,一个团队一般要经历创建期、磨合期、凝聚期、高产期和整合期 5 个阶段。

1) 创建期

在团队创建初期,要有团队创建人,要完成一系列的准备工作,要得到上层领导的支持。这一阶段首先要考虑的问题是团队的定位,具体包括:①创建者必须根据团队的任务、目标来思考创建一个什么样的团队,即团队的类型与功能;②本团队应该控制在多少人的规模;③本团队应该包括哪些必需的技术人才、管理人才等,各自的角色是什么。创建者必须就这些问题制订出一个明确的规划。当团队得到正式认可并召开第一次会议后,这一阶段的工作即告完成。

在团队初创阶段,创建工作必须得到上层领导的支持。在团队创建人制订出具体规划的时候,很可能要在整个组织内部挑选成员,这就涉及内部的协调和沟通问题,尤其是和人力资源部门的配合问题,任何一个小的失误,都会影响团队创建者的热情,甚至改变创建的初衷。因此,要明确本团队直接向谁负责,谁是团队的最终裁定者,并力争得到他的有力支持。

但这一时期,新生的团队生产力处于较低水平,队员之间在工作上短期内无法达到配合默契的状态,需要团队成员尽快地适应新的环境。

创建期最重要的是明确团队的目标和愿景,这有利于增强团队凝聚力,形成团队的集体荣誉感并决定着团队的最终工作效果。

2)磨合期

磨合时期的动荡是每一个团队都要经历的特殊时期。能否进行有效的磨合,并顺利度过这段敏感时期,对团队领导以及团队领袖的综合能力是一个极大的考验。

这一时期,人际关系变得紧张起来,个别新锐试图挑战领导者的权威,强大的工作压力使人焦虑不安,严重的时候甚至引发内部冲突。

在这种情况下,团队前景显得扑朔迷离,士气陷入低潮。但由于积极的队员都在适应和摸索解决问题的方法,团队整体的生产力水平却在稳步提高。连续的培训以及对工作的理解,使团队成员在实战中慢慢形成个人的风格。

团队领导在这个敏感的时期,要注意以下几点:①密切注意团队进步情况,每天利用一切机会与每一个队员充分沟通实际工作中遇到的具体问题,帮助大家分析问题并提供解决方案;②建立标准的工作规范,并身体力行,这是统筹团队各项工作的关键;③积极寻求解决问题的办法,抓住一切有利机会鼓舞团队士气,争取以自己在工作上的突破为团队树立榜样;④善于树立典型,对于取得突出成绩的队员要尽可能地为其争取荣誉,号召大家向优秀者学习。

3)凝聚期

凝聚时期,团队会逐渐形成独有的特色,成员之间以标准的流程投入工作,分配资源,团队内部无私地分享各种观点和各类信息,团队荣誉感很强。

在开展工作方面,这一时期团队的士气高涨,即使面对极富挑战性的工作,团队成员也会表现出很强的自信心。如果个人不足以独立完成某项工作任务,他们会主动积极寻求合适的团队成员加以配合。在特殊的情况下,他们也可能千方百计激发自己潜能,超水平发挥,从而取得意想不到的成功。在凝聚期,每一个队员都会表现出很强的主观能动性。

这样的状态使团队的生产力水平进入巅峰时期,团队成员对于工作中取得的突破已没有了当初的激动,每个人都能以平和的心态面对成败。在紧张有序的工作环境中,处处都表现出一个高绩效团队的成熟魅力。

这一阶段是组织建设团队文化的最有利的时机。团队文化建设的内容主要是培养成员互助合作、敬业奉献的精神,增强他们的归属感和凝聚力,促进团队价值观念的最终形成。

一个具有强烈凝聚力的团队,也必然会表现强烈的排他性,团队交流很容易限于一个私密的空间。这个特点也决定了团队规模不宜过大,否则会因为队员之间的隔膜而损害团队的整体战斗力。

4)高产期

度过第三个阶段,团队就进入了高产期,这一时期的团队通常就是高绩效的团队。"高效"是组织的目的,也是团队建立的原因。这一时期的团队表现出如下几个方面的特征:①团队成员具有一定的决策权,能自由分享组织的信息;②团队成员信心增强,具备多种技能,能协力解决各种问题；③组织和团队用民主的、全通道的方式进行平等沟通，化解冲突，分配资源；④团队成员有着成就事业的高峰体验，有完成任务的使命感和荣誉感。

为使这一时期的团队持续保持良好的工作状态，团队领导在组织开展工作时要注意以下几点：①随时更新工作方法与流程；②要把自己定位为团队成员而非领袖；③要不断给团队成员具有挑战性的目标，通过承诺而不是管制追求更佳结果；④要随时监控工作的进展，承认个人的贡献，庆祝成就。

5）整合期

高产期的团队运行到一定阶段，完成了自身的目标后，就进入了团队发展的第五个阶段——整合期。

整合期的团队可能有以下 3 种结果。

（1）团队的任务完成了，也即意味着团队的解散。这个时候成员的反应差异很大，有的人很悲观，认为好不容易大家组合在一起，彼此间已形成了很好的关系，却又面临解散；也有一些人持乐观的精神，他们感觉在团队合作中获益匪浅。

（2）团队这一任务完成了，第二个任务又来了，所以进入了修整时期。经过短暂的总结、休假等，团队就进入下一个工作周期，有时候也要根据新目标而进行团队成员的调整和整合。

（3）对于表现不太好的团队，将进行整顿，整顿的一个重要内容就是优化团队的规范。通常团队不能达到目标就是因为规范建立得不够，流程做得不够，没有形成一套有系统的方式和方法。

3. 高效团队的特征

团队始终是组织内部任务的接受者、问题的发现者、解决者和创造者，一个高效和成功的团队通常具有以下特征。

1）统一目标——任务特质

每个团队的建立或存在都有一个特别的任务，团队队员以完成这个任务为主要目标。因此，团队队员应充分了解到这个团队存在的理由、团队的界限及团队在组织中所扮演的角色和功能。但是目标的实现要通过转换为具体的任务才能完成，这类似于管理中的工作分析，常用工作分解结构的方法来实现，以确保找出完成项目工作范围的所有工作要素，同时描述可交付成果和其组成要素的具体内容。任务的内在结构包含 3 个因素：规划（对行动过程、时间安排以及资源需求的决策）、执行（计划的实施）和控制（对绩效和进度的监控，在必要时采取纠正措施）。

2）程序认同——团队规则

在团队工作中，规则引导个人行为方式的标准化；在标准化的工作氛围中，人人都可获得最大的工作效率和最快的个人核心能力提升。“破窗理论”①也道出严格执行规则的必要性和重要性。团队规则集中在两个方面：责任分享程序和教育训练系统。

责任分享包括两个层面：一是在团队队员共同分摊团队的工作过程中；二是针对团队的最后成果而言，团队的特色即在于顺利完成团队的目标时，全体队员将分享该成果，共同接受组

———————————

① 破窗理论，由美国政治学家威尔逊和犯罪学家凯琳观察总结理论，也叫破窗效应。该理论认为环境可以对一个人产生强烈的暗示性和诱导性。形象地说就是：一扇窗户被打破，如果没有修复，将会导致更多的窗户被打破，甚至整栋楼被拆毁。该理论告诉人们：任何一种不良现象的存在，都在传递着一种信息，这种信息会导致不良现象的无限扩展。因此，必须高度警觉那些看起来是偶然的、个别的、轻微的“过错”，如果对这种行为不闻不问、熟视无睹、反应迟钝或纠正不力，就会纵容更多的人“去打烂更多的窗户玻璃”，就极有可能演变成“千里之堤，溃于蚁穴”的恶果。

织的激励与奖励。相反,当团体无法顺利完成特定任务时,则全体队员将共同承担这一失败的责任。但是,必须明确的是,共同承担并不意味着工作职责的模糊,而是要团队成员充分明了自己在特定岗位上的失误将会给整个团队带来多大的损害。因此,团队中每位成员的工作职责划分必须明确,要有严格的配合工作流程的责任分析机制。

教育训练系统要求高效团队的成员必须经过系统的培训,成为有一定的工作经验,且要同时具备技术技能、人际技能、解决问题等不同类型的技能。

相关链接 7-1

珠江钢琴厂的"责任分红"

美国 *MUSIC TRADE* 2003 年 4 月刊报道,2002 年,珠江钢琴厂以 7.5 万台的产量,超过了原世界排名第一的日本的雅马哈钢琴厂,成为全球最大的钢琴制造商。配合其"以质取胜"的核心价值观,珠江钢琴厂的管理理念是"意识在先、责任在先、行为在先、管理在先"。珠江钢琴厂重视对每个工作团队进行全面技能素质的培训,实行一整套严格的工艺流程管理质量体系,明确责任。每架钢琴的报表上都有详细的技工和技鉴名单以及时间,一旦有差错,一目了然。珠江钢琴厂应用菲奈特软件实现了一整套解决企业信息优化和共享的智能化应用系统(SmartBPM),满足不同用户的不同查询浏览需求,还能为企业提供科学的多方案效绩评估,并拥有多方案的告警或预警系统,可从多角度监控企业的经营运作状况。

---

3) 信息沟通——工作氛围

人们习惯于将群体性组织视为生产的函数"黑箱",给定了一定的输入,就能期望得到相应的输出。由有情感的人组成的团队却不是那么简单。一般地,所有的情感都有可能影响到团队的组织绩效,无论是团队成员的生活情感、道德情感还是审美情感。成员之间的情感互动作用所产生的基于团队层面的情感更容易在团队成员之间引起互动关系、对团队的组织绩效影响更大。团队成员的地位是平等的,但是组长或者协调人(通常意义上的领导者)在一个团队中的实际作用却很大,他以及骨干队员在信息沟通、氛围营造、团队对外交往甚至在调解团队内部冲突方面都发挥着举足轻重的作用。

相关链接 7-2

香港中文大学的游戏

香港中文大学有许多传统的经典游戏,比如 Ice Breaking 系列、Black Magic 系列,形式活泼,多是肢体语言与脑筋急转弯的结合,加上香港人特有的幽默,来自内地大学的学生感到很新鲜,并能很快融入他们那种放松的氛围中,心理距离也很快被拉近了。Ice Breaking 是用于加深一个新团队中组员之间的认识和默契的一系列游戏。比如,强化记忆队友的名字和外貌的游戏中,把人员分成两个组,每组随机出人,比赛说名字。这种游戏看似简单,奖励与惩罚均是笑声与歌声,但在中大学生幽默的主持下,配合以激烈的竞争,很容易打破新成员之间的隔阂,各人的特点在游戏中也表露无遗。Black Magic 则是空闲时刻增进大家亲密感的一种游戏。一个人闭上眼睛,由另一同学引导其猜一任意被指物体,总能猜对,为什么呢? 有暗号! 这就是默契,同学之间培养起来的默契!

7.1.2 团队沟通的含义

团队沟通是指团队成员合理利用个人或团队现有资源,沟通、协调和处理团队内部各种人员与事务,激发调动团队成员的积极性,以达到实现团队的共同目标与团队的和谐发展,包括一对多、多对多的正式或非正式等各种沟通。

团队沟通是从"我要成功"到"我们要成功"的跨越,团队的建设目标是使"1+1>2"成为可能,成为必然。团队沟通,要敢于沟通、勤于沟通、善于沟通,让所有人都了解你、欣赏你、喜欢你。

相关链接 7-3

为了解决队员间沟通不足的问题,希丁克(曾任韩国足球教练)提出了一系列要求:不许球员间再使用"大哥"这样的称呼,"运动场上的对话不许使用尊称!"他还要求:年轻的球员不论在战术训练还是在比赛中,都要经常和前辈开口说话。吃饭时,要前后辈穿插坐在一起,希丁克也和球员坐一个桌子,随意地交谈。安排宿舍时他故意把前后辈球员安排在一个房间,让他们相互了解。如果比赛中,球员半句话不说,只是奔跑,他就会大为发火……

希丁克要求"呼叫踢法"的目的,是因为球员之间的相互协助,"说话总比腿更快、更灵活"。

同时,希丁克还强调团队成员每一个人要主动和自己双向沟通。他要求球员们该追问的就要追问到底:"不要只按主教练的意思去做,假如与你的想法不符,该追问主教练的,照样要问!"他认为只有这样才能给球队带来发展。

只要一有空,希丁克就会大声喊:"大声说话!喊出来!""要不停地怀疑和追问,为什么要做这种训练?凭什么主教练的话就要无条件服从?"

球赛时,主教练和球员无法交流,所以训练时,就要把你感受到的东西马上说出来讨论,这样才会进步!效果才会明显!……

通过一系列的"沟通训练",希丁克顺利把球员与球员之间,球员和教练之间的自上而下的"链式沟通",灵活转化为自下而上的"网络式沟通"。

顺畅的双向沟通模式成为习惯后,希丁克所强调的"享受比赛"和"用脑踢球"的环境,开始在韩国队中形成气候,训练场上气氛马上欢快起来。

资料来源:毕元. 美国式团队[M]. 北京:中国商业出版社,2005.

7.1.3 团队沟通的特点

团队沟通是基于完成特定的团队目标,团队成员之间所进行的信息传递与交流,交流的目的是为了更好地、协调一致地开展工作并出色地完成相关工作任务。团队沟通有以下特点。

1. 基于平等基础上的沟通网络

在团队内部,成员之间是一种分工与协作的关系,而不是管理与被管理的关系,因此,团队成员之间的沟通关系是平等的。另外,在团队内部既有正式的沟通渠道也有非正式的沟通渠道,信息传递高效、直接,中间环节少。

2. 规范的沟通形式

团队是一种工作的协作方式,团队成员有着统一的工作目标,他们共同对团队所要达到的目标负责,同样也对团队所采用的工作方法负责,在这种情况下,团队的沟通是以工作任务为导向,以探索最佳工作方式为目的的。因此,团队沟通有一定的群体规范和一致的路径。

3. 融洽的沟通气氛

在团队内部,成员之间不仅能有效地进行工作任务方面的沟通,而且能进行情感上的沟通,充满了健康、坦诚的沟通气氛。团队成员之间既积极倾听他人的意见,也能清楚地表达自己的观点。

相关链接 7-4

我们研发部就是每 3 个月开一次早餐会,桌上放着的是香浓的咖啡、牛奶和可口的早点,与会的除了经理杰森以外,都是一些普通员工或最基层的项目经理,而一些中层项目经理则不会参与。

在这样轻松愉快的气氛下,主要是为了让员工们把生活、工作中遇到的困难和问题随意地提出来,并由专人将这些记录下来,以便安排解决。通过这样的沟通,员工就会有一种被关心、被尊重的感觉,而且能够形成十分顺畅的上下级交流渠道。

资料来源:毕元. 美国式团队[M]. 北京:中国商业出版社,2005.

---

4. 良好的外部沟通

团队沟通不仅指团队内部成员间的沟通,因为仅靠团队内部的凝聚力在很多情况下不能保证目标任务的实现,团队活动的顺利开展往往需要优良的外部环境和其他组织、团队及相关个人的支持。为此,团队在进行充分内部沟通的同时,会积极开展对外沟通。对外沟通的对象通常包括组织内部处于垂直关系的上下级部门、同一级别或层次的部门与团队、社会公众等。

5. 沟通技巧高超的团队领导

团队的领导者通常都能很好地了解和理解团队成员的心理,尊重他们的要求。他们一般是通过自己优良的沟通能力、组织协调能力以及独特的个人魅力影响与引导团队成员按照既定的方向完成组织目标的,而不是力图监管和控制团队成员。在团队开展活动过程中,团队领导者能够充分倾听成员的心声,根据实际情况适当放权,让团队成员参与团队计划的制订和重大事项的决策,有效调动团队成员的积极性。

7.1.4 团队沟通渠道类型

依据不同的沟通渠道,团队沟通模式可分为正式沟通渠道模式和非正式沟通渠道模式,其中正式沟通模式分为链形沟通模式、多链形沟通模式、轮形沟通模式、环形沟通模式、网络形沟通模式。

1. 链形沟通模式

链形沟通模式(见图 7-1)是指在一个沟通团队中,信息只能从一个人到另一个人,将信息逐级进行传递,居于两端的人只有向下或向上沟通,居于中间的人也只可以向上和向下分别进行沟通。它的沟通渠道类似于一条双向流水线。链形沟通的信息只能逐级传递,不能越过中间的人而直接与不相邻的人沟通。在这种模式中,信息经过层层传递、筛选,容易失真,各个信息传递者接收的信息差异很大。信息传送速度与链条长短、各链节间距及各链节间传送效率成正比。链条越长,各链节间距越远,各链节间传送效率越低,则链形沟通的速度与质量均处于低下水平;反之,则处于较高水平。

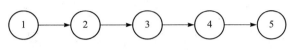

图 7-1　链形沟通

2. 多链形沟通模式

多链形沟通模式(见图 7-2)是指,在一个大的链形沟通模式中,又存在着许多较小的链形沟通模式,即链中有链,链下有链。但一个小的链形沟通模式中,只有一端与外界相通,是组成更大的链形沟通模式中的一个链条,许多这样的链条组成了一个较大的链条,构成一个较大的链形沟通模式。在每一个链形沟通模式里,信息仍然都必须严格经过层层传递。各不同沟通链间仍然缺乏较多的必要直接联系,各下属主要还是接受上级命令,各下属要反馈信息时,也只能通过他在该企业中唯一的上级。在多链形沟通模式中,一个沟通中心有可能连接着多个沟通链条,即小的链形沟通模式。

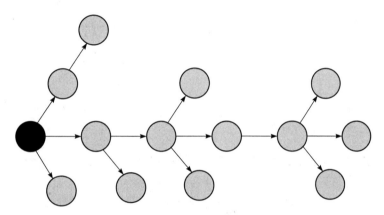

图 7-2　多链形沟通

3. 轮形沟通模式

轮型沟通模式(见图 7-3)也可以叫作辐射形沟通渠道,它指的是在一个沟通团队内,存在一个沟通中心,沟通中心和其他每个人之间都有双向的沟通渠道,但非沟通中心的每个人之间没有直接沟通渠道,必须通过将信息传递给沟通中心,再由沟通中心将信息传递给沟通目标人,才能进行互相沟通。在这种模式中,信息沟通的渠道较少,信息高度集中,信息中心或者管理者的作用相当重要。信息收集、传送的速度较快,但对信息中心的信息接收、传送、处理能力要求高。轮形沟通模式下由于沟通的信息中心与各沟通人之间没有中间链节,因此具有较高的沟通效率。但各一般沟通人之间缺乏直接联系,导致他们之间管理沟通较难进行。

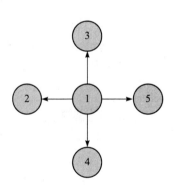

图 7-3　轮形沟通

4. 环形沟通模式

环形沟通模式(见图 7-4)是团队之间由管理者对直属下级进行沟通,而直属下级再分别与各自的下级进行沟通,基层再相互进行沟通。其中,每个人都同时与两侧的人沟通。在这种方式中,组织的集中化和预测程度都较低,畅通渠道不多,组织中成员具有较为满意的情绪,员工士气较高。这种形式也可以发展成多环形。

5. 网络形沟通模式

网络形沟通模式(见图 7-5)指的是,在一个沟通团队中,每个成员都与其他多个有关成员之间存在直接沟通渠道,而与另一些成员之间则通过第三者接通,存在间接的沟通渠道,成员间必要的直接沟通增加了,其中任何一个成员都有权利和有渠道获得其他成员提供的必要信息。在这种模式中,往往不太强调某一个人是信息中心,而是强调每个人都应该成为信息中心,每个人可以根据自己工作的需要,构成一个适合自己,支持自己工作的小型信息沟通网络系统。人人在享受别人信息服务的同时,也服务于群体中别的人,是别人的小信息沟通网络系统的一个组成部分。但在网络形沟通模式中,也并非每个成员间都必须存在直接沟通与联系。

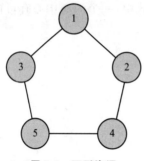

图 7-4　环形沟通　　　　　图 7-5　网络形沟通

除了上述正式沟通渠道模式外,非正式沟通是另一种团队沟通类型。非正式沟通是在一种缺乏组织的自然状态下发生的,一般将其分为 4 种类型。

(1) 单串型。它是指信息在非正式渠道中依次传递,即第一个人转告第二个人,后者再转告另一个人。

(2) 饶舌型。它是信息由一个人告诉其他所有的人,这个发出信息的人是非正式组织渠道的关键人物。

(3) 集合型。在沟通渠道中有几个中心人物(A、B、C、D),由他们转告其他若干人,即 A 将信息传递给特定的 B、C、D,再由他们传递出去。

(4) 随机型。它是指信息由一个人传递给某些人,这些人再随机地传递给另一些人,即想告诉什么人就告诉什么人,并无一定的中心人物或选择性。

相关链接 7-5

为了提升沟通的质量,现代公司比过去更重视员工的工作环境及办公室空间。为了获得非凡的成果,有些公司让肩负特殊任务的员工组成"臭鼬小组",不受组织常规规范,也不在办公室上班。例如曾经大受欢迎的摩托罗拉 Razr 手机,就是在位于芝加哥市区的新实验室里开发出来的。这个实验室,离公司位于伊利诺伊州郊区的研发中心约有 80 千米远,建筑及室内设计都和摩托罗拉一般的办公室迥然不同。它的颜色鲜亮多彩,没有隔间的墙。

"臭鼬小组"的天才们不但可以自由地交换创意,更经常和设计师、营销人员、生产经理及会计师接触。他们开发出的产品,目的不是让竞争者惊呼,而是要让竞争者的顾客惊艳。

资料来源:苏育琪. 聪明沟通法"谈话式管理"流行中[J]. 经济管理文摘,2006(16).

7.2　团队沟通方式与技巧

在讲团队沟通方式与技巧之前,先了解团队沟通的基本程序。

7.2.1　团队沟通的程序

由于团队沟通既指团队内部沟通,也指某一团队与其外部的组织、团队和个人的沟通,因此,分别就这两方面的沟通程序进行介绍。

1. 团队内部沟通程序

团队内部沟通基本上按照以下环节进行。

(1) 优化人际环境。团队成员之间良好的人际关系是实现团队内部有效沟通的前提和基础。为此,团队成员在执行任务前,相互之间需要进行充分的了解与交流,既要了解各自的优点和长处,也要明确彼此的缺陷与不足。通过广泛、深入的对话与交流,使团队成员之间建立起亲密的人际关系,营造和谐、融洽的团队气氛。

(2) 明确团队目标与责任。团队一旦组建起来就必须尽快制定明确的目标。目标的设定要具有挑战性。目标明确以后,及时进行任务分解,要求团队成员基于自身实际选择相应工作任务并拿出行动方案。通过分析、综合团队各成员对团队目标、任务的理解情况及其行动方案,制订有效的团队行动方案。在将行动方案转化为工作计划的过程中,要突出成员之间的分工协作,和开展工作时的沟通程序与形式。

(3) 培养团队精神。团队精神是指团队整体的价值观、信念和奋斗意识,是团队成员为了实现团队的利益和目标而互相协作、共同奋斗的思想意识。它具体表现为团队的凝聚力和团队成员在活动开展过程中的默契与配合。这种精神培育成功,团队内部的沟通就一定会非常顺畅了。

2. 团队外部沟通程序

团队外部沟通虽然依据不同的对象而呈现出不同的特点,团队无论面对外部哪一种沟通对象,其开展交流所遵照的程序是基本一致的。

(1) 明确沟通目的。团队与其外部进行沟通,通常是为了自身工作更加有效地开展。为此,在进行交流之前,要搞清楚通过沟通要解决什么问题、达到什么目标。

(2) 选择沟通对象。基于团队面临的要解决的问题,确定对外沟通对象,所选的沟通对象一定要对问题的解决具有最终决定权。这就要求在选择过程中既要研究问题的实质,也要熟悉相关组织机构的层级结构及分工。

(3) 确定沟通技法。面对不同的沟通对象,沟通的方式必然不同。这就要求团队在开展对外沟通时,首先要细致分析沟通对象的性格特点、兴趣爱好、职务职位和工作风格;其次根据要解决的问题和沟通对象的相关情况信息,从团队中选出最合适的成员开展对外沟通;最后相关团队成员共同研究沟通活动如何实施。

(4) 实施沟通活动。团队成员按照事先约定按时到达指定的地点,围绕团队当前要解决的问题灵活机动地开展沟通活动,沟通过程中既要注意一般的礼仪规范,但又不能过于拘泥于形式。在通过沟通解决面临问题的同时,也力求通过沟通活动展示团队行为风格和独具魅力的团队精神。

7.2.2 团队沟通方式

1. 关注电子媒体沟通方式

最迅速、最方便、最直接、最尊重人性的团队沟通方式,就是利用现代信息媒介体系沟通。随着社会科学技术的进步,计算机网络技术也已广泛被应用于团队沟通领域,这正是当代团队沟通领域的变革和飞跃。计算机网络因其快速、准确的特点,极大地提高了团队沟通的效率。另外,有效沟通方式因为计算机网络的出现而增加了很多的可选择空间。公司内部的人员既可以选择在局域网的 BBS 上发布信息、讨论专业问题;也可以越级向上司发送电子邮件以征询意见;更可以通过企业 QQ、MSN 的聊天途径与同事进行随时随地地交流;甚至文件的传送也无须离开座位,音频及视频的多媒体支持也使得不同地点的同事们可以成功地创设学习型组织的议事模式等。

大多数公司内部的团队沟通最常见的传统沟通方式是书面报告及口头传达。书面报告虽然正式全面,但容易掉进层层评报、文山会海中,失去沟通的效率性;而口头传达则易为个人主观意志所左右,无法客观地传达沟通内容。灵活多样的电子媒体沟通方式为每一位团队成员都提供了"说话、参与"的机会。

相关链接 7-6

电子邮件系统为我们公司内部员工和上下级的交流提供了最大的方便,确保了相互间意见的及时交流,对消除相互间的隔阂十分有利,能够最大限度地统一整个团队的步调,共同前进。

事实上,每个项目和方案的负责人,都会定期把进度状况发 E-mail 给相关人员。这在公司已经形成共识,也是使公司的团队工作无障碍进行的最大助力,以后的很多时候,我都深受其益。

公司的内部网站也是一个庞大而高效的沟通平台。比如,关于各地的最新报道、公司的政策、领导层写给员工的信等内容,都会及时发布,让每一名团队成员都能在第一时间获取最新信息。

公司人力资源部还建立了专门的网页,新员工可以访问以了解如何融入公司,还分别为外国员工、合资工厂、各地区开辟专门的链接。其他方面,关于人事上的招聘、培训、出差、发展、投诉等内容也一应俱全,一览无余,并随时更新。

而且,公司还在网站上开辟了交互式聊天室、论坛和调查栏目等,能让高层在第一时间了解到员工的需求和反应。面对可以随心所欲发言的聊天室和论坛,我也经常受不住"诱惑",跑到上面大书特书。

---

2. 丰富正式沟通渠道

随着社会、经济的发展,组织成员心理结构以及需求层次的变化,团队沟通应因人制宜、因时制宜,丰富正式沟通渠道,使组织成员的精神需求得到充分满足。

定期的领导见面和不定期的员工座谈会就是一种很好的正式沟通渠道,它也能切实地解决上述存在的问题。领导见面会的目的是让那些有思想有建议的员工有机会直接与主管领导沟通。一般情况下,这是由于员工的意见经过多次正常途径的沟通仍未得到有效回复。员工座谈会则是在管理者想要获得来自基层的第一手资料,而又担心通过中间渠道会使信息失真时采取的一种领导与员工直接沟通的方法。与领导见面会相比,员工座谈会是由上而下发起的,上级领导是沟通的主动方,而领导见面会则是应下层的要求而进行的沟通。当然还有许多其他的沟通渠道以供采用,总之要根据组织的实际情况来决定。比如,美国兰泰奇公司是一家年销售额过 5000 万美元的包装机械制造商,它把"群体领导"报告作为一种正式的沟通渠道。每份报告均由公司最高层领导的六位成员中的一名来准备,通过提供一份关于公司士气、氛围以及沟通整体信息来促成有效的组织沟通。

3. 合理利用非正式沟通渠道

在团队沟通中,一些管理者认为非正式沟通对于改善管理沟通毫无益处,只会有害;还有一些管理者则走向极端,过分地依赖于非正式沟通,使得团队沟通失控,企业的管理活动混乱。其实,非正式沟通渠道作为沟通渠道的一种,只要合理地加以利用,对改善管理沟通是非常有益的。非正式沟通存在于正式沟通渠道以外,与团队等级的权力没有任何关系。在现代企业中经常使用的两种形式为:巡回管理和藤状网络式沟通。巡回管理对所有层级的管理人员都有效。这些管理人员走出办公室与员工在一起工作,有效地进行沟通,从他们那里直接了解各部门或组织的状况。例如,百事公司的 AndyPearson 总是会直接与一位高级品牌副经理见面并询问目前公司的状况。而 ARCO 公司的主席养成了拜访地区经理办公室的习惯,但是他对与某地区总裁见面之类的事情不屑一顾,宁愿与该地区总裁手下底层的员工进行交谈,而且总是充当不速之客。在任何组织中,向上向下的组织沟通都因巡回管理而得到了加强,经理有机会得以向员工描述公司的重要想法和价值观念的同时,也从员工那里了解到他们的问题。

藤状网络式沟通是一种非正式的面对面的员工沟通网。令人吃惊的是它的准确性及它与组织的相关性。大约有 80% 的藤状网络式沟通属于与企业相关的话题,而非私人的恶意的流言。更重要的是,通过藤状网络式沟通传递的信息当中约有 70%～90% 的细节是准确的。许多企业管理人员希望藤状网络式沟通被破坏,因为他们认为这些小道消息是不真实的、恶意的,对个人有害的,但事实并非如此。最近的一项对各种行业的近 22 000 倒班人员的调查表明,有 55% 的人认为他们得到的信息大部分是通过藤状网络式沟通传递的。但在所有的情况中,特别是危险时刻,高层管理者应该有效地控制沟通方式,以使藤状网络式沟通不是信息的唯一来源,以消除它的不足之处。

相关链接 7-7

善用"知识骡子"

美国西北大学凯洛格商学院的社会学家渥兹,称中间人为"知识骡子",并研究企业如何善用他们。他发现,有些律师事务所试图找出这些中间人,并用不同的方式奖励他们。因为传统上,法律界的奖酬标准是客户量,而中间人的价值在于汇集企业内的创意。渥兹认为,企业应致力寻找并雇用具有中间人特质的员工。员工之间的互动越多,越能够解决现代组织的复杂问题。"互动的价值越来越高,"波士顿顾问集团的莫赫表示,"因为互动可以刺激创意,解决越来越困难的组织问题。"

资料来源:苏育琪. 聪明沟通法"谈话式管理"流行中[J]. 经济管理文摘,2006(16).

4. 建立团队沟通中的及时反馈机制

完整无缺的沟通过程包括信息的成功传送与反馈两个过程。对于团队沟通来讲,反馈更不能在沟通中缺席。因为反馈是指接收者把收到并理解了的信息返送给发送者,以便发送者对接收者是否正确理解了信息进行核实。管理沟通因为事关管理的经济或政治效益,在有限的时间内确认信息接收者及时、正确理解了所传送的信息,如产品定位或定价的指令或意见,对于企业经营的成败具有决定性意义。另外,由于管理的行为就是确保各项活动—如计划设想、没有偏离正常运行轨道的工作,因此,团队沟通中必须有反馈。在没有得到反馈以前,人们无法确认自己所发送的管理信息是否已经得到有效的编码、译码、理解和执行。只要反馈出现,无论它是正反馈,还是负反馈,都有助于人们实现管理;如果没有反馈,管理就会存在失控的可能性。

总之,健全团队的沟通渠道,不仅要充分利用好正式渠道和非正式渠道,还要做好反馈渠道和利用好现代的沟通渠道。

7.2.3 团队沟通技巧

有效的沟通能够消除团队内部可能发生的人际冲突,实现成员间的交流行为,使成员在情感上相互依靠,在价值观念上高度统一,在事实问题上清晰明朗,达到信息畅通无阻,从而改变成员之间的信息阻隔现象,激励士气,减轻恐惧和忧虑,增强团队之间的向心力和凝聚力,进而提高营销工作效率。

实现团队的有效沟通可以从以下5个方面进行。

1. 统一认识,转变思想

通过培训、学习,转变思想观念,让团队中的每个成员都对团队之间的沟通重新进行认识,这是团队良好沟通的基础。在整个团队沟通过程中,有一个非常关键的要素,那就是团队负责人的带头示范作用。团队工作每个发展阶段都依赖于组织成员良好的沟通,而成员良好的沟通又依赖于领导者的能力。领导能力是实现有效沟通的基础,同时也是保障工作高效性的关键条件。团队负责人在团队沟通中起着举足轻重的作用。一旦团队领导者的思维观念转变过来,将团队成员之间的沟通放在一个非常重要的位置,那么,"上行下效",下面的员工自然而然地会随之转变自己的思想观念,努力实现领导的"意图",最终有利于后续的团队之间的沟通工作。

2. 制度规范,严格管理

"制度重于一切",团队负责人应该积极组织团队成员建立各种规章制度,按照计划步骤来办事情,切忌无的放矢。在这个过程中,有两个需要注意的问题。首先,必须形成制度。由团队负责人或指定的人(原则上是团队负责人)牵头,组织下面的员工,通过集思广益,形成规范化、条文式的团队沟通规章制度,这些规章制度必须具有可行性及灵活性,同时应该非常明确,比如,沟通的时间、地点、参与人等,这些都是必须形成制度化的东西,要在整个团队内形成沟通的良好氛围。其次,沟通的主题要明确。团队负责人应该确保每次沟通都有一个能引起团队成员兴趣的主题,这样才能做到"有的放矢"。

3. 从细节入手,注重实效

从细节入手,这首先要求团队在进行沟通的过程中应保持冷静,不要带入个人的不良情绪。因为情绪的波动容易造成对信息的接收与理解产生偏见。同时还需要注意非语言提示,比如眼色、脸部表情、身体动作示意等。这些细微处是团队负责人和组织者必须加以关注的重点。其次教育团队成员学会积极倾听。积极的倾听是对信息进行积极主动的搜寻,而单纯地听则是被动的。积极倾听表现为接收,即客观地倾听内容而不做判断。也就是说,积极的倾听者就是接收他人所言,而把自己的判断推迟到对方说完以后。团队成员如果能做到积极倾听,往往可以从沟通中获得对方所要表达的完整信息;反之只能得到只言片语,错失至关重要的部分。再次,尝试换位思考。积极倾听,不但要求专注,还要求移情,即通常所说的"换位思考"。

也就是要把自己置身于对方的位置上,努力去理解对方想要表达的含义,需要暂停自己的想法和感觉,不轻易打断对方的讲话,从对方的角度调整自己的想法和感觉,这样可以进一步保证正确理解对方的本意。听的过程中,如果有什么问题,可以先记在笔记本上,然后再提问。

4. 精心设计,积极引导

首先,在团队进行沟通之前,要求事先进行充分设计。在沟通的过程中,注意引导他人,鼓励其他成员积极发言,畅所欲言。对成员的讲话表示赞同,可以直接表扬,配合其他非语言沟通,比如使用目光接触、赞许性的点头或恰当的面部表情等,让讲话者感觉自己受到尊重,从而真正做到"知无不言,言无不尽"。

其次,控制好各人发言时间,尽量做到言简意赅,重点突出。鼓励成员选择措辞并组织信息,把各种专业术语转化成通俗化的语言,使参与沟通的成员都易于接受,这样可以提高理解的效果。

再次,善于提问,并让其他成员参与进来。通过询问能够引导对方的谈话,同时取得更加明确的信息,支持自己的目的。

最后,如果在沟通过程中,有人提出某些过激的问题,或者是争议性颇大的问题,组织者就要以诚相待,让大家将各自不同的观点摆出来,并让每个人都提出自己的解决方案,通过整个团队共同协商确定最终解决办法。组织者在整个沟通过程中,必须保持一种理性的、中立的观点。

相关链接 7-8

有管理学家曾对男式服装生产企业 Harwood 公司做了关于团队沟通作用的调查。公司决定进行工艺流程改造和工艺重组,为了解决以往改革时工人反映强烈并产生敌对情绪等问题,特采取了 3 种不同策略。

(1) 与第一组工人采取沟通的方法,向其解释将要进行的改革的内容、意义、必要性等,然后待其反馈。

(2) 告诉第二组工人现在存在的各种问题,然后进行讨论并得出解决办法,最后派代表指定新的标准和流程。

(3) 要求第三组工人每人都讨论并参与设定、实施新标准和流程,要求团队合作。

结果,第一组工人的任务最简单,但是生产效率没有任何提高,并且敌对态度明显,40 天内有 17% 的工人离职;第二组工人在 14 天里恢复到原来的生产水平,并在以后生产效率进一步提高,无人离职;最后一组工人则在第二天就达到原来的生产水平,并在一个月里提高了 17% 的生产效率。

三个小组为何会呈现出如此大的差异呢?

资料来源:张昊民. 管理沟通[M]. 上海:格致出版社,2008.

5. 自我总结,强化效果

让团队成员自我总结,最终得到一个赞美或表态式的结论。而赞美或表态式的结论,使得团队中的成员对自己的"成就"非常满足,自尊心和自豪感都得到极大的加强,这不仅有利于后期的团队沟通工作,更对凝聚整个团队士气、提高工作效率具有积极的促进作用。从这个意义上来讲,沟通的结论非常重要,如果不把握好沟通结束的时间,很可能使沟通的效果大打折扣。这是团队组织者必须慎重考虑的问题。

7.3 团队沟通存在的障碍与误区

7.3.1 团队沟通存在的障碍

良好的沟通会对团队成员的工作带来事半功倍的效果。然而,在团队建设管理过程中,常有信息传递失真的情况,影响沟通的质量。一般而言,形成沟通障碍的因素有 3 个:主观因素、人际因素以及客观因素。

1. 主观因素

主观因素就是个人因素,包括信息过滤、个人情绪以及信息处理能力。由于员工来自不同的环境,其自身所具有的本位主义会促使员工潜意识地以自己的观察角度过滤信息,从而造成信息传递的失真;同时,个人特质如经验、情绪等也会阻碍有效的沟通,当员工完全凭个人感觉去接受信息时,客观而理性的思维活动往往会被情绪性的判断所代替,也会带来信息接收的片面化;此外,员工对信息的接收和处理能力的不同也会造成沟通的障碍。一旦发生了信息超载,学员往往会对信息进行有选择性的接收,这无疑会导致信息的缺失,影响沟通效果。

相关链接 7-9

1＋1 能否大于 2

2004 年 6 月,拥有 NBA 历史上最豪华阵容的湖人队在总决赛中的对手是 14 年来第一次闯入总决赛的东部球队活塞队。赛前,很少有人会相信活塞队能够坚持到第七场。从球队人员结构看,科比、奥尼尔、马龙、佩顿,湖人队是一个由巨星组成的"超级团队",每一个位置上成员几乎都是全联盟最优秀的,在许多人眼中,这是 20 年来 NBA 历史上最强大的一支球队,要在总决赛中将其战胜只存在理论上的可能性,更何况对手是一支缺乏大牌明星的平民球队。

然而,最终的结果出乎所有人的意料,湖人几乎没有做多少抵抗便以 1∶4 败下阵来。究其原因:湖人队中明星队员们相互争风吃醋,都觉得自己才是球队的领袖,在比赛中单打独斗,全然没有配合;而马龙和佩顿只是冲着总冠军戒指而来的,根本就无法融入整个团队,也无法完全发挥其作用,缺乏凝聚力的团队如同一盘散沙,其战斗力自然也就会大打折扣。

资料来源:袁建志. 团队合作的三重误区[J]. 人力资源开发,2005(3).

2. 人际因素

人际因素主要是指团队成员之间的相互信任程度。它不仅影响着员工之间的人际关系,而且决定着沟通的效果。缺乏信任,信息拥有者不愿意共享信息,信息接受者对信息先天排斥,这无疑会给团队沟通带来巨大的障碍。在人际关系因素中,员工心智模式的成熟度起着至关重要的作用。在行动、学习过程中,抵触、紧张、敌意等心理态度会给员工之间的交流造成距离感,不仅会给沟通带来障碍,更严重者会引发不必要的冲突,影响团队运转。

很多时候,同处于一个团队中的工作伙伴常会乱设"敌人",尤其是大家因某事而分出了高低时,落在后面的人的心里就很容易酸溜溜的。所以,每个人都要先把心态摆正,用客观的目光去看看"假想敌"到底有没有长处,哪怕是一点点比自己好的地方都是值得学习的。欣赏团队的每一个成员,就是在为团队增加助力;改掉自身的缺点,就是在消灭团队的弱点。"三人行,必有我师。"每一个人的身上都会有闪光点,都值得去挖掘并学习。要想成功地融入团队,善于发现每个成员的优点,是融入团队的第一步。

平等待人,有礼有节,既尊重他人,又尽量保持自我个性,这是团队沟通能力的重要内容。虽然每个成员有不同的价值观,但每个人都有被尊重的渴望,而不论其资历深浅、能力强弱。尊重能为一个团队营造出和谐融洽的气氛,使团队资源形成最大限度的共享。而如果团队中的每个成员都能够将彼此的知识、能力和智慧共享,那么,这对整个团队以及每一个成员来说,无疑是一笔巨大的财富。

尽量避免经常使用"你们""他们"等人称,否则在无形中就会表现出一种疏离感,散发出一种"生人勿近"的气息,久而久之,会被整个团队孤立起来,成为一个和谐团队中最不和谐的音符。不是"他们""你们""你""他""我",而是"我们"。

3. 客观因素

客观因素通常指的是外部环境。客观因素对团队沟通的影响至关重要。团队沟通需要一个开放、支持的环境。

改善沟通障碍,提高团队运转效率,可以从以下 3 方面实施。首先,注重培养员工在团队交流沟通过程中的"硬件能力",包括接收、处理信息能力、语言表达能力以及人际关系处理能力。使员工逐渐学会并掌握团队沟通的技巧,消除不必要的误解,增强沟通的有效性。其次,注重成员品格的培养,改造成员的心智模式。成员在反思、质询的过程中由于个人情绪原因引发的冲突屡见不鲜。通过培训,实现对员工品格层面的优化,进而改造态度来调控行为。最后,企业应致力于为成员的团队学习提供一个开放的环境,承认并接纳成员的多元化个性,并且为成员之间的沟通提供渠道,以实现信息自由、全通道的流动。

7.3.2　团队沟通误区

一个优秀的团队,强调的是成员之间的精诚团结。对于团队中的管理者来说,要尽可能地与成员进行交流,使成员能够及时领会管理者的所思所想,管理者了解成员的所思所想,使团队在工作中发挥出更大的效能。可是,在现实生活中,团队成员之间相互沟通并不是一件十分有效的事,由于受传统等级观念、官本位思想、趋炎附势心态的影响,往往存在一定的误区。

1. 对上沟通没有"胆"

"胆"是指"胆识"、勇气,向上沟通没有"胆"是指与领导、上级沟通没有胆子,没有勇气,或者是想好的一番理论在领导面前,却不知如何开口。在这一方面,墨子的学生耕柱做得非常好,他能大胆主动地与老师沟通,消除了心中的郁闷。春秋战国时期,耕柱是一代宗师墨子的得意门生,不过,他老是挨墨子的责骂。有一次,墨子又责备了耕柱,耕柱觉得自己真是非常委屈,因为在许多门生中,大家都公认耕柱是最优秀的人,但又偏偏常遭到墨子指责,让他面子上过不去。一天,耕柱愤愤不平地问墨子:"老师,难道在这么多学生当中,我竟如此差劲,以致要时常遭您老人家责骂吗?"墨子听后,和颜悦色地发问道:"假设我现在要上太行山,依你看,我应该要用良马来拉车,还是用老牛来拖车?"耕柱回答说:"再笨的人也知道要用良马来拉车。"墨子又问:"那么,为什么不用老牛呢?"耕柱回答说:"理由非常简单,因为良马足以担负重任,值得驱遣。"墨子说:"你答得一点儿也没有错,我之所以时常责骂你,也只因为你能够担负重任,值得我一再地教导与匡正你。"耕柱从墨子的解释中得到欣慰,放下了思想包袱。

2. 平级沟通没有"肺"

平级沟通没有"肺",这里的"肺"是指"肺腑之言"、真情实感。现实生活中,经常会看见平级之间以邻为壑,缺少知心的沟通交流,因而相互猜疑或者互挖墙脚的现象。这是因为平级之间都过高看重自己的价值,而忽视其他人的价值。有的是人性的弱点,尽可能把责任推给别人,还有的是利益冲突,唯恐别人比自己强。

相关链接 7-10

早上 10 点,研发部开例会。坐定之后,我发现经理李维和其他几名高级项目经理的情绪都不是太高,甚至有些烦躁,轮到我发言时,他们的表情也没有太大的变化。可是,轮到林强发言的时候,李维和那几名高级项目经理却都不约而同地坐正了身子,且目光炯炯。

这样两相对比的情景让我的心情恶劣到了极点,我平时就对林强的行为很反感。林强在办公室里一向春风得意、耀武扬威。他的每个提议都会有人叫好,每办一件小事情都会引人注意并作为大事表扬,他更是频频受到各级主管表扬的对象之一。

这一切在我看来,不过是因为他是主管们面前的大红人。因此,很长一段时间以来,我心里都绕不过这个弯子。我觉得自己也很不错呀,有学历、有才干,只不过没有天天在主管们面前好好表现,和他们之间也没有所谓的"私人关系"……

而此时,看到林强用近似于"谄媚"的态度和表情与李维探讨工作上的问题,我越来越觉得难以忍受。我知道,自己是绝不会做出这样的事情的,这也根本不符合我的做人原则。所以,让他去溜须拍马吧,我可不会这么做,我要用努力工作去换取我应得的一切。

实际上,在一个团队中,每个成员都各有长处和不足,他们的优缺点都不尽相同,关键是成员之间以怎样的态度去看待彼此,因为团队中的任何一位成员,都可能是某个领域的专家。如果团队的每位成员都能主动地去寻找其他成员的积极品质,检视自己的消极品质,让它在团队合作中被弱化甚至被消灭,那么,团队的协作就会变得很顺畅,工作效率也会最大限度地得以提高。

团队的效率在于每个成员配合的默契,而这种默契来自于团队成员的互相欣赏和真心沟通——欣赏长处、熟悉短处,最主要的是扬长避短。如果达不成这种默契,团队合作就不可能真正成功,团队成员的个人前途也将十分渺茫。

3. 对下沟通没有"心"

这里的"心"是指"心情",指的是上级对下级没有热忱与耐心,忽视向下沟通。有些企业领导人错误地认为:决策是领导做的,部下只需要执行上级决策,不需要相互沟通。其实沟通是双向的。领导要使决策合理和有效必须要广泛搜集信息、分析信息,才能做出科学判断。一些企业领导人也注意跟员工的沟通,但是由于没有交心,隔靴搔痒,沟通的效果也就大打折扣。上级对下沟通,关键是要一个"诚"字,用心去沟通。

相关链接 7-11

沃尔玛公司的股东大会是美国规模较大的股东大会。每次大会公司都尽可能让更多的商店经理和员工参加,让他们看到公司全貌,做到心中有数。萨姆·沃尔顿在每次股东大会结束后,都和妻子邀请所有出席会议的员工约 2500 人到自己的家里举办野餐会,在野餐会上与众多员工聊天,大家一起畅所欲言,讨论公司的现在和未来。为保持整个组织信息渠道的通畅,他们还与各工作团队成员注重全面收集员工的想法和意见,通常还带领所有人参加"沃尔玛公司联欢会"等。

萨姆·沃尔顿认为让员工们了解公司业务进展情况,与员工共享信息,是让员工最大限度地干好其本职工作的重要途径,是与员工沟通和联络感情的核心。而沃尔玛也正是借用共享信息和分担责任,满足了员工的沟通与交流需求,达到了自己的目的:使员工产生责任感和参与感,意识到自己的工作在公司的重要性,感觉自己得到了公司的尊重和信任,积极主动地努力争取更好的成绩。

问题与讨论

1. 团队内部沟通与团队外部沟通有什么异同?
2. 团队内部成员间的有效沟通为何能够提高工作效率?
3. 应如何处理团队成员在某一问题上的分歧?
4. 团队化运作模式的工作效率为什么会比传统的管理模式高?
5. 团队成员优良的工作状态是如何激发出来的?
6. 你认为怎样才能使一个成熟的团队保持持久的高效状态?

实训练习

1. 案例分析

(1) 终于到了年终,小王兴冲冲地来到会计部经理文静的办公室问道:"文经理,你说过只要我们部将今年的年终报表做好就可以加 5‰ 工资的,是吧?"

"我是说过,小王,可是……"文经理说道:"可是你知道公司有自己的一套关于薪金、晋升的规定和程序,并不是我可以随意更改的事,嗯,我向总部申请看看吧。"

"啊?文经理,我们部的员工都是在你这句话的鼓动下才加班加点完成工作的呀,小李还带病坚持工作呢,现在这个结果让我怎么跟他们说呢……"

"好吧,别不高兴,我一定会去向总部提出申请,表彰你们的辛苦工作的,一定会的,我保证。"

但是小王还是带着失望的表情离开了文经理的办公室。

思考与讨论

① 这件事情中,是谁犯了错误呢? 文经理又应该怎么做呢?

② 团队管理者应怎样有效激励团队成员积极工作?

(2) 有一家企业,财务部和营销部长期不和,有时候开联席会议,两个部的部长也是各怀鬼胎,没有诚意。这就导致在很多事情上,两个部门长期扯皮,既降低了工作效率也影响到企业的声誉。究其原因,两个部门长期有隔阂,而且他们的部属背地里都在说对方的坏话,财务部说营销部做老好人,总是把客户直接带到他们办公室讨债。财务部想把公司的流动资金多周转一次,对外谎称公司账户上暂时没有钱,而营销部的人却拆他们的台。公司老总了解到这些情况后,立即着手解决这一问题,不久,这两个部门就实现了工作协调配合的大好局面。

思考与讨论

① 如果你是该企业的老总,你会怎样与两位部长沟通?

② 案例中的两个部门为何能够在极短的时间内发生这么大的转变？两位部长沟通的基础是什么？

2. 能力测试

人际合作能力测试（一）

（1）朋友约你看《追踪》电视剧的最后一集，你会（　　）。

    A. 立即接受邀请

    B. 同意去，但要求改期

    C. 以有约在先为由拒绝邀请

（2）如果某位重要客户在周末下午 5：30 打来电话，说他们购买的设备出了故障，要求紧急更换零部件，而主管人员及维修师已下班，你会（　　）。

    A. 亲自驾车去 30 里外的地方送货

    B. 打电话给维修师，要求他立即处理此事

    C. 告诉客户下周才能解决

（3）如果某位与你竞争最激烈的同事向你借一本经营管理畅销书，你会（　　）。

    A. 立即借给他

    B. 同意借给他，但声明此书无用

    C. 告诉他书不知弄到什么地方去了

（4）如果某位同事为方便自己出去旅游而要求与你调换休息时间，在你还未决定如何度假的情况下，你会（　　）。

    A. 马上应允

    B. 告诉他你要回去请示爱人

    C. 拒绝调换，推说自己已参加旅游团了

（5）你急匆匆地驾车赶去赴约，途中看见你秘书的车出了故障，停在路边，你会（　　）。

    A. 毫不犹豫地下去帮忙修车

    B. 告诉她你有急事，不能停下来帮她修车，但一定帮她找修理工

    C. 装作没看见她，径直驶过去

（6）如果某位同事在你准备下班时，请求你留下来听他"倾吐苦水"，你会（　　）。

    A. 立即同意

    B. 劝他等第二日再说

    C. 以爱人生病为理由拒绝他的请求

（7）如果某位同事因要去医院探望病人，要求你替他去接一位乘夜班机来的大人物，你会（　　）。

    A. 立即同意

    B. 找借口劝他另找别人帮忙

    C. 以汽车坏了为由拒绝

（8）如果某位同事的儿子想选择与你同样的专业，请你为他作些求职指导，你会（　　）。

    A. 马上同意

    B. 答应他的请求，但同时声明你的意见可能已经过时，他最好再找些最新资料作参考

C. 只答应谈几分钟

（9）你在某次会议上发表的演讲很精彩,会后几位同事都向你要讲话纲要,你会（　　）。

　　A. 同意——并立即复印

　　B. 同意——但并不十分重视

　　C. 同意——但转眼就忘记了

（10）如果你参加了一个新技术培训班,学到一些对同事有益的知识,你会（　　）。

　　A. 返回后立即对大家宣讲并分发参考资料

　　B. 只泛泛地介绍一些情况

　　C. 把这个课程贬得一钱不值,不泄露任何信息

思考与讨论

你是一个什么样的人?

得分与解释

（1）全部回答 A:你是一位极善良、极有爱心的人。但你要当心,千万别被低效率的人拖后腿,更不要被别有用心者利用。

（2）大部分回答 A:你很善于合作,但并非失去个性。你认为礼尚往来是一种美德,但商业生活中亦不可缺。你慷慨助人,也希望别人同样回报你。

（3）大部分回答 B:你是一位以自我为中心的人,不愿意为自己找麻烦,不想让自己的生活规律、工作秩序受到干扰。无疑,你有困难时也很难得到别人的帮助。

（4）大部分回答 C:你是一个名副其实的孤家寡人。

人际合作能力测试（二）

（1）朋友请你参加他的生日,但你一个来宾都不认识,你会（　　）。

　　A. 借故拒绝　　　　　B. 愿意帮他过生日　　　　C. 非常乐意认识他们

（2）陌生人向你问路,你有急事难以解释清楚,你会（　　）。

　　A. 让他向别人打听　　B. 尽量简单地告诉他　　　C. 把他引向目的地

（3）你正看一部电影,好久未见的表弟来访,你会（　　）。

　　A. 边看电影,边谈论　B. 与表弟一起看电视　　　C. 关上电视与表弟一起聊天

（4）你父亲给你零用钱了,你会（　　）。

　　A. 把钱存起来　　　　B. 买自己喜欢的东西　　　C. 与朋友小聚

（5）邻居要让你照看一下他们的孩子,你会（　　）。

　　A. 孩子无故哭闹,不理睬

　　B. 把孩子放在一边,看自己的书

　　C. 怀抱孩子,哼着歌曲让他入睡

（6）闲暇时间,你喜欢（　　）

　　A. 待在卧室里听音乐　B. 到商店里买东西　　　C. 与朋友一起看电影

（7）同学生病住院了,你常是（　　）。

　　A. 有空就去探望

　　B. 如果和他关系亲密就去探望

　　C. 主动去探望

（8）在你选择朋友时,你会（　　）。

A. 只与趣味相同的人相处

B. 兴趣、爱好不相同的人偶尔也能谈谈

C. 几乎能和任何人相处

(9) 让你在同学聚会上唱歌,你往往会(　　)。

A. 断然拒绝　　　　　B. 找个借口推辞掉　　　C. 饶有趣味地欣然答应

(10) 对依赖你的朋友,你会(　　)。

A. 避而远之

B. 并不介意,但希望他有一定的独立性

C. 我喜欢被人依赖

思考与讨论

你的得分是(　　)。

评分标准

A—0分;B—1分;C—2分

得分与解释

13~20分,你是一个人际合作能力较强的人,能够正确处理好人际关系;

8~12分,你的人际合作能力一般,有待提高;

0~7分,你是一个不善于人际合作的人,急需培养合作能力。

拓展阅读

雁群团队及其启示

1. 领头大雁飞行时,尾随的同伴可以借力飞行;雁群呈"人"字形飞行,比孤雁单飞可增加 2/3 距离。

启示:有了目标且与拥有相同目标的人在一起,能更快速、更容易地到达目的地;有了规则,工作才有秩序。

2. 雁群飞行过程中,头雁最辛苦,没有任何力量可以借助。一旦头雁疲倦,就会主动退到队伍中而由另外一只雁取代。

启示:领导有时也需要调整自己,不可能在所有方面都当主角,在所有方面都决策;团队的领导者应该学会授权。

3. 在雁群队伍中,后面的大雁会以不断的叫声来鼓励前面的伙伴继续前进。

启示:必须确定从背后传来的是鼓励。很多时候团队中总是有很多干扰的声音阻止前进,学学雁群。

4. 当有大雁生病或受伤时,其他的两只大雁会从队伍中飞回来协助保护它,始终伴随左右,直到生病的大雁康复或死亡为止,然后它们继续组成自己的队伍飞行,直到赶上大队。

启示:要学会相互支持,无论身处顺境还是逆境。工作中应该像雁群一样彼此支持,共同前进。

提高团队沟通技巧

一个优秀的企业,强调的是团队的精诚团结,团队成员之间如何沟通是一门大学问。因为,成员之间如果沟通不好,往往会产生矛盾,形成内耗,影响企业的正常运转。为此,专门收集了著名企业提高团队沟通技巧的 7 个方法,供大家借鉴。

1. 讲故事法

美国的波音公司在 1994 年以前遇到一些困难,总裁康迪上任后,经常邀请高级经理们到自己的家里共进晚餐,然后在屋外围着个大火炉,讲述有关波音的故事。康迪请这些经理们把不好的故事写下来扔到火里烧掉,用来埋葬波音历史上的"阴暗"面,只保留那些振奋人心的故事,极大地鼓舞了士气。

2. 聊天法

奥田是丰田公司第一位家族成员之外的总裁,在长期的职业生涯中,奥田赢得了公司内部许多人士的爱戴。他有 1/3 的时间在丰田公司里度过,常和公司里的多名工程师聊天,聊最近的工作,聊生活上的困难。另外有 1/3 的时间,用来走访 5000 名经销商,和他们聊业务,听取他们的意见。

3. 制订计划法

爱立信是一个"百年老店",员工每年都会有一次与人力资源经理或主管经理面谈的机会,员工在上级的帮助下制订个人的发展计划,以跟上公司的业务发展,甚至超越公司的发展步伐。

4. 越级报告法

在惠普公司,总裁的办公室从来没有门,员工受到顶头上司的不公正待遇,或者看到公司的什么问题,都可以直接提出,还可以越级反映。这种企业文化使得人与人之间相处时,彼此之间都能做到互相尊重,消除对抗和内讧。

5. 参与决策法

美国的福特公司每年都要制订一个全年的"员工参与计划",动员员工参与企业管理。这个举动引发了职工对企业的"知遇之恩",使得员工的投入感和合作性不断提高,合理化建议也越来越多,生产成本大大减少。兰吉尔载重汽车和布朗 2 轿车的成功就是很好的例子。在投产前,公司大胆打破了那种"工人只能按图施工"的常规,把设计方案摆出来,请工人们"评头论足",提意见。工人们提出的各种合理化建议一共有 749 项,经过筛选,采纳了 542 项,其中有两项意见的效果非常显著。

以前装配车架和车身,工人得站在一个槽沟里,手拿沉重的扳手,低着头把螺栓拧上螺母。由于工作十分吃力,因而往往干得马马虎虎,影响了汽车质量,工人格莱姆说:"为什么不能把螺母先装在车架上,让工人站在地上就能拧螺母呢?"这个建议被采纳以后,既减轻了劳动强度,又使质量和效率大为提高。另一位工人建议,在把车身放到底盘上去时,可使装配线先暂停片刻,这样既可以使车身和底盘两部分的工作容易做好,又能避免发生意外伤害。此建议被采纳后果然达到了预期效果。

6. 培养自豪感

美国的思科公司在创业时员工的工资并不高,但员工都很自豪。该公司经常购进一些小物品如帽子,给参与某些项目的员工每人发一顶,使他们觉得工作有附加值。当外人问公司的员工,在思科公司工作怎么样时,员工都会自豪地说,工资很低,但经常会发些东西。

7. 口头表扬法

表扬不但被认为是当今企业中最有效的激励办法,事实上也是企业团队中的一种有效的沟通方法。日本松下集团很注意表扬人,创始人松下幸之助如果当面碰上进步快或表现好的员工,他会立即给予口头表扬,如果不在现场,松下还会亲自打电话表扬下属。

团队管理者常见的致命缺点

1. 不能诚实守信,人格低下。
2. 忽略对新知的追求。
3. 把自己局限在专业中。
4. 墨守成规,缺乏创造性。
5. 不能制定圆满的决策。
6. 不能正确评价自己,不虚心接受批评。
7. 插手小事,越俎代庖。
8. 缺乏人性的管理。
9. 不能以身作则。
10. 员工之功,据为己有。
11. 忽略下属的意见和抱怨。
12. 不能让下属有参与感。
13. 做破坏性的批评。
14. 疏忽了追踪反馈工作。

任务8 交友沟通——友谊的建立与巩固

友谊不但能使人生走出暴风骤雨的感情而走向阳光明媚的晴空,而且能使人摆脱黑暗混乱的胡思乱想而走入光明与理性的思考。

——培根

任务目标

● 了解友谊的内涵;

● 明确友谊对人生的价值;

● 认识友谊建立的基础;

● 把握巩固友谊的技巧。

案例导入

马克思和恩格斯之间的革命友谊,是人类历史上最光辉最动人的友谊。19 世纪 50 年代是马克思一生中最困难的时期,恩格斯为了"保存最优秀的思想家",在经济上资助贫困的马克思,使其能专心致力于革命理论的研究。他违背自己本来的意愿,到父亲经营的公司中去从事他讨厌的"鬼商业"的工作。同样,马克思不仅十分钦佩恩格斯的渊博学识和高尚人格,而且对恩格斯的身体也很关心。有一个时期,恩格斯生病,马克思时时挂在心上,他在给恩格斯的信中说:"我关切你的身体健康,如同自己患病一样,也许还要厉害些。"

从青年到老年,经历了整整 40 年,在领导国际共产主义运动的伟大斗争中,他们团结作战、患难与共、互相尊重、互相信任,共同创立了科学社会主义理论,领导了无产阶级革命运动。他们所取得的每一项伟大成就,都是共同艰苦劳动和崇高友谊的结晶。当《资本论》第一卷付印的时候,马克思给恩格斯写信说:"之所以能够如此,我只有感谢你!没有你为我的牺牲,我是绝不可能完成 3 卷书的巨大工作的。我满怀感激的心情拥抱你。"恩格斯尽管做出了巨大牺牲,但他始终认为,能够同马克思并肩战斗 40 年,是一生中最大的幸福。马克思与恩格斯之间的这种崇高的革命友谊,正如列宁所赞扬的,它"超过了古人关于友谊的一切最动人的传说"。

8.1 朋友关系与友谊

8.1.1 友谊的概念

友谊是朋友交往的重要产物,朋友关系的表现与提升。所谓友谊,是指人们在交往中形成的纯真感情和亲密情谊,是建立在具有共同理想和志趣等基础上的个体之间的一种亲密的情感。友谊产生于社会生活与交往,既是一种人际关系的体现,更是一种美好的社会性情感,是人类精神家园中的宝贵财富。

友谊的内涵包括以下几个方面。

1. 友谊产生于社会交往

友谊是一个人在生活、学习或工作的过程中与他人产生的一种亲密、纯真而又健康的情感,反映了个体与个体之间的情感联系,是人与社会关系的直接而具体的体现,是人际关系的主要内容。

2. 友谊是人类特有的一种高尚纯洁的道德情感

友谊是建立在共同的理想、道德、志趣、情操基础上的一种美好的人际关系。它体现的是人与人之间的互爱与奉献,是一种因情感的付出而获得的友爱,是一种精神情感的契约,是在开放的、广泛的、博大的、全方位的基础上建立起来的一种平等的、诚挚的、紧密的、互相信任的关系。

3. 友谊是人生不可或缺的财富

人与人之间需要一种友情,一种来自心灵的支持。有了朋友的帮助和鼓舞,人们就能抵御命运的打击,就能补偿肉体上和精神上的苦难。只有这样,人的精神世界才能得以充实丰富;生活才觉得更有意义。

古罗马政治家和哲学家西塞罗曾说过:"如果生活中没有友谊,就像世界失去了太阳。因为太阳是上帝赐予我们最好的礼物,而友谊则可以给我们带来最大的快乐。""真正的友谊是朋友之间的一种亲密情谊,它是人与人之间最大的善意,是人类最灿烂的感情之花,是人生最珍贵的典藏品,是每个人一生的宝贵财富。一帆风顺的时候我们需要友情的点缀和衬托,忧愁患难的时候我们更需要它来为我们排忧解难。真挚的友谊是每个人都期待的,因为每当遇到困难时,友情都会给你闯关的力量;当你获得成功时,友情会为你衷心地祝福;当你感到孤独时,友情会向你伸出热情和友爱的手。"

8.1.2 友谊的构成要素

友谊主要由以下四个方面构成。

1. 共同的思想和志向

共同的思想和志向,也就是人们常说的志同道合。南宋时期,朱熹与辛弃疾之间的深厚友谊是有口皆碑的。日本学者村上哲见评价他们之间真挚的友谊时说:"一个善于思维的人与一个敢作敢为的人能结交厚谊,令人钦佩,令人深思。"辛弃疾与朱熹虽然有着不同的性格,可他们有着相同的人生追求,共同的思想和志向使他们"相交既久、相见亦深",在畅谈理想,共勉抱负中产生了深厚的友情。

2. 共同的兴趣和爱好

兴趣是个体对客体的有意选择并力求认识的一种心理倾向,兴趣的进一步发展就表现为爱好。共同的兴趣和爱好,对友谊的建立和发展有很大的促进作用,兴趣相投就容易接近和结交。

3. 共同的利益

人是有机体,无论是谁,都有一定的需要,因而也有着一定的价值观,以及从这些价值观派生出来的得失观念,因此,人际关系的功利原则适用于朋友关系。友谊有着共同的利益基础,也就是人们常说的相得益彰。

4. 责任和义务

友谊是朋友之间无私的奉献,是彼此深切地关怀对方,视促进对方的进步和提高为己任。真正的友谊是对朋友履行责任和义务而不计得失。正如俄国作家别林斯基所言:"真正的朋友不把友谊挂在口上,他们并不是为了友谊而互相要求一些什么,而是彼此为对方做一切办得到的事情。"

8.1.3　友谊的特征

友谊具有以下五个特征。

1. 相似性

相信性是指朋友之间具有共同的生活背景、相似的生活特征、相近的心理和行为习惯特征等。

2. 平等性

英国诗人奥立弗·哥尔斯密曾说过:友谊是两个平等者之间的无私交往。友谊的平等性是指在朋友之间的交往中,平等地对待对方、尊重对方、相互信任,不可居高临下或盛气凌人,不以家境、身体、智能等方面的差异自傲或自卑。

3. 选择性

与谁做朋友,为什么与他们做朋友,每个人心中都有一定的尺度和标准。正因为每个人心中都有一把衡量他人是否能成为自己朋友的标尺,我们在与人交往的过程中,就不会随意地与他人交上朋友。这说明,友情具有鲜明的选择性。

4. 稳定性

真正的友情建立在志同道合的基础上,因而它不会像无根基的浮萍那样随聚随散;真正的友情是用心培育的结果,因而人们都知道应该特别珍惜它。民谚中说:"真正的友情,不是三月桃花一现,而是松柏常青。""用忠诚和信任筑成的友谊长堤是牢固的,不会被任何意外的风浪摧毁。"一般来说,友情一旦建立,就会有相对的稳定性。

5. 亲密性

人们常用"形影不离"一词来形容好朋友间的亲密关系。要判断一个集体中谁与谁是好朋友,常从亲密程度上就能得到结论。但友情的亲密性决不仅是一种外在的表现,它更是一种内心深处的互相关心、互相牵挂,彼此为对方的欢乐而欢乐,并尽力为对方分担和排解烦恼。

8.1.4　友谊的价值

友谊究竟应该是什么? 梁实秋在他的《谈友谊》一文中说道:"所谓友谊即人与人之间的一种良好的关系,其中包括了解、欣赏、信任、容忍、牺牲……诸多美德。如果以友谊作基础,则其他的各种关系如父子、夫妇、兄弟之类均可圆满地建立起来。"由此可见,友谊对任何人来说,都是至关重要的,对大学生而言尤为重要。同窗同学的友谊,能促进学问上的相互切磋、品德上的相互砥砺、思想上的相互启迪。

1. 友谊是一种崇高的道德力量

诚挚的友谊是一种崇高的道德力量,规范着交往双方,使双方在交往中互相尊重、真诚相待。人们在友谊的这种道德力量中获得了自尊满足感和情感归属感。交往心理学表明,一个人在交往中如果得不到友谊需要的满足,就会感到非常孤单、寂寞和痛苦,轻则影响心境、情绪,重则会失去对生活的信心和勇气。友谊可以给人归属感、安全感和价值的认同感,朋友之间共同分享、彼此合作、互相帮助,从而产生奋发前进的动力。

马克思和恩格斯之间的友谊就很好地说明了这个道理。马克思在写成《资本论》初稿后,曾经于 1867 年写信给恩格斯以表达感激之情,信中说:"没有你为我作的牺牲,我是绝不可能完成这 3 卷书的巨大工作的。"爱因斯坦也曾说过:"世间最美好的东西,莫过于有几个头脑和心地都很正直的朋友。"友谊的力量还让人们更深刻、更生动地体会到人类共同的价值和意义,并自觉地把这种道德情感向社会范围扩展,把自己与他人的生活、社会的发展、人类的命运联系起来,促进社会的发展。

战争期间,在一所孤儿院里,一位可怜的小女孩被炸弹炸伤了,生命危在旦夕,输血迫在眉睫,如果不立刻抢救,她就会因为休克和流血过多而死亡。在这关键时刻,阮恒,一个十来岁的小男孩愿意献出自己宝贵的鲜血。在输血过程中,阮恒虽然害怕,害怕自己因把所有的血献给了她而与死神见面,但他依然强忍着,掩饰自己的痛苦。事后,医生问阮恒:"为什么愿意把所有的血都献给她呢?"阮恒真诚地回答:"她是我的朋友。"

2. 友谊是大学生主要的情感依托

友谊对于青年大学生来说,有着特别重要的价值。这是因为从人的发展来看,青年时期内心世界迅速形成,成人感增强,逐渐减弱了对父母、师长等成人的感情依赖,而把感情依赖的方向转向同龄人。再加上大部分学生远离家乡、父母,因此,同龄人之间的友谊成为青年人最为珍贵的感情之一。友谊是一种爱心的交往,是以爱心来换得爱心,是相互之间给予爱的奉献。这种在共同的学习、生活、工作的基础上产生的高级情感,丰富了青年的情感世界,使大学生懂得了关心人、尊重人和理解人。所以,正如普希金所说:"不论是多情的诗句,漂亮的文章,还是闲暇的欢乐,都不能代替无比亲密的友谊。"

3. 友谊是大学生自我完善和发展的重要途径

青年人刚刚踏上人生道路,世界观、人生观尚未成熟,模仿性和可塑性都很强。在与朋友的交往中容易相互影响、相互模仿,并从朋友身上找到衡量自己的尺度,发现并学习对方的长处和优点,不断促进自我的完善与发展。正如美国著名的社会学家、作家和心理治疗专家莉兰·罗宾所说:"我们不是单面的人,我们也有不止一种的潜能。而朋友,正是我们自己的投影,他们帮助我们认识自己的各个侧面,并发掘自己前所不知的各种潜能。"

4. 友谊是加快大学生社会化的主渠道

章志光在《社会心理学》中提到社会化通常是指个体在社会影响下,通过社会知识的学习和社会经验的获得,形成一定社会所认可的心理—行为模式,成为合格社会成员的过程;喜欢社会中一小群志同道合的朋友,这是人的社会属性的基本原则。友谊关系促进人们交流思想、分享情感、互相合作,因此为个人的社会发展和社会经验的获得提供独特的机会。在与朋友的相处中,大学生会切实地感受到道德品质的重要性,逐步养成诚实、守信、忍让、宽容等美德。大学生在精神上、人格上模仿和吸取朋友的长处,是大学生社会化的一大特征。因此友谊有利于大学生社会化的加快发展,有利于大学生早日成才,走向成功。

相关链接 8-1

正是因为有了友情,我们才能更加感受到做人的尊严和光荣。我们的内心仿佛是一本很厚很厚的书,只有那些和我们的心灵撞出了友情之火的心灵,才会愿意打开这本厚书仔细地阅读和真诚地评注。通过他的评注,我们明白了哪些是该删除的文字;通过他的评注,我们知道了该怎样才能用自己的生命之笔创造出不朽的杰作。

在这个世界上,一想到除了亲人之外还有人在关心着我们的灵魂,我们的心灵怎能不燃烧? 一想到除了亲人之外还有人在关注着我们的精神世界,这怎能不使我们感到快乐和幸福? 一想到除了亲人之外还有人为我们的失败和成就而叹息和祝福,这怎能不使我们感到骄傲和激动? 亲情是来自于血缘,而友情却是来自于苍茫人海中的一种美妙的机缘,来自于对彼此荣与辱的分享和分担,来自于彼此对对方人格的尊重和对内心的理解。

【问题与讨论】

1. 如何理解"因为有了友情,我们才能更加感受到做人的尊严和光荣"?

2. 请结合实际分析友谊的价值。

8.1.5　友谊的误区

当前我国处于社会转型期,传统与现代、东方与西方思想融合,矛盾冲突也日益加剧。社会滋生的一些消极现象如拜金主义、享乐主义的盛行,使大学生在择友方面往往感到无所适从,很容易走入误区。

1. 以自我为中心,不愿交友

独生子女的特殊身份容易使一些大学生形成以自我为中心的人生观,习惯于站在自身的立场看问题,不考虑他人的利益和感受,不愿与他人分享自己的快乐,而友谊需要双方付出真心、共同呵护才能维持长久。

2. 以功利为目的,趋炎附势

社会滋生的一些不良思想如"一切向钱看"的观念使大学生的交友心态日趋功利。对自己有利用价值的人,就打得火热;没有利用价值的人则不愿理睬,或者说现阶段有用就投其所好,等到没有用了就过河拆桥。有许多大学生在交友时只考虑家庭背景和学习成绩,只与家世好、成绩高的同学交往,孤立了大部分同学,这种思想导致了建立在志趣相投、心灵相通基础上的友谊越来越少,不利于大学生的健康成长。

3. 以网络为依托,逃避现实

当下飞速发展的网络世界使部分学生沉迷于此而脱离现实生活。一些大学生常只是热衷于交网友,而不愿意建立身边的现实的朋友关系,这极大地影响了他们在现实社会中的表达和沟通能力,削弱了他们解决现实中人际关系问题与矛盾的能力,极易导致人际关系的淡漠、人际距离的疏远等现象,从而使紧张的人际关系雪上加霜。

8.2　友谊建立的基础

在人类文明史上,人们对友谊的基础曾有过多种多样的解答。在《周易·乾》中有"同声相应,同气相求"之说,即把"声""气"的相同和交流看作友谊的基础。孟子在《孟子·万章下》中认为："友也者，友其德也，不可以有挟也。"他把高尚的品德看作友谊的基础。古希腊哲学家毕达哥拉斯则把友谊理解为"一种和谐的平等"，另一位哲学家德谟克里特则强调"思想感情的一致产生友谊"。一般来说，友谊建立的基础主要如下。

8.2.1　以德择友是友谊建立的前提

择友是建立友谊的首要前提。择友也是一门艺术，明代学者苏浚在《鸡鸣偶记》中把朋友分成四种："道义相砥，过失相规，畏友也；缓急可共，生死可托，密友也；甘言如饴，游戏征逐，昵友也；利则相攘，患则相倾，贼友也。"这就是说朋友有多种，交友需择友。一个好学上进的大学生，应该多交畏友、密友，少交昵友，不交贼友。孔子也很重视择友问题，他在《论语·季氏》中说："益者三友，损者三友。友直，友谅，友多闻，益矣。友便辟，友善柔，友便佞，损矣。"意思是说，正直的人、诚实的人、知识渊博的人是有益的朋友；善于献媚逢迎的人、心术不正的人、夸夸其谈的人、华而不实的人是有害的朋友。荀子说"匹夫不可不慎取友"，叮嘱人们要慎重地选择朋友，因为"始交不慎，后必成仇"。曾国藩也说过："一生之成败，皆关乎朋友之贤否，不可不慎也。"所以，大学生应择人交友，应讲原则。因为朋友之间的相互影响是潜移默化的。

一般来讲，择友时应做到"择三观"，即交友观其德，只有道德高尚的人才能拥有真正的友谊。正如古罗马著名哲学家西塞罗指出的，"友谊永远是美德的辅佐"。他说："美德之所以能够创造友谊和保持友谊，是因为美德里有和谐、有坚贞、有忠诚、有无私、有明智、有善、有美、有爱。一个人的美德一旦表现出来，便会光芒四射，并且借助这种光芒，照见别人的美德。美德与美德相互吸引，光芒与光芒交相辉映，结果便燃出友谊的光焰。"在西塞罗看来，长久的友谊就像保存长久的酒一样，越酿越醇美，这都是因为美德与友谊相互作用的缘故，他说："没有什么东西比美德更可爱、更能博得人们的好感了。所以，从某种意义上可以说，甚至对于那些我们从未见过的人，由于他们的诚实和美德，我们也会产生爱慕之心。"

相关链接 8-2

我以为，友谊的基础是美德。别人相信你有美德，所以才与你建立友谊。你若放弃了美德，友谊也就不存在了。美德人人都能拥有，难就难在坚守，不是一时而是一世。所以，我们早已定下了一条保护友谊的准则：不要求他人做不名誉的事。别人求你，你也不要做。为了朋友的缘故而做犯法的事，尤其是背叛国家，那是绝对不名誉的，不容辩解的。所以，请朋友做事，必须以名誉为限。如果确认是名誉的，便应毫不迟疑地去做，并且永远热诚。道德规范着人们的言行。偶有过失改过即可。但要是明明心中清醒却偏偏把道德丢到一边，放纵自己的言行就属可恶了。而以种种手段威逼利诱者则为人所不齿。

我以为那些错把功利当作基础的人，实在是丢掉了友谊的基础。我们愉快，不是由于从朋友那里得到了物质利益，而是由于得到了朋友的爱。如果我们的资助使我们得到了愉快，那是因为其资助是出于真诚的爱，请问天下有没有哪一个人愿意在无穷的物质财富中享受，而不准他爱一个人，同时也不准一个人爱他？只有暴君肯过这样的生活。没有信仰，没有爱，也没有对人的信任，一切都是猜疑、犹豫、憎恨，这里绝对没有友谊的位置。因为谁能爱一个自己所怕的人呢？谁又能爱一个怕自己的人呢？信任是友谊的开始，没有信任就谈不上交友,猜疑让友谊变得苍白,充满活力的友谊是建立在共同的兴趣爱好之上,伟大的友谊则建立在相同的信仰之上。

　　资料来源:西塞罗. 西塞罗三论[M]. 徐奕春,译. 北京:商务印书馆,1998.

【问题与讨论】

　　1. 你从西塞罗的《论友谊》中获得了什么启发?

　　2. 结合上述材料,谈谈择友的重要性。

8.2.2　志同道合是友谊形成的基石

　　毛泽东曾在他青年时代著名的《征友启事》中明确提出:"邀请对爱国工作感兴趣的同志与我联络,并特别提出要有决心而且能为祖国牺牲。"在这里,毛泽东以是否怀抱救国之心,以天下大任为己任作为交友的基础和前提。贝多芬也曾说过:"友谊的基础在于两个人的心肠和灵魂有着最大的相似。"

　　志同道合,即志向、信念契合。双方具有共同的理想、志向和兴趣爱好。宋代陈亮的《与吕伯恭正字书》中说:"天下事常出于人意料之外,志同道合,便能引其类。"也就是说,普天之下,人们不分男女、不论贫富、不讲强弱,只要大家怀着共同的理想,为了共同的事业,朝着共同的目标,便能走到一起来,携手并肩,获得成功,有所成就。

　　比如说巴金与冰心两位文学巨人,他们的友情跨过了半个世纪。对巴金而言,冰心是他的"启明星"。"冰心大姐的存在,就是一种巨大的力量,她是一盏明灯,照亮我前面的道路。她比我更乐观。灯亮着,我放心地大步向前;灯亮着,我不会感到孤独。"对冰心而言,"巴金真是一个真诚的朋友。"1940 年冬,当巴金得悉冰心经济情况拮据,主动出资选编成三册《冰心著作集》,交给开明书店刊行,所得稿费帮助冰心渡过了难关。更重要的是,巴金和冰心的一生都有个不变的主题——爱。他们爱祖国,爱人民,爱家乡,爱家人和朋友。在新时期的思想解放运动中,他们冲破阻力,一南一北,遥相呼应,相互理解,相互支持,发表了一篇篇振聋发聩的作品,为思想解放、推动社会发展起到了积极作用,成为 20 世纪 80 年代中国文化的中流砥柱。他们真实的声音,代表了中国知识分子的良知。正如巴金研究会副会长周立民所说:"他们的友谊超出了个人情感,而是表现了中国当代知识分子携手共进、坚守良知、捍卫正义,高扬五四启蒙精神、忧国忧民的博大胸怀和高贵品格。"

　　再如鲁迅和瞿秋白,在 20 世纪 30 年代白色恐怖笼罩下的上海,他们彼此为对方高尚的人格、渊博的学识和精辟的见解所吸引,很快成为志同道合的亲密朋友。因共同的政治立场和革命理想,两人结下了一段崇高而感人的友谊。当时,瞿秋白是反动统治者通缉的共产党"要犯",经常身处险境。鲁迅毅然让瞿秋白到自己家避难。在不到一年半的时间内,瞿秋白先后3 次到鲁迅居住的公寓过避难生活,并免受饥饿。共同生活的日子里,他们一起评论时政、切磋学问,还互相题诗相赠,鲁迅说他同瞿秋白的友情是"人生得一知己足矣,斯世当以同怀视之",表达了两人真挚的友情。

8.2.3　共同的兴趣爱好是友谊联络的纽带

　　共同的兴趣爱好,对友谊的建立和发展有很大的促进作用。兴趣相同就容易接近,爱好不同则难以结交。如歌德与席勒、拜伦与雪莱、普希金与莱蒙托夫、兰波与魏尔伦、李白与杜甫、白居易与元稹……他们都是通过诗歌而缔结了伟大的友谊。有人说,席勒 17 岁时创作的《强盗》和歌德的第一篇戏曲《葛兹·冯·伯里欣根》非常相似。这是因为共同的文学爱好使他们形成了共同的思想,相知相解便成为可能性。就像歌德所说:像席勒和我这样两个朋友,多年结合在一起,兴趣相同,朝夕晤谈,互相切磋,互相影响,两人如同一人,所以关于某些个别思想,很难说其中哪些是他的,哪些是我的。有许多诗句是两人在一起合作的,有时意思是我想出的,而诗是他写的,有时情况正相反,有时他作第一句,我作第二句,这里怎么能有你我之分呢?

8.3　巩固友谊的技巧

获得与发展真挚的友谊,是一项有益的精神享受,但也确实有不少人为得不到真挚的友谊而苦恼,出现这种情况的重要原因之一,是不少人不懂得和不注意遵循交友和处友之道。那么,如何巩固和发展友谊呢?

8.3.1　平等交往

平等主要是指交往双方态度上的平等,每个人都有自己独立的人格、做人的尊严和法律上的权利与义务,朋友之间的关系也是平等的关系。在交往过程中,保持自身人格的完整性,既不自高自大,也不妄自菲薄。与人交友时切忌嫌贫爱富,李白在《李白集·赠友人三首》中说:"人生贵相知,何必金与钱?"而《太平御览》也有"采葵莫伤根,结交莫羞贫"的交友建议。朋友之间不能因为家庭、地位、特长、能力等方面的原因而对人另眼相看。在朋友相处中,如果一方居高临下、盛气凌人、发号施令、颐指气使,那么他很快便会遭到孤立。

相关链接 8-3

一个人凭借自己的勤劳和努力白手起家,在多年之后终于拥有万贯家财,成为当地有名的富翁。每天忙碌和紧张的生活让他感到痛苦,他很想找一位朋友来倾诉自己心中的愁苦。可正是因为过于忙碌,所以和过去的同学、朋友早已失去了联系。邻居倒是有一些,可是富翁却觉得那些邻居小市民气太重,以自己的身份是不屑于和他们结交的。实际上,富翁和邻居之间的关系处得相当糟糕。他嫌弃邻居们目光短浅、无所事事。而邻居们则认为他过于趾高气扬,看不起众人,而且认为他为人自私,不知道替别人考虑;邻居们这样评价富翁是有理由的:富翁经常开着名牌汽车出入,在进入街巷之时从来不降低速度,即使在雨天也是如此;他养的大狼狗经常对邻居家的小孩露出可怕的尖牙;当邻居遇到他时,他总是皱着眉头,板着一张脸;每逢他看到邻居家的小孩想要摸一下他的汽车时,他总会粗鲁地将孩子呵斥一顿……富翁就这样富有而孤独地生活在邻居中间。

后来,因为一次三角债风波,公司被银行查封了,这下富翁终于有时间休息了。无事可干的富翁更是觉得孤单无比,他现在看到邻居们坐在一起其乐融融的样子真是羡慕,于是他希望也能走到邻居当中。可是,他发现每当自己开启大门走出院子时,邻居们就会自动走到离他家更远的地方去谈天,甚至当他亲热地抚摸小孩的头时,小孩竟然立刻大哭起来……他感到很委屈,认为邻居们简直不近人情,同时他也为自己得不到友谊而痛苦。他开始认真反思自己以前的行为,看到邻居家的孩子他会主动带上他们开着车去兜风,他养的大狼狗则被一条粗壮的铁链拴到了自家院子的角落,当他开车进入街巷之时,他会主动降低速度,在雨天更是减速慢行……

最后银行审查结束,他的公司恢复了运转,而他在忙碌之余也享受到了包括邻居在内的许多朋友的关心和体贴。

【问题与讨论】

1. 结合本文谈谈文中富翁陷入困境时为何无人理睬。
2. 富翁通过什么获得了邻居与朋友的关心与体贴?

8.3.2 理解和尊重朋友

理解和尊重朋友是获得友谊的重要条件,也是巩固友谊的重要法宝。理解和尊重朋友,必须注意不损伤朋友的名誉和人格,承认或肯定他人的能力与成绩。在态度上和人格上尊重朋友,平等待人,讲究语言文明、礼貌待人,不开恶作剧式的玩笑,尊重朋友的生活习惯。在朋友交往中,你不仅要细心了解朋友的处境、心情、特性、好恶、需求等,还要根据彼此的情况,主动调整或约束自己的行为,尽量给朋友以关心、帮助和方便,多为朋友着想,处处体恤朋友,自己不爱听的话别送给朋友,自己反感的行为别强加于朋友。古人说:"己欲立而立人,己欲达而达人;己所不欲,勿施于人。"

相关链接8-4

著名喜剧大师卓别林通过朋友的介绍,认识了新朋友。

一天,这个新朋友邀请卓别林等人到家里做客。在用餐前,这个身为棒球迷的朋友带着他们观看了自己收藏的各种各样和棒球有关的收藏片,并且和卓别林兴致勃勃地谈起了心爱的棒球比赛。朋友对棒球爱到了痴迷的境界,一旦打开话匣子之后就收不住了,滔滔不绝地讲着棒球运动。从对方谈起棒球开始,卓别林的话就少了很多,大多数的时候都是朋友在讲,他则微笑注视着对方并认真地听着。

卓别林的举动让他身边的人非常不解,因为大家都知道,喜欢安静的卓别林对棒球从来就没什么兴趣,他们简直就无法想象一个对棒球丝毫不感兴趣的人居然和朋友聊了大半天的棒球比赛,大家更加想不明白了——要知道,在那么长的时间里听朋友讲一个自己完全不感兴趣的事情,那种滋味儿可是非常难受的。

卓别林认真地告诉身边的人:"我是对棒球不感兴趣,可我的朋友对棒球感兴趣,只有尊重他人所尊重的事物,别人才能感受到自己被理解被尊敬,这是一切友谊的基础。"

后来,当朋友听到了卓别林这段话之后,感慨良久。两个人的友谊整整延续了一生。很多年之后,已经白发苍苍的他说起这段往事仍旧慨叹不已:"我今生能够成为卓别林的朋友,是我最大的荣幸。是他让我明白了什么叫作真正的尊重和真正的友谊。他的人格光芒,照亮了我的一生。"

这世界上有千千万万的人,每个人的兴趣爱好各有不同。只有尊重他人所尊重的一切,尊重别人的爱好和兴趣,才能和他们产生共鸣成为朋友。一个真正拥有智慧的人,必定是一个懂得尊重和包容他人一切的人。尊重他人所尊重的一切，也就是在为自己广交朋友，从而为人生的辉煌打下良好的基础。

资料来源：查理·卓别林. 卓别林自传[M]. 叶冬心，译. 北京：国际文化出版公司，2010.

【问题与讨论】

1. 你是怎样理解"是他让我明白了什么叫作真正的尊重和真正的友谊。他的人格光芒，照亮了我的一生"这句话的？

2. 卓别林的做法对你有何启示？

8.3.3　真诚待友

古罗马哲学家西塞罗指出："友谊就其本性来说是容不得半点虚假的。就其本身而言，它是真诚的，自发的。"奥斯特洛夫斯基也曾说过："真正的朋友应该说真话，不管话多么尖锐。"可见，真诚是友谊的生命源泉，真挚的友谊也要靠真诚来播种。孟子说："人之相识，贵在相知；人之相知，贵在知心。"朋友间必须实事求是，不同的观点能直陈己见而不是口是心非，如实反映自己的内心世界，做到肝胆相照、赤诚待人、襟怀坦白。与朋友相处应该真诚，切忌遮遮掩掩、口是心非。没有真诚，就没有彼此的信任，更谈不上相互帮助和相互支持。

友谊中的真诚表现在：当朋友有困难时，能给以真心的帮助，给以温暖和支持；当朋友有缺点时，能给以批评和劝诫；当朋友犯错误时，能伸出友谊之手，给予他承认错误、改正错误的勇气、力量和信心，这样友谊才会更加深厚和可贵。只有以自己一颗诚挚的心主动去靠拢和撞击对方的心，有了心的交流，才能使对方了解你、信任你，从而获得安全感，放心地与你交往，在交往中培育和发展友谊。

8.3.4　互助互利

朋友在交往中应互相关心，互相激励，凡事总把帮助对方作为考虑问题的基点时，心理距离就会越来越近，思想交流就会越来越多。这样发展下去，交情、友谊就可能地久天长、历久弥新。人际关系以能否满足交往双方的需要为基础。朋友之间也是如此，如果交往双方的心理需要都能获得满足，友情关系才会继续发展，若交往中只想获得而不给予，友情关系就会中断。要想自己被别人所接纳，与别人建立和维持良好的人际关系，就必须了解对方在人际关系方面的价值倾向，并在与他人的交往中始终保持他人的得大于或等于失，从而使他人感到同我们交往是值得的。也只有这样，同别人的关系才能够建立、维持和发展。

交往双方要本着互助互利原则。互助，就是当一方需要帮助时，另一方要力所能及地给对方提供帮助。这种帮助可以是物质方面的，也可以是精神方面的；可以是脑力的，也可以是体力的。对大学生来说，这种互助互利主要是体现精神、情感、文化方面的互相理解、支持和帮助。但是，朋友之间交往切忌出于贪图利益和好处的实用主义"友谊"。"交友"不是"交换"。

一位犹太父亲在去世前把儿子叫到病榻前，把一个写着陌生地址的纸条交给儿子并告诉他："除了一生积攒下来的财富，我留给你的还有一生当中唯一的朋友。他住在一个非常遥远的地方，这是他的地址，如果你遇到解决不了的困难，就去找他。"父亲死后的几年，儿子由于过度花费,很快就一无所有,他向那些他曾经帮助过的朋友们寻求帮助,没想到过去热脸相迎的朋友们一个个都变得冷漠至极。不久,高利贷者到他家要账,对方恶语相向,他一时气愤便打了对方。他很害怕,决定先到朋友那里躲一躲,然后让他们帮助自己解决这场灾难。可是大多数朋友连家门都不愿意让他进。在心灰意冷之际,他想到了父亲的遗言。于是他历经磨难终于找到了父亲那位多年不见的老友,让他不解的是,父亲的老友并不富裕,但令年轻人吃惊的是,父亲的老友交给他一个装满金币的坛子,"这是我年轻的时候和你父亲一起做生意时分得的利润,你全部拿去,用它们还清债务,剩下的钱你就用它们去创造更大的财富吧。"年轻人带着坛子走了,他同时带走的还有对真正友谊的大彻大悟。

危难之际见真情,真正的朋友能够经得起时间和环境的考验。因此,在朋友的选择中,要坚决抵制那种以权、势、利为标准的择友方式。正如古罗马奥赛罗所说:"友谊是出于一种本性的冲动,而不是出于一种求助的愿望:出自一种心灵的倾向(这种倾向与某种天生的爱的情感结合在一起),而不是出自对于可能获得的物质上的好处的一种精细的计算。""如果友谊是靠物质上的好处维系的话,那么物质上的好处的任何变化都会使友谊解体。而本性是不可能改变的,因为真正的友谊是永恒的。"

相关链接 8-5

有一天,沙漠与海洋谈判。

"我太干,干得连一条小溪都没有,你的水却太多,变成汪洋一片,"沙漠建议,"我们不如来个交换吧。"

"好啊,"海洋欣然同意,"我欢迎沙漠来填补海洋,但是我已经有沙滩了,所以只要土,不要沙。"

"我也欢迎海洋来滋润沙漠,"沙漠说,"可是盐太咸了,所以只要水,不要盐。"

资料来源:佚名.谈判[J].中学生百科,2003(1).

【问题与讨论】

沙漠与海洋各自一味追求己方利益,最终能实现自己的愿望吗?为什么?

8.3.5 宽容待友

宽宏大量是建立良好友谊的润滑剂,善于"化干戈为玉帛",便能赢得更多的朋友。朋友交往中往往会产生误解和矛盾,对此要有宽宏的肚量,要有理智的头脑,切不可意气用事,应以友谊与理解为重。与朋友相处,要多看朋友的优点和长处,少计较对方的缺点和短处,宽以待人、严于律己,并勇于承担自己的行为责任。当然,宽厚并不意味着无条件地容忍与妥协,朋友之间也需要有善意的批评和争辩,正所谓"君子和而不同,小人同而不和"(《论语·子路》)。

应当看到,在通常情况下,朋友之间没有根本的利害冲突,只要妥善处理,任何分歧和摩擦最终都会消除。宽容的人,一定能赢得朋友的理解和尊重。做一个宽容的人,是获得与巩固友谊的又一大法宝。宽容待友切忌无原则地一味容忍退让,拿原则做交易,要善于把宽容与对朋友的姑息迁就区别开来,在坚持原则和自爱的基础上,以博大的胸怀容纳别人。古罗马的西塞罗指出:"我们可以制定一条这样的友谊规则,勿要求朋友做坏事;若朋友要你做坏事,你也不要去做。因为'为了友谊'这个托词是一个不名誉的词,是决不会得到原谅的。"

阿拉伯传说中有两个朋友在沙漠中旅行,在旅途中因为琐事发生了争吵,其中一人打了另外一人一记耳光,被打的觉得受辱,在沙子上写下:"今天我的好朋友打了我一巴掌。"

他们继续往前走。在路途中,遇到危险,被打了一巴掌的那人差点死去,幸好被朋友救了。被救后,他拿了一把小剑在石头上刻了:"今天我的好朋友救了我一命。"

一旁好奇的朋友问道:"为什么我打了你以后你要写在沙子上,而现在要刻在石头上呢?"

另一个人笑了笑回答说:"当被一个朋友伤害时,要写在易忘的地方,风会负责抹去它;相反的,如果被帮助,我们要把它刻在心灵深处,那里任何风都不能磨灭它。"

朋友间相处,伤害往往是无心的,帮助却是有心的。忘记那些无心的伤害,铭记那些对你真心的帮助,你会发现这世上你有很多真心朋友。

【问题与讨论】

1. 结合本文谈谈宽容待友的意义。

2. 为什么说宽容待友可以赢得更多的朋友?

8.3.6　诚信待友

孔子在《论语》中多次提到"信"字,他将诚信作为一种最基本的交友的伦理准则。他在《论语·学而》中说:"与朋友交,言而有信。"并对颜渊说:"民无信不立。"在《论语·为政》中,孔子还进一步断言:"人而无信,不知其可也。"孔子是想以此告诫人们,人与人之间若不能诚信相待,则将寸步难行。曾子说:"与朋友交而不信乎?"孟子则把"朋友有信"列入"五伦"而加以宣扬。可见,诚实守信是朋友相处的基本原则。

友谊要得到发展深化,首先要讲求信用。对自己讲的话、办的事要负责,办不到的事不随便许愿,做到言行一致、讲求信用,同时还要信任朋友,疑者不交、交友不疑。守信者能交真朋友、好朋友;不守信用者只能交一时的朋友或终将被抛弃。

其次要信任,不仅要信任朋友,而且要争取赢得朋友的信任。在古希腊,有个英雄叫皮西尔斯,因得罪了国王被判死刑。临刑前,他请求国王让自己回家乡一趟,向家中的亲人和朋友告别,再归还欠下两位邻居的钱。国王认为他是想趁机逃命,不愿答应,这时皮西尔斯的一个朋友达蒙情愿担保皮西尔斯并替他坐牢。国王感到不可思议,问达蒙:"如果皮西尔斯没在规定的时间内回来呢?"达蒙回答:"我知道他一定会回来的,因为他从不失信。"到一个月时,皮西尔斯还是没有回来,国王决定处死达蒙。达蒙刚到刑场上,皮西尔斯就回来了,原来他路上遭遇了暴风雨,海上的船都不能起航,所以他耽误了行程。国王决定收回处死皮西尔斯的命令,因为他深深地被二人之间的互相信任打动了。

大学生只有诚信交友,在与朋友相处时抱着心诚意善的动机和态度,相互理解、接纳和信任,重信用、守信义,做到言必信、行必果,言行一致、表里如一,才能保证友谊的长久和个人的全面发展。

8.3.7　在竞争中发展友谊,在友谊中促进竞争

在市场经济条件下,竞争已经成为人们生存与发展的主要途径。在这种背景下,很多人在

处理与朋友间竞争与友谊的关系时,往往感到很难恰当地处理好,感叹"鱼与熊掌难以兼得!"因此,如何正确对待竞争与友谊也是当今社会巩固和发展朋友关系的一个重要方面。

其实,竞争与友谊是并行不悖的。竞争标志着奋发进取,积极向上,是人们前进的推动力。大学生你追我赶、竞高争长,最能促使学业不断进步、思想积极上进。而友谊作为人类古老而美好的情怀,是联结人们心灵的纽带,是人的情感生活的重要组成部分。通过友谊,能促使青年大学生在学业上互相切磋、品德上互相激励、思想上互相启迪。所以竞争与友谊在本质上并没有冲突,反而是相辅相成。单纯的竞争,往往使得双方两败俱伤,彼此的利益都不能得到保障。而在竞争中学会必要的合作则可以保证彼此得到更多的利益,所谓"二人同心,其利断金"。朋友之间越是善于在竞争中合作则竞争力越强,友谊也变得越为深厚。

1995 年的世乒赛,恐怕是很多乒乓球迷印象中最经典的记忆,不仅是因为中国男队重新夺回来了久违的世界乒乓球锦标赛男子团体冠军奖杯——斯韦思林杯,还因为人们深切地感受到了刘国梁和孔令辉在比赛中的"兄弟情深"。刘国梁和孔令辉既是实力相当的竞争对手,也是情同手足的好朋友。"六载朝思暮想,一夜春华秋实。"1995 年喜捧斯韦思林杯的激动荡漾着他们年轻的梦想,两个要好的朋友一起打进了男子单打决赛而面临着激烈的竞争,然而可贵的是,在赛场上他们完全展示出自己的智慧和才能。刘国梁以奇取胜,孔令辉稳中带凶,最终孔令辉略胜一筹,摘得男单桂冠。刘国梁并没有灰心丧气,怨天尤人,而是衷心地祝贺孔令辉,并和孔令辉一起继续刻苦训练,并肩作战。最终两人终于携手夺得了男子双打冠军。

8.3.8　是非分明,讲原则

每个人都渴望友谊,需要友谊,但是千万不可误把"哥们儿义气"当作友谊。据有关资料表明,成伙结帮违法犯罪是目前青少年犯罪的主要形式,或行骗、或伤人、或杀人等。在对这样一些青少年的谈话记录中,不难看出:讲"哥们儿义气"是这些人能联合在一起的纽带。在这些青少年的心目中,"哥们儿义气"成为信条,是他们衡量友谊的所谓最高标准。一个中学生在他的日记中写道:为兄弟两肋插刀不怕疼,为朋友刀山火海敢去跳。要学刘、关、张桃园三结义,要像秦琼为朋友舍了黄骠马。为了表示他们的"哥们儿义气",他们仿效影视镜头,烧香结拜、喝血酒,立誓言。

实际上"哥们儿义气"与友谊是有本质区别的。友谊是人与人之间的一种真挚的情感,是一种高尚情操。友谊需要互相理解和帮助,也需要义气,但是这种义气是要讲原则的,是在维护正当利益基础上的,并不是"哥们儿义气"。源于江湖义气的"哥们儿义气"是以私利为目的的,不分是非,不讲原则,更不顾及社会的准则、国家的法律。他们以"铁哥们儿"相称,以"江湖义气"为榜样,为了自己和"哥们儿义气"的私利,常干出一些伤害他人、损害集体的事情,有的甚至是坠入犯罪的深渊。如果不辨是非地"为朋友两肋插刀",甚至不顾后果、不负责任地迎合朋友的不正当需要,这不是真正的友谊,也够不上真正的义气。最终结果必然是害人、害己、害社会。

王辉是某中学初二年级的学生,他有两个比他年龄大一点的"铁哥们儿":一个是本校三年级 17 岁的李杰;一个是校门口水果摊摊主,16 岁的孙朝。有了李杰和孙朝的保护,王辉自觉得了不起,谁对自己稍有不恭敬,他就会大打出手,而谁要是对他的"铁哥们儿"不敬,他也会"义无反顾"帮助他们。一天,他的"铁哥们儿"李杰告诉他说,班长栾某因为白天值日的事情和自己吵了起来,并且将这件事情告诉了老师。王辉一听,马上拍着胸脯,表示自己一定要帮他出这口气。当天晚上,3 人各拿一把西瓜刀,气势汹汹地来到学校,用刀刺死了栾某和劝架的一个同学。一个月后,王辉、李杰、孙朝 3 人在潜逃中被抓获。由于一时受"哥们儿义气"的驱使,王辉、李杰、孙朝3人共同持刀行凶,构成了杀人罪和伤害罪,被依法处理,断送了自己一生的美好前途。

由此可见,"哥们儿义气"并非真诚的友谊。真正的友情根植于高尚的精神,而不是植根于低俗的利欲;友情是彼此为对方吹响的鼓舞前进的号角,而不是相互利用的工具;友情是彼此为对方美好的情操而唱的赞歌,而不是相互间的哄骗和吹嘘;友情是为了使朋友之间成为彼此的纯洁品行的一面镜子,而不是为了使彼此成为对方恶行的帮凶。

8.3.9　正确对待异性友谊

异性间交往是人际交往的重要组成部分,异性友谊是男女之间的纯真友情。异性友谊对于大学生来说是必要的。处于青春期的大学生,由于性心理的发育成熟、性意识的发展,加上社会环境的影响,产生了对异性的好奇心和好感,产生和异性交往的强烈愿望。在异性交往的基础上产生的异性友谊,有益于男女大学生的情感稳定与补偿,有益于行为调节和个性的全面发展,有助于学业的完成和事业的成功,也有助于通过有道德的社交活动真正自由地结识和选择爱情对象。

需要明确指出的是,异性友谊不同于爱情。友谊的支柱是理解,爱情的支柱是感情;友谊是开放的,爱情是封闭的。异性友谊的发展有两种可能:一是经过努力发展为爱情;二是长期保持朋友关系。

那种认为异性之间只有爱情没有友谊的看法是错误的,异性之间完全可以建立和保持朋友的友谊。

首先,要端正交往动机,以正确的人生观、道德观为指导,发展健康文明的朋友关系。

其次,要保持人际距离,把握好异性交往的分寸。

再次,建立广泛的友谊圈,多参加男女同学共同参与的活动。

最后,异性之间交往要理智地把握好友谊与爱情的界限。

相关链接 8-7

也许你会为有几个志趣相投、感情深厚的朋友而自豪。可有时你也许会为朋友们的日渐疏远而苦恼和困惑:你与朋友之间没有多大隔阂和矛盾,友情怎么会淡化了呢?其原因可能来自方方面面,但如果你注意保持以下八种心态,就会使友谊得到不断的巩固。

1. 适度表现,言谈谨慎

也许你与朋友过往甚密,无话不谈;也许你的才学、相貌、家庭、前途等令人羡慕,高出朋友一头。这些有利的条件可能会使你不分场合,尤其是与朋友在一起时,更是无所顾忌,锋芒毕露,毫无节制地表现自己。言谈中往往会流露出一种明显的优越感,这会令人感到你是在居高临下地对人讲话,有意炫耀抬高自己,使别人的自尊心受到伤害,不由得产生敬而远之的想法。所以,在与朋友交往时,要控制情绪,保持理智,态度谦逊,虚怀若谷,把自己放在与人平等的地位上,并注意时时想到对方的存在,照顾对方的心理承受力。

2. 分清彼此,信守契约

朋友之间常东西不分彼此,但是,如果对朋友的东西不经许可便擅自拿用,不加爱惜,有时迟迟不还或者干脆不还,时间长了,便会使朋友认为你过于放肆,由此产生防范心理,并有可能导致你们之间关系的疏远。实际上,朋友之间除了友情,还有一种微妙的契约关系。就物而言,你和朋友之物都可以随时借用,这是超出一般人关系之处。但你对朋友的东西应该有一个清醒的认识："朋友的东西更应该加倍爱护。"要把朋友的物品看作友情的一部分加以珍视,注重礼尚往来的规矩,这样才会使朋友永远信任你。

3. 避免散漫,讲究小节

朋友之间,谈吐行为应直率、大方、亲切,不矫揉造作,唯其如此,方显出自然本色。但如果过于散漫,不重自制,不拘小节,则使人感到你粗鲁庸俗。也许你和一般人相处会以理性制约,但与朋友相聚就忘乎所以,或指手画脚,或信口雌黄、海阔天空,或肆意打断朋友的话语、讥讽嘲弄,或听朋友说话时左顾右盼、心不在焉。也许这是你的自然流露,但时间长了,朋友会觉得你有失体面、没有修养,对你产生一种厌恶轻蔑之感,就会改变对你原来的印象。所以,在朋友面前应保持自然而不失自重,保持热情而不失礼仪,做到有分寸,有节制,才能赢得朋友永远的友谊。

4. 信守诺言、严守约定

你也许不那么看重朋友间的某些约定,对于朋友之求爽快应承后又中途变卦。也许你真有事情耽误了一次约好的聚会或没完成朋友相托之事,也许你事后会轻描淡写地解释一二,认为朋友间能够互相谅解,区区小事何足挂齿。殊不知朋友会因你失约而心急火燎,扫兴而去。虽然他们当面不会指责,但必定会认为你在玩弄朋友的友情,是在逢场作戏,是缺乏信赖感的人。所以,对朋友之约或之托,一定要慎重对待、遵时守约,要一诺千金,切不可言而无信。

5. 求友相助,不要强求

当你有事需要人帮助时,首选对象当然是朋友,可你事先不做通知,临时登门索求,或不顾朋友是否情愿,强行拉他与你同去参加某项活动,这都会使朋友感到左右为难。他如果已有活动安排不便改变就更难堪。对你所求,若答应则打乱自己的计划,若拒绝又在情面上过不去。或许他表面上乐意而为,但心中会有几分不快,认为你太霸道,不讲理。所以,对朋友有所求时,必须事先告知,采取商量的口吻说话,尽量在朋友无事或情愿的前提下提出要求。

6. 分清场合,进退有度

当你到朋友家串门时,若遇上朋友正在读书学习,或正在接待其他客人,或正和恋人相会,或正准备外出等,如果你自恃彼此是朋友,不顾场合、不看朋友脸色,一坐半天,夸夸其谈,喧宾夺主,不管人家早已如坐针毡、极不耐烦,这样,朋友一定会认为你太没教养,不识时务,不近人情,以后就想方设法躲避你,害怕你再打扰他的私生活。所以,每逢类似这种情况,你一定要反应迅速,稍稍寒暄几句就知趣告辞,你要知道,珍惜朋友的时间和尊重朋友的私生活如同珍重友情一样可贵。

7. 用语讲究,玩笑得法

有时你在大庭广众面前,或为炫耀自己能言善辩,或为哗众取宠逗人一乐,或为表示与朋友"亲密",乱用尖刻语言尽情挖苦讽刺别人,或大出洋相以博人大笑而获取一时之快意……这些做法往往会使朋友感到人格受辱,认为你变得如此可恨可恶,后悔误交了你。也许你还不以为然,会说朋友之间开个玩笑何必当真,殊不知你已伤害了朋友的感情。所以,朋友相处,尤其是在众人面前,应该和气相待,互敬互让,切勿乱开玩笑,恶语伤人。

8. 尊重朋友,善纳人言

是朋友就要同舟共济,对朋友的好意相劝应认真考虑,适当采纳。如果无视这一点,一意孤行、坚持己见、无视朋友之言、我行我素,结果是自己吃亏、朋友受累。这必定使朋友感

> 到失望,认为你太独断专行,不把朋友放在眼里,是个无为而多事之人,以后日渐疏远。所以你在遇事决策时,应认真听取朋友的意见,理解朋友的好心,即使难以采纳的意见,也要解释清楚,使朋友觉得你尊重他。

总之,巩固和发展朋友间的友谊就要像马克思指出的那样:"人生离不开友谊,但要得到真正的友谊才是不容易;友谊总需要忠诚去播种,用热情去灌溉,用原则去培养,用谅解去护理。"

问题与讨论

1. 结合实际谈谈如何摆脱友谊误区,建立真正的友谊。
2. 为什么说以德择友是友谊建立的前提?
3. 联系自身实际谈谈巩固友谊的技巧。
4. 如何理解友谊建立的基础?

实 训 练 习

1. 组织一场辩论赛

活动目的:通过激烈的辩论,使学生从多角度对友谊进行思考,澄清在友谊问题上的一些疑惑和困扰,形成合作意识、竞争意识,以便更好地适应社会。

活动时间:50 分钟左右。

活动方法:教师公布辩论题目,比赛前将学生分组,抽签决定比赛正反双方。给学生充足的准备时间。比赛由学生主持,全过程分为 5 个阶段:陈词阶段、攻辩阶段、小结阶段、自由辩论阶段和总结陈词阶段。最后是指导教师进行点评。

参考辩题

(1) 合作与竞争,谁产生的友情更坚固

(2) 哥们儿义气是否是友谊

(3) 当今社会还有没有真正的朋友

(4) 朋友是否应该为你付出全部

......

2. 朋友关系测试

有的人喜欢朋友"宜精不宜多",有的人的则喜欢"朋友多多益善"。做做下面的测试,看看你在交友方面的能力到底如何? 有没有真正的好朋友呢?

(1) 你知道一个朋友闹过的笑话,于是你就(　　　)。

    A. 随便告诉别人

    B. 只告诉你的好友

    C. 坚决保密

(2) 一个朋友经常向你借东西,但从不归还,现在他又要向你借一件贵重的东西,于是你就(　　　)。

    A. 毫不迟疑地借给他(她)

    B. 委婉告诉他(她)你没有这个东西

    C. 在讲清原因以后,拒绝借给他(她)

(3) 一个朋友不小心弄坏你的电脑,于是你就(　　　)。

    A. 请朋友赔偿你的损失

    B. 希望他(她)能赔偿,但又不好意思说出来

    C. 不要他(她)赔偿,但批评他不经心,让他以后注意

(4) 当你的朋友穿着一件不太合体的衣服时,你会(　　　)。

    A. 以欣赏的口气对朋友说这件衣服很漂亮

    B. 实事求是地告诉朋友,你并不喜欢

    C. 不做任何表态

(5) 你觉得某一个朋友可能卷入一场是非之中,于是你就(　　　)。

    A. 与他(她)断交,避免殃及池鱼,惹火烧身

    B. 与他(她)进行一次推心置腹的交谈,帮助他(她)走出困境

    C. 装作不知道,像以往一样继续你们的友谊

(6) 你认为真正的朋友应该(　　　)。

    A. 将一切事情告诉你,不应对你有所隐瞒

    B. 他(她)愿意告诉你什么就告诉什么

    C. 自己的隐私不必说

(7) 你知道你的朋友需要钱,而你恰恰可以给予他帮助,于是你说:(　　　)。

    A. "请拿着吧,这会让我非常高兴的"

    B. "记得你以前也帮过我吗? 这不过是一点小小的回报"

    C. "活该,谁让你平时不攒点钱呢"

(8) 一般来讲,你认为你的朋友应该(　　　)。

    A. 比你聪明

    B. 没你聪明

    C. 与你的智力差不多

计分标准(见表 8-1)

表 8-1

得分 选项 题号	A	B	C
(1)	1	2	3
(2)	2	1	3
(3)	2	1	3
(4)	1	2	3
(5)	1	3	2
(6)	1	3	2
(7)	2	3	1
(8)	2	1	3

结果解释

21～24 分——你的朋友也许不多,但你的朋友忠诚并钦佩你。你应确信,当你需要他们时,他们就会出现。

14～20 分——当然你有一些朋友,但像我们中的大多数人一样。你们有时会忘记互相理解和信任。当交往中有了疑问时,请你置于他人的位置想一想。

8～13 分——你好像对自己的兴趣比对别人的兴趣要大得多,一有机会你就利用朋友为你服务,这对发展友谊极为不利,现在也许是该重新审视对别人态度的时候了,你可能会成为一个不合群的人。

拓 展 阅 读

友情无须鉴定

他是个收藏爱好者,很小的时候就喜欢收藏,虽然不专业,可是很用心,到中年时,大大小小的物件已经收藏了上百件。其中他最喜欢的是一个瓷碗,貌似年代久远的青花瓷,小巧精致,是他十几年前出差时从一个老城的古玩市场淘来的。

因为收藏,他和一个年纪相仿的男人因情趣相投而成为莫逆之交。

朋友也收藏了许多物件,有个瓷瓶,也是无意中淘来的。那瓷瓶,形若美貌女子般窈窕,瓷质细腻,清澈通透,深得朋友喜爱。

有次,两人无意中聊起心爱的物件,说得兴起,都忍不住想要去观赏对方的爱物。于是他带了心爱的瓷碗去了朋友家。在朋友家里,看到了朋友的漂亮瓷瓶。也许是收藏人共同的眼光,对彼此心爱的物件,他和朋友也都爱不释手。

后来,朋友忽然半开玩笑地提议:干脆,咱俩把这两样瓷器交换一下吧? 咱们遇见,它们遇见,都是缘分呢。

他先愣了一下,然后笑起来,因为他也忽然间生出了和朋友同样的想法。他和朋友的确情趣相投,甚至彼此最心爱的都是瓷器。虽然两样物件款式和瓷质不同,但看上去都那么精致美好,就像他们这十几年的友情。

于是他们就交换了,各自重新珍藏了对方的心爱之物。

没想到半年后,那年夏天,央视"鉴宝"栏目组走进了他们所在的城市,很多收藏爱好者蜂拥到电视台进行藏品的海选。自然,他也得到了这个消息,而家人和朋友更是都劝他去参加鉴宝,至少,应该去鉴定一下和那个朋友交换的瓷瓶。

他一直沉默,不管别人怎么劝都没有点头。

妻子在旁边嘟哝他:干吗不去找专家鉴定一下呢? 没准儿他会去呢。到底是交换来的,谁知道真的假的……

他知道妻子口中的"他"是和他交换藏品的那个朋友。那几天,他和朋友没有见面,打过两个电话,但是谁都没有提鉴宝的事,他不知道朋友是否会去,也没有问。

很快,电视台转播了那期鉴宝实况,因为鉴宝的人众多,节目连续两天晚上才播完。其中也有几个鉴宝人是他认识的藏友,但直到节目结束,他都没有看到朋友出现——和他一样,朋友没有去。

他的心,在那一刻有一种轻松的温暖的释然。他知道,朋友的想法一定和他一样。事实上,他并非不想去,相反,他真的很想去参加这次难得的鉴宝活动。但最后,他还是忍住了,决定不去。因为他最想鉴定的,其实是和朋友交换的那个瓷瓶,那是他最看重也最喜欢的。可是,如果那个瓷瓶真的是宝贝,那么必定价值连城。但既然两人交换了,再珍贵,朋友也不会索回,可是朋友心里,必定会有不舍和惋惜;而如果那个瓷瓶只是个普通工艺品,他和朋友都难免会非常失望,甚至他会觉得当初不该交换,因为自己那件有可能是真品。如此不管怎样,都会影响他和朋友的感情。藏品的真伪固然重要,可是他觉得,友情同样重要,他不想用这种方式把自己的友情摆到专家面前去鉴定……只是他并不知朋友怎么想怎么做,现在他知道了,朋友的想法和他一样。他们的友情不需要鉴定,或者他们的友情已经通过了鉴定。而这友情,才是他所有藏品中最为珍贵、最为难得的真品。

资料来源:妞妞.友情无须鉴定[J].思维与智慧,2010(26).

谈　友　谊

梁实秋

朋友居五伦之末,其实朋友是极重要的一伦。所谓友谊实即人与人之间的一种良好的关系,其中包括了解、欣赏、信任、容忍、牺牲……诸多美德。如果以友谊作基础,则其他的各种关系如父子、夫妇、兄弟之类均可圆满地建立起来。当然父子兄弟是无可选择的永久关系,夫妇虽有选择余地,但一经结合便以不再仳离为原则,而朋友则是有聚有散可合可分的。不过,说穿了,父子、夫妇、兄弟都是朋友关系,不过形式性质稍有不同罢了。严格地讲,凡是充分具备一个好朋友的人,他一定也是一个好父亲、好儿子、好丈夫、好妻子、好哥哥、好弟弟。反过来亦然。

我们的古圣先贤对于交友一端是甚为注重的。《论语》里面关于交友的话很多;在西方亦是如此。罗马的西塞罗有一篇著名的《论友谊》。法国的蒙田、英国的培根、美国的爱默生,都有论友谊的文章。我觉得近代的作家在这个题目上似乎不大肯费笔墨了。这是不是叔季之世友谊没落的象征呢?我不敢说。

古之所谓"刎颈交",陈义过高,非常人所能企及。如 Damon 与 Pythias,David 与 Jonathan,怕也只是传说中的美谈吧。就是把友谊的标准降低一些,真正能称得起朋友的还是很难得。试想一想,如有银钱经手的事,你信得过的朋友能有几人?在你蹭蹬失意或疾病患难之中还肯登门拜访乃至雪中送炭的朋友又有几人?你出门在外之际对于你的妻室弱媳肯加照顾而又不照顾得太多者又有几人?

再退一步,平素投桃报李,莫逆于心,能维持长久于不坠者,又有几人?总角之交,如无特别利害关系以为维系,恐怕很难在若干年后不变成为路人。富兰克林说:"有三个朋友是最忠实可靠的——老妻、老狗和现款。"妙的是这三个朋友都不是朋友。倒是亚里士多德的一句话最干脆:"我的朋友们啊!世界上根本没有朋友。"这句话近于愤世嫉俗,事实上世界上还是有朋友的,不过虽然无须打着灯笼去找,却是像沙里淘金而且还需要长时间地洗练。一旦真铸成了友谊,便会金石同坚,永不退转。

大抵物以类聚,人以群分。臭味相投,方能永以为好。交朋友也讲究门当户对,纵不像九品中正那么严格,也自然有个界限。"同学少年多不贱,五陵裘马自轻肥",于"自轻肥"之余还能对着往日的旧游而不把眼睛移到眉毛上边去吗?汉光武容许严子陵把他的大腿压在自己的肚子上,固然是雅量可风,但是严子陵之毅然决然地归隐于富春山,则尤为知趣。朱洪武写信给他的一位朋友说:"朱元璋做了皇帝,朱元璋还是朱元璋……"话自管说得很漂亮,看看他后来之诛戮功臣,也就不免令人心悸。人的身心构造原是一样的,但是一入宦途,可能发生突变。孔子说,无友不如己者。我想一来只是指品学而言，二来只是说不要结交比自己坏的，并没有说一定要我们去高攀。友谊需要两造，假如双方都想结交比自己好的，那就永远交不起来。

好像是王尔德说过，"一个男人与一个女人之间是不可能有友谊存在的。"就一般而论，这话是对的，因为如有深厚的友谊，那友谊容易变质，如果不是心心相印，那又算不得是友谊。过犹不及，那分际是很难把握的。忘年交倒是可能的。祢衡年未二十，孔融年已五十，便相交友，这样的例子史不绝书。但似乎以同性为限。并且以我所知，忘年交之形成固有赖于兴趣之相近与互相之器赏，但年长的一方面多少需要保持一点童心，年幼的一方面多少需要显着几分老成。老气横秋则令人望而生畏，轻薄儇佻则人且避之若浼。单身的人容易交朋友，因为他的情感无所寄托，漂泊流离之中最需要一个一倾积愫的对象，可是等他有红袖添香稚子候门的时候，心境就不同了。

"君子之交淡若水"，因为淡所以不腻，才能持久。"与朋友交，久而敬之。"敬就是保持距离，也就是防止过分的亲昵。不过"狎而敬之"是很难的。最要注意的是，友谊不可透支，总要保留几分。Mark Twain 说："神圣的友谊之情，其性质是如此的甜蜜、稳定、忠实、持久。可以终生不渝，如果不开口向你借钱。"这真是慨而言之。朋友本有通财之谊，但这是何等微妙的一件事！世上最难望的事是借出去的钱，一般人为最倒霉的事又莫过于还钱。一牵涉到钱，恩怨便很难清算得清楚，多少成长中的友谊都被这阿堵物所戕害！

规劝乃是朋友中间应有之义，但是谈何容易。名利场中，沆瀣一气，自己都难以明辨是非，哪有余力规劝别人？而在对方则又良药苦口忠言逆耳，谁又愿意别人批他的逆鳞？规劝不可当着第三者的面前行之，以免伤他的颜面；不可在他情绪不宁时行之，以免逢彼之怒。孔子说："忠告而善道之，不可则止。"我总以为劝善规过是友谊的消极的作用。友谊之乐是积极的。只有神仙和野兽才喜欢孤独，人是要朋友的。"假如一个人独自升天，看见宇宙的大观，群星的美丽，他并不能感到快乐，他必要找到一个人向他述说他所见的奇景，他才能快乐。"共享快乐，比共受患难，应该是更正常的友谊中的趣味。

资料来源：梁实秋. 梁实秋散文[M]. 杭州：浙江文艺出版社，2007.

生 死 跳 伞

汤姆有一架自己的小型飞机。一天，汤姆和好友库尔及另外 5 个人乘飞机飞过一个人迹罕至的海峡。飞机已飞行了两个半小时，再有半个小时，就可到达目的地。忽然，汤姆发现飞机上的油料不多了，估计是油箱漏油了。因为起飞前，他已给油箱加满了油。汤姆将这个消息传达后，飞机上的人一阵惊慌，汤姆安慰他们："没关系的，我们有降落伞！"说着，他将操纵杆交给也会开飞机的库尔，走向机尾拿来了降落伞。汤姆给每个人发了一个降落伞后，在库尔身边也放了一个降落伞袋。他说："库尔，我的好兄弟，我带着 5 个人先跳，你开好飞机，在适当的时候再跳吧！"说完，他带领 5 个人跳了下去。飞机上就剩库尔一个人了。这时，仪表显示油料已尽，飞机在靠滑翔无力地向前飞。库尔决定也跳下去，于是，他一手扳紧操纵杆，一手抓过降落伞包。他一掏，大惊，包里没降落伞，是一包汤姆的旧衣服！库尔咬牙大骂汤姆！没伞就不能跳，没油料，靠滑翔飞机是飞不长久的！库尔急得浑身冒汗，只好使尽浑身解数，往前能开多远算多远。

飞机无力地朝前飞着，往下降着，与海面距离越来越近……就在库尔彻底绝望时，奇迹出现了——一片海滩出现在眼前。他大喜，用力猛拉操纵杆，飞机贴着海面冲过去，嘭的一声撞落在松软的海滩上，库尔晕了过去。

半个月后,库尔回到他和汤姆居住的小镇。

他拎着那个装着旧衣服的伞包来到汤姆的家门外,发出狮子般的怒吼:"汤姆,你这个出卖朋友的家伙,给我滚出来!"

汤姆的妻子和3个孩子跑出来,一起问他发生了什么。库尔很生气地讲了事情的经过,并抖动着那个包,大声地说:"看,他就是用这东西骗我的!他没想到我没死,真是老天保佑!"

汤姆的妻子说了声"他一直没有回来",就认真翻看那个包。旧衣服被倒出来后,她从包底拿出一张纸片。但她只看了一眼,就大哭起来。

库尔一愣,拿过纸片来看。纸上有两行极潦草的字,是汤姆的笔迹,写的是:"库尔,我的好兄弟,机下是鲨鱼区,跳下去必死无疑。不跳,没油的飞机不堪重负,会很快坠海。我带他们跳下后,飞机减轻了重量就肯定能滑翔过去……你就大胆地向前开吧,祝你成功!"

任务9 家人沟通——亲情的眷顾与回归

随着时间的流逝,许多往事已经淡化了。可在历史的长河中,有一颗星星永远闪亮,那便是亲情。时间可以让人丢失一切,可是亲情是割舍不去的。即使有一天,亲人离去,但他们的爱永远留在子女灵魂的最深处。

——高尔基

任务目标

● 了解家庭亲情的含义与意义;

● 明确亲情表露的重要性;

● 把握亲情回归与幸福的技巧。

案例导入

近来,一组照片在网络上备受关注。照片中,一位95岁的老母亲手持汤匙,一口一口地给瘫痪在床的58岁的儿子喂粥。人们说,那一口口的粥中,是大爱无言,是母爱无疆。更让人心生唱叹的是,尽管一贫如洗,老人却坚决拒绝了10万元的捐款,活得顶天立地。这位老人叫许张氏,虽然一辈子都没有自己的名字,但她将"母爱"和"亲情"这两个高洁的词汇,刻在了人们的心上,郑重,有力。

走进她的家中,20多平方米的屋里,没有一件像样的家什,窗户和门因年久失修已经关不严实。两张床分靠着南北两堵墙,一个柜子倚靠西墙,坏掉的柜门敞开着,露出里面堆着的包袱,一个压着一个。柜子上边和两旁也放满了花花绿绿的包袱,摞得老高。老人说,那是邻居送来的尿布和旧衣裳。

尿布是给老人的儿子用的,并且是这个家庭最重要的物资。老人育有五女二男,躺在床上的叫许全意,是小儿子。1970年,17岁的许全意突然患上精神分裂症,全家倾尽所有为其治病,使原本贫困的家庭雪上加霜。但不幸不止于此,1990年许张氏的丈夫病逝,1992年许全意下肢瘫痪,随后又丧失了基本的语言能力,生活不能自理。此时,许张氏的其他子女都各自有了自己的家庭但生活并不富裕,体恤儿女的她硬是咬着牙自己照顾许全意。

那一年,儿子39岁,老人76岁。

此后的每一天,几乎都是这样度过的。早上5点多钟,老人起床,第一件事就是到儿子床边为他翻身,换尿布,擦身子,洗尿布,晾尿布。然后做饭,给儿子喂饭。在母亲这样的照料中,躺了19年的许全意,从来没有生过褥疮。

陪伴儿子是她的使命,也是她活下去的意义。

"吃饭,吃完这一口。"老人一边念叨着,一边用颤抖的手,舀起一勺稀饭,在碗里有节奏地掭两下再喂给儿子,然后见机将撕碎的包子塞到儿子嘴里。一日两餐,许张氏都要在儿子的病榻边重复这样的"工作",看着儿子吃完饭,老人笑得脸上的褶子都挤在了一起,露出仅有的两颗牙。

这是许张氏一天中最生动的时刻,也是老人最幸福的时刻。

操劳中,母亲的背一天天弯了下来,如今已经像座拱起的小山。

"你活一天,妈就不死。"这是老人常跟儿子念叨的。陪伴儿子是她的使命,也是她活下去的意义,儿子能走多远,她就要拼着命陪多远。

9.1　家人关系与亲情

9.1.1　家人关系与亲情概述

有人说,如果世界上没有了亲情,就好比在漆黑的道路上找不到前进的方向,如果世界上没有了亲情,就好比在春天里失去了春雨来滋润万物。

亲情关系是人类社会中最基本的人际关系。亲情是指有血缘关系或姻亲关系的家庭成员间感情的总称,是人们朝夕相处、相依为命、割舍不断的情感,它包括祖孙、父母子女、兄弟姐妹之间的亲情,夫妻之间的姻情以及夫妻双方的父母、兄弟姐妹的亲情的拓展和延伸。在一定意义上还包括由于收养关系、患难之交形成的恩情等,其中父母子女情在亲情中占核心地位。

相关链接 9-1

周朝有一个诸侯国灭亡了,亡国的难民中有个叫林回的人,在逃亡的途中,他舍弃了价值千金的玉璧,却背负着婴儿逃难。

难民中有人不理解林回的选择:"你是为了金钱吗? 如果是为了金钱,一个婴儿能值几个钱?"又有人问:"你不害怕受拖累吗? 一个吃奶的婴儿在战难时,给人添的麻烦简直说不完。大难当头,真不明白你抛弃宝玉背负着婴儿这个包袱是为什么!"林回背着婴儿说:"那块宝玉是因为值钱才和我在一起,但它再值钱,其价值是有限的。这婴儿因为是我的亲生骨肉,我不舍弃他,是因为他和我的感情连在一起,而这种感情是无法用金钱衡量的。"

资料来源:丁满. 最精彩的中华智慧故事[M]. 北京:新世界出版社,2007.

【问题与讨论】

1. 你认同林回的做法吗? 为什么?

2. 谈谈你对"亲情无价"的理解。

教育部人文社会科学重大项目课题组 2004 年在研究"当代中国民众价值取向和精神信仰"的过程中,对来自不同地区的由工人、农民、专业技术人员、大学生和中学生构成的 303 位人员进行了深度访谈。结果发现,在人们回答"您认为什么将会使您的生活富有意义?"时(见表 9-1),很多人首选的是家庭及亲情。

表 9-1　使生活富有意义的首先是亲情关系

什么使您的生活富有意义？	
回　答	选择/%
家庭及亲情	44.6
学习工作和劳动	27.0
理想追求和目标	23.4
朋友	12.2
金钱	11.5

9.1.2　亲情的价值

1. 亲情是形成现代和谐人际关系的价值渊源，有利于社会主义和谐社会的构建和社会秩序的安定

亲情是中华民族几千年来一贯坚持的传统美德，也是维系家庭情感的纽带和家庭幸福的源泉。处理好家庭人际关系，对于发挥家庭职能，保障家庭成员的心理健康，维护社会安定，都具有重要意义。尤其是亲情观中养亲敬亲的基本思想，不仅是中华民族传统文化精髓，也是当今社会现代文明的重要内容，在构建社会主义和谐社会的进程中起着重要的作用。

2. 亲情是人生观的重要内容，有利于家庭成员不断完善自我，健康发展

家庭是社会的细胞，也是子女的第一个课堂。国内外的一些研究表明，家庭因素在青少年成长过程中的影响远远高于学校、社会，以及同龄交际群体。家庭中父母与子女的沟通水平、情感反应及行为控制水平，对子女的智力发展与健康成长起着非常重要的作用。因为，社会和时代的要求通常是通过家庭环境，家庭成员的言行以及由此形成的家庭氛围环境对子女的成长起着耳濡目染、潜移默化的作用。所以家庭环境以及家人关系是否和谐和睦，对子女的身心健康发展有着重要的影响，幸福的家庭是子女健康成长的摇篮，也是子女温馨的港湾。家庭的贫富并不会左右子女的幸福，但温馨和睦的缺乏却是子女成长的最大障碍。

此外，对于家庭成员来说，亲情关系既是物质上的供养关系，更是精神上的互动成长关系。因此，家庭中父母不仅是子女的心灵导师，引导子女健康成长，而且在抚养子女的过程中，在言传身教的过程中，父母通过在实践中不断摸索、总结和反思，也会不断提升自身的养育智慧和能力，促使自己不断完善。

相关链接 9-2

中国发展基金会的"2011 儿童早期发展国际研讨会"圆满结束，全国妇联儿童部部长邓丽透露说，在农村 5 周岁以下双亲外出留守儿童占留守儿童总数的 40.19%，为 2300 万人，四川、安徽、河南、湖南、江西、贵州、广东 7 省 0～5 周岁留守幼儿均超过百万人。全国妇联呼吁父母将子女带在身边。

邓丽指出，5 岁以下的儿童留守在农村，会产生安全问题、监护不力的问题、营养问题，但最典型的还是亲情缺失的问题，亲情缺失所产生的心理问题会对子女造成一生的伤害。

【问题与讨论】

1. 你怎样理解亲情缺失会伤害子女成长？

2. 你身边有类似的情况吗？结合实际谈谈。

3. 亲情是社会化的主要途径，是子女个性发展的社会化动因

家庭的重要功能之一是将生物人转化为社会人。家庭是儿童个性实现社会化的主要场所，因为儿童个性的形成，社会行为的获得，其最关键的几年是在家中度过的。家庭中的亲情关系的好坏与和谐与否对儿童的语言、情感、角色、经验、知识、技能与规范方面等社会化环节的形成起着潜移默化的作用，对儿童以后个性的发展也有着重要意义。有关调查显示家庭中子女行为异常程度与亲情关系的得分成正比例关系。亲情关系越好，家庭氛围民主平等，子女就容易形成热情、诚实、友爱、善于交往等人格特征，有利于子女的正常社会化。亲情关系越差，相应的子女行为异常程度越高，直接影响子女的正常社会化。

王某，宁乡县一个16岁少年，小偷小摸成了惯偷，父亲觉得管不住儿子，就请求县检察院逮捕儿子。专家称其家庭教育方式粗暴，子女缺乏亲情的滋养。很多时候，子女出现问题，都与家庭环境与亲情关系有关。

相关链接 9-3

你给子女什么
李开复

批评中长大的子女，责难他人。　　敌意中长大的子女，喜欢吵架。

恐惧中长大的子女，常常忧虑。　　嘲笑中长大的子女，个性羞怯。

猜忌中长大的子女，容易妒忌。　　羞耻中长大的子女，自觉有罪。

鼓励中长大的子女，深具自信。　　宽容中长大的子女，能够忍耐。

称赞中长大的子女，懂得感恩。　　认可中长大的子女，喜欢自己。

分享中长大的子女，慷慨大方。　　诚信中长大的子女，理解真理。

公正中长大的子女，极富正义。　　尊重中长大的子女，懂得尊敬。

信赖中长大的子女，不但信任他人也信任自己。

友善中长大的子女，不但爱他人也爱自己。

【问题与讨论】

结合实际谈谈你对《你给子女什么》这首短诗的理解。

9.2　亲情的表露与眷恋

9.2.1　亲情表露的意义

新华网沈阳2012年2月3日电，大年初七，节日的喜庆气氛尚未褪尽，辽宁省沈阳市铁西区发生一起悲剧：一位六旬老汉因家庭琐事而与家人产生矛盾并滋生仇恨，亲手杀死老伴、儿子和儿媳。辽宁同格律师事务所执行合伙人陈宝龙认为，从犯罪心理来看，亲情犯罪案件多为激情杀人，"家庭成员之间感情受到伤害，大都为了家庭苦忍，容易形成较大的恶性心理积累，一旦超过忍耐的底线，行为人就可能丧失理智，在激情冲动中实施犯罪。"陈宝龙称，从这个角度上说，学会善待亲人对一个家庭来说是一门重要的学问。

　　爱情存在于心,亲情表露于外。不通则痛,通则不痛,这是众所周知的中医理论。家人之间的关系也是如此,适当的交流与沟通,可以增进亲人感情,让许多矛盾解决在萌芽状态;反之,缺乏必要的交流与沟通,绝不会"距离产生美",反而只能拉开亲人之间的亲密距离,给矛盾的产生留下大量的空间。

相关链接 9-4

　　据西班牙欧浪网报道,生活在西班牙的侨民,为了创业养家必须投入大量时间和精力在工作中。由于往往忽视甚至放弃相互沟通,导致华人子女问题层出不穷,辍学者、沉迷网络者、离家出走者、心理疾病者,甚至陷入犯罪的旋涡。

【问题与讨论】

1. 分析西班牙侨二代问题层出不穷的关键是什么。
2. 你认为父母和子女两代人存在代沟问题是否具有普遍性?解决的途径有哪些?

9.2.2　亲情表露存在的障碍与误区

　　从相关链接 9-4 可以看到亲人之间积极沟通与交流的重要性,但当前,很多人在亲情的沟通与表达方面的理解存在误区,表现如下。

1. 亲情沟通与表达方面存在的误区

　　(1)在表达情感方面,有人认为亲情植根于血缘,无须表达。这就导致部分亲人之间彼此牵挂却不知情,久而久之,亲情在无言中淡漠。在一个小山村,有位父亲不苟言笑,对儿子也是如此。从小到大,他很少对儿子露出笑脸,还经常严厉地叱责儿子,儿子一直认为父亲不喜欢自己。但只有孩子的母亲知道,父亲深深地爱着儿子,为了供他上学,父亲偷偷地去县里医院卖血,冒着生命危险到小煤窑下井。儿子大学毕业后,在城里找到了工作并成了家,由于对父亲的误会,他很少回家乡,父亲对此也不多做解释。两人的关系就在沉默中僵持着,直到有一天父亲去世了,儿子回到了老家,看着被父亲细心收藏的奖状——他从小到大的所有奖状,听着母亲的诉说,他才明白不善言辞的父亲其实是多么爱他,但一切已无法挽回。

　　(2)在理解沟通方面,不少人认为自己与父母之间存在着"代沟",父母不可能真正理解自己的想法,与其跟他们沟通而挨骂,不如什么也不告诉他们。更有甚者,有人认为,自己任性,不顾及家人的感受,是追求个性的表现。这样,子女与父母之间所谓的"代沟"越来越深,以致互不理解,越来越疏远,最后只剩下血缘亲情在维系。

2. 当代大学生在亲情的沟通与表达方面存在的误区

　　就当代大学生而言,通过"中国大学生在线"显示的大学生亲情观的调查研究结果,发现目前大学生在亲情的沟通与表达方面普遍存在着以下问题。

　　(1)亲情价值取向上日趋功利。受实用主义思想的影响,大学生价值取向上的功利性日益明显,物质需求日趋强烈,超过了对精神的需求,而对家庭、集体和国家的责任感淡化了,对父母感恩之心较之以前也有所淡化。部分学生平时很少与家人联系,只有要钱时才联系。而且一旦家人寄生活费不够及时,子女还会对家长大发脾气。

　　2011 年 3 月 31 日,24 岁的留学生汪某在上海浦东机场因留学费用等问题与母亲发生争执,遂从包内抽出两把尖刀,对身后毫无防备的母亲头部、手臂、腹部、背部多处进行砍、刺,致母重伤。在这起案件中,孩子把母亲当成了摇钱树,稍不如意就内心失衡。很多大学生认为:"金钱不是万能的,但是没有钱是万万不能的。"明知家庭有困难,家长有难处,却一味地追求自己的享乐和面子。大学校园里出现了不少"一封家书、一个电话只为钱"的现象。其实这是极不负责的行为。如果一个人对自己父母和家庭都不负责、不尽义务,很难想象他们会对社会、对别人负责。

(2)家人缺乏真正的交流,彼此互不了解。尽管绝大部分大学生在校读书期间会定期或不定期地给家里写信、打电话,但是普遍存在着大学生与家人缺乏真正的交流,谈心太少,彼此互不了解的情况。部分学生上网与陌生人聊天的时间比与家人聊天的时间要长得多,也经常得多。在大学生的家书、电话中,大多数要么报喜不报忧,要么泛泛而谈,只讲些生活琐事,绝少涉及思想和灵魂。如读大三的小明是班里出了名的"话匣子",可是,每次放假回到家里却不知该和父母说些什么,他认为和父母聊学习是找骂,聊明星是"对牛弹琴",聊动漫他们又不懂……可坐在一起不说话又很尴尬,还是回到自己的房间里自在得多。就这样,小明和父母的交谈越来越少了。

(3)对家庭过分依赖,自主自立能力有待提高。目前,我国大学生中多数是由中学毕业直接进入大学,生活经验和社会阅历不足,生活自理能力较差,对复杂环境的应对能力也明显不足。因此,在大学生中,尤其是大学新生中不少人不会处理生活小事,不会安排生活费,遇到困难只会找家人哭诉。久而久之,这部分大学生的生活自主自立能力明显不足,无论是在情感上还是在日常事务的处理上都对家庭过分依赖,不利于自己独立人格的形成和完善。

(4)对亲情的回馈说得多,做得少。调查显示,约有63%的学生不知道父母的生日,近43%的学生不知道父母的年龄,76%的学生从未给父母祝贺过生日,而与之形成鲜明对比的是父母给子女过生日的却高达93%。此外,如何在现实的大学生活中回馈亲情,他们有的想得很少,有的想到了一些,例如节俭、关怀等,也往往说得多,做得少,难以落到实处。而有的认为,现在没有这个经济能力,等事业有成时再好好孝顺父母也不晚,可往往事与愿违。

电视节目主持人杨澜有一次采访1998年诺贝尔化学奖获得者、美籍华人崔琦。崔琦出生在河南农村,父母都是大字不识一个的农民,但是他妈妈颇有远见,咬紧牙关省吃俭用,在崔琦12岁那年将他送出村读书。这一走,造成了崔琦与父母的永别。后来他到中国香港、美国,成了世界名人。杨澜问崔琦:"你12岁那年,如果不外出读书,结果会怎么样?"人们认为崔琦会回答:结果当然就是他不会有今天的成就,也许现在还在河南农村种地。可是崔琦的回答大大出乎人的意料,他说:"如果我不出来,3年困难时期我的父母就不会死。"崔琦后悔得流下了眼泪。在他拼搏奋斗的生涯中,他不止一次地想过他的父母,也想过有一天终于和父母相守在一起。但世事不尽如人意,蓦然回首,父母已经离他而去。从此,人生无论怎样辉煌,终究无法弥补父母已经不在的遗憾。

正如鲁迅所说:不要让亲情在熙熙攘攘的现代社会变革中越来越脆弱地面对冲击,至少我们可以从自我做起,不要给自己留下遗憾,俗话说"树欲静而风不止,子欲养而亲不待",趁现在为自己的双亲送上一份不算奢侈的温馨问候!

相关链接 9-5

青春热线编辑：

你好！

或许是家庭教育的原因吧，我的性格比较内向，寡言少语，这令我和家人的交流非常少。

平时在家，大多只能在饭桌上和父母聊天，其他时间就很少说什么了。我父亲是个深沉的人，平时对我很少说话，他的爱更多地表现在行动上；而母亲的爱是体现在语言上，有时甚至让我觉得她很啰唆，却也能体会到温馨。这些我都可以感觉得到的，所以初中的时候我就想，将来一定得好好报答父母。

但我现在很惭愧也很悲哀，因为我感觉自己不知道怎么表达对父母的爱。我现在读着一所普通高校，离家比较远，与父母的联系比上中学的时候少了很多，沟通就更少了。很多时候都是母亲打电话给我，一阵嘘寒问暖之后，我就不知道该说些什么了，打电话的时间就是那么几分钟。反而是和同学、哥们儿打电话，有时聊一个小时都不止。或许是与同学没有代沟，有更多的共同语言吧？

其实我很羡慕那些每周都和家人联系的同学，而我，想打电话回家却不知道要说些什么。所以我想请您教教我，要怎么改变才能和家人有更多的话题沟通。

D-fly

资料来源：中国青年报，2012-2-7.

【问题与讨论】

1. 资料中的"我"在生活中遇到了什么困惑？其原因是什么？

2. 为帮助"我"消除烦恼，请你向他提几条好的建议。

9.2.3 亲情表露的技巧

在相关链接 9-5 资料中，从一个大学生写给青春热线编辑的信中可以看出，幸福的家庭，必须从良好沟通开始。但是，很多人不知如何与亲人沟通，想和父母沟通却不知说些什么。所以，掌握良好的沟通技巧可以使父母及时地了解子女的状况，能够更好地来帮助子女，子女也能通过沟通来了解自己的父母，从而达到父母与子女之间的和睦相处，这是幸福家庭必不可少的一点，那么，亲人之间如何正确沟通、充分表露对彼此的真情呢？

1. 大胆真情表白

要让对方了解自己的心灵，只有将它表露出来，别人才能知道。很多人有个错觉：认为自己对亲人的爱，不用说，亲人一定会明白的。一个母亲得了重病，治疗花了儿子一家很多钱，她心里很愧疚。儿子打电话给母亲："只要有妈在，我们花多少钱都可以，多少钱能换来一个妈呀。"儿子听出，电话那头停顿了一会儿，妈妈感慨地说："你能这么说我心里很舒服。"儿子没想到妈妈会说出这么一句话，就告诉妈妈："我就是不说，也是这个想法，您还不了解我吗？"当儿子说完这句话，心里闪过一个念头，原来爱真的要说出口，如果自己不说这句话，妈妈也许真的不会了解。中国人对感情的表白向来非常含蓄，对身边朝夕相处的亲人也很少表达关爱，即便有时话到嘴边也因为种种原因而咽了下去。可等到亲人不在时，已悔之晚矣。

在一个小学课堂上，老师让学生在纸上写上 5 个最爱的人。随后，老师要求学生必须划去一个亲人，当子女思考要将谁先从自己的生活中去掉时，不由得想起与这些亲人之间的点点滴滴，子女心里的阴影开始扩散，感受到极其痛苦与无奈。就这样，老师让学生不停地划，直至划去最后一个亲人。学生的手开始颤抖起来，心里充满了恐惧、惆怅与孤独，有的开始放声大哭。最后，老师告诉大家，这只是个假设，你们的亲人还在你们身边。趁你们还来得及说爱他们，就大声地告诉他们。这个例子告诉我们，爱要明白地表达出来，要敢于坦诚自然地向对方说出"我爱你"，这样亲情传递的爱的信息才能被接受，经过愉悦分享，所激发的温馨心境，会大大强化彼此对亲情的深刻领悟与感受。

相关链接9-6

爱要说出口

母亲去世后，我把父亲接来同住。年逾古稀的老爸总想方设法帮我做家务，让我很感动。我很想向老爸表达我的感受，但往往话到嘴边而羞于出口。有一次，我受凉肚痛，老爸在旁问长问短，又找药，又冲热水袋，关切之情全写在脸上，我心里暖暖的，鼓足勇气对老爸说："爸，您真好。我这么大了还能得到您的关心，真是幸福！""你再大在我面前也是子女啊。"老爸满脸灿烂。不一会儿，厨房里传出久违的京腔，那可是母亲去世后父亲丢掉的爱好之一啊！

我的婆母因与大媳妇有过矛盾，因此对我这个小媳妇也心里设防，不肯和我多说一句话。我觉得，婆母辛苦了一辈子，晚年应该快乐。于是我亲亲热热地叫她"妈"，有空就带她老人家去逛公园、逛街。我对她说："妈，您把八个子女培养成人，真是太了不起了！换了是我，我可真不敢想。"见婆母施舍路上的乞丐，我说："妈，您心肠真好！"渐渐地，婆母心中的防线倒塌了，她有什么知心话都对我说，我们就像亲母女一样。

"爱要说出口"在我儿子身上体现最多，他特别会给家人"灌迷汤"。看到我写的文章，他一律叫道："妈妈，您太棒了！"激励我笔耕不辍地写下去。吃饭时，他会说："这菜太好吃了！爸爸，您真是伟大的厨师。"于是，他爸爸疲劳顿消，一心创造条件再享受儿子给予的殊荣。他与外公的感情最深，"您是世界上最好的外公""您是我最最喜欢的外公"之类的语言不断，像阵阵春风吹得外公心花怒放。

资料来源：刘春台. 爱要说出口[N]. 大众阅读报,2012-4-30.

【问题与讨论】

1. 这篇短文对你有何启发？
2. 你是怎样理解"爱要说出口"的？

---

2. 关注亲人的想法和愿望

有个公益广告讲的是一个妈妈要去上夜班，当她刚走下一半的楼梯，女儿急急忙忙地赶出来，对她说："妈妈，你先回来，我要和你说个悄悄话。"妈妈急着赶时间，站在楼梯上对女儿说："宝贝，等我下班再说吧。"女儿一看妈妈没回去，就跑下来，拉着妈妈的手，示意妈妈弯腰，用小胳膊圈住妈妈的脖子，小嘴贴着妈妈的耳朵，轻轻地说："妈妈，我爱你。"然后笑着转身跑了。妈妈愣了一下，随即叫住正往回跑的女儿，对她说："宝贝，妈妈也和你说一个悄悄话。"妈妈弯下腰在女儿的耳朵边轻轻地说："宝贝，妈妈也爱你，永远爱你。"又轻轻地亲了一下她的小脸蛋，女儿一脸的惊喜，幸福就像春天的阳光一样洒满了孩子的整个心扉。在生活中，提倡要主动去关注、帮助那些需要我们的人，但有时往往忽略了自己身边最亲最近的家人，公益广告中孩子简单的思维，简单的爱，正是很多人所遗忘的，所缺失的。

还有这样一位母亲，为了鼓励儿女常回家看看，无奈之下，居然给儿女设了"回家奖"。所以，亲人之间要注意彼此在生活中的细节和习惯，将沟通融会于日常的点滴，尽量满足和实现对方的合理愿望。如果真正关心对方,就应该思考自己是否真正理解对方的情感和需求,并给予必要的关注和付诸实践。

相关链接 9-7

父亲很晚才下班回家,他的工作压力很大,心里也有点烦,他想休息一下,而这时他发现女儿在门口等他。

"爸爸,我可以问你一个问题吗?"

"什么问题?"

"爸爸,你一小时可以赚多少钱?"

"为什么问这个问题?"

"我只是想知道,请告诉我,你一小时能赚多少钱?"女儿固执地再一次追问。

"我一小时可以赚 20 美元,有时还多一点,这有什么问题吗?"父亲没好气地说。

"哦!"女儿低下了头,接着说:"爸爸,您可以借我 10 美元吗?"

父亲有些生气了:"别想拿钱去买那些毫无意义的玩具,给我回到你的房间并上床。"

女儿安静地回到自己的房间并关上门,父亲生气地坐在客厅里。过了一会儿,他平静了下来,觉得刚才对女儿太凶了——或许她真的想买什么东西,再说她平时很少要过钱。

父亲走进女儿的房间,发现女儿正躺在床上,他悄悄地问道:"你睡了吗,孩子?"

"还没,我还醒着。"女儿回答。

"对不起,我刚才对你太凶了,"父亲边说边将钱递给女儿,"这是你要的 10 美元。"

"爸爸,谢谢你。"女儿欢叫着从枕头下面拿出一些被弄皱的钞票,慢慢地数着。

"你已经有钱了,为什么还要?"父亲又有些生气,他不知道这个孩子今天是怎么了。

"因为在这之前不够,但我现在够了。"女儿回答,"爸爸,我现在有 20 美元了,我可以向你买一个小时的时间吗? 明天请早一点回家——我想和你一起吃晚餐。这是我盼望已久的事情,可以吗?"

父亲听完热泪盈眶。

资料来源:左振坤. 智慧语林[M]. 长春:吉林文史出版,2004.

【问题与讨论】

1. 从字面上看,女儿要用 20 美元购买父亲的一个小时,实际上,女儿需要的是什么?

2. 听了女儿的话,父亲为什么会热泪盈眶?

---

3. 向亲人表达自己的友善

微笑是向亲人表达自己友善的最好表情。戴尔·卡耐基在《戴尔·卡耐基全集》中提到古怪阴郁的斯坦哈特如何变成一个幸福快乐的人的诀窍。斯坦哈特在写给戴尔·卡耐基的信上说:"我结婚 18 年了,这些年来,我很少对太太露出笑容,也很少说话。因为你'给每一个人微笑'的建议,我尝试了一个星期。第二天早上我梳头时,看到镜子里自己绷紧的脸,就对自己说,'比尔,你今天一定要把绷紧的脸换上笑容,就从现在开始。'因此吃早饭时,我就带着轻松的微笑对太太说:'亲爱的,早上好!'你可能会说这会令她惊奇,但你低估了她的反应。当时她几乎惊呆了,她为我出乎意料的改变而高兴。从此以后,我对她友善起来,时不时对她微笑,两个多月来,我们的家庭生活完全改变了。我也把原来对家人批评指责的话全变成赞赏和鼓励。我不再只关注我需要什么,而是尽量去接受家人的观点。现在我的生活已经彻底改变,我也变成了一个与过去完全不同的人,比过去更快乐、更富有。"

4. 学会聆听亲人

在如今的家庭关系中,一方面,有些父母认识不到倾听子女诉说的重要性。子女一旦有问题,总爱以成人的思维方式去评判子女所做的一切,把自己的意愿强加给子女,不给子女解释的机会,轻则呵斥重则打骂。子女因失去说话的权利或者自己的想法得不到父母的重视,只好将委屈和不满埋藏在心里,长此以往,做父母的就很难知道子女的所思所想,这样对子女的教育就会无所适从。久而久之,子女也会与父母产生对抗情绪,以致双方相互不信任,产生沟通困难的问题,甚至还会造成子女的不良心理。另一方面,子女长大了,父母希望子女常回家看看,更希望子女能听父母说说话,年迈的父母更需要倾诉,需要被人关注。而很多人借口工作忙,不愿听父母说话,或者在听父母说话时,缺乏耐心、会心、专心,心不在焉,父母的自尊心会深受其害。

相关链接9-8

晓晓实在受不了老妈的啰唆了,老妈三天两头地给他打电话,一打就是老半天,也没什么大事,啰唆一堆家庭琐事,简直快烦死了。

有一天,晓晓终于受不了老妈的啰唆,对她发了一通脾气:"我知道您老人家是为我好,关心我,我心领啦。我现在很忙,你没有重要的事情少打电话给我,我的手机是双向收费,很贵的。"然后挂断了电话,心想:你说我也老大不小了,还得老妈每天提醒着穿多少衣服,吃多少饭吗? 好笑。

第二天一早,晓晓正睡得迷糊,手机又玩命的响起来。晓晓抓过手机一看号码,天,又是老妈。

"喂,什么事啊。"晓晓没好气地问。

"没什么事啊,我看报纸上说吃油条对身体不好,含好多铅和铝,都是重金属,你早餐可千万别吃油条啦。"晓晓简直无话可说,就为了这么一点小事她也打个电话过来,还这么早就打过来。

"哦,知道了,你下次别这么早打电话,我没起床呢。"晓晓准备挂电话了。

"我就是想早点打给你,怕你起床去买油条吃啊,能早通知你当然早通知你啊,少吃一顿油条就是少吃一克铅啊。"老妈又啰唆起来了。

"嗯,我记住了。"晓晓再次准备挂电话。

"好,那我们就放心了。我知道你接电话要钱,也知道电话费很贵,我让你爸给你寄了点钱,你拿去交电话费吧。我不想和孩子打电话还要想着省那几毛钱,我就想和你多说几句话。"妈妈的声音里拖着哭腔。那一刻,晓晓突然觉得鼻子好酸,狠狠地给了自己一记耳光,骂自己怎么这么不懂事呢! 娘肚子里十个儿,儿肚子里却没有娘。

"妈,你不要给我寄钱,接老妈几个电话的钱我还是有的,以后我会常常打给你们的,我爱你们。"晓晓大声地哭起来,为了世界上无处不在的最平凡又伟大的母爱而哭。

后来晓晓习惯了和母亲在电话里聊天,晓晓喜欢听她啰唆,因为晓晓明白了世界上有一种爱叫啰唆。

资料来源:佚名. 有一种爱,名字叫"啰唆"[J]. 青岛晚报,2012-5-13(13).

【问题与讨论】

1. 你如何理解"世界上有一种爱叫'啰唆'"?

2. 此文对你有何启发?

5. 给予亲人真诚的赞美与信任

家人之间的相互赞美要多于指责,这非常有利于家人关系健康地发展。真心真意、适时适度地表达对对方的赞扬,是家人良好沟通的有效方式,当然表扬时应具体,不论事大事小,只要对方做得好,就要不断给以肯定。这样做可使对方感到你真的很在意他,并会促使对方做得更好。

战国荀况说过这样意思的话:赠给他人善言,比金石珠玉还珍贵;用好的语言示人,比衣服上华美的花纹更美好;让别人听从善言,比听钟鼓琴瑟还快乐。这番话用于家庭亲人也很受用。家庭成员不仅需要暖意盈怀的呵护,还需要沁人心脾的爱的语言,后者像家庭生活乐章中优美的音符,尽管不那么隆重、不那么经意,却让人感激、让人难忘,能使生活充满温馨,爱情地久天长。

亲情表达中,需要彼此真诚的赞美,还需要真正的信任。有一则真实的故事:洛杉矶发生地震后,父亲跑到儿子上学的学校,要救自己被埋在废墟下的孩子,路过的人见到他在废墟中不停地挖,都以为他疯了,都去劝阻他,他却坚持不懈地挖。38 小时后,他终于救出了儿子。父亲抱着坚定的信念"我儿子在等着我",历尽艰辛地挖掘被埋在废墟中的儿子,而儿子也在黑暗与危险中坚信父亲曾经说过的一句话:"不论发生什么,我总会跟你在一起。"支撑他在灾后 16 天奇迹般地获救。父与子之间的信任深深地打动了在场所有的人。

6. 选择时机

良好的语言沟通需要有较为合适的时间安排。在对方情绪比较好的时候谈一些棘手的问题,可能有助于减少冲突。在家人正处于比较紧张焦虑的工作或生活状态时,尽量与家人谈一些愉快的话题,这其实也在传达着对对方的尊重、体贴和理解的信息。由此可见,时间和话题的选择本身就是亲人之间一种良好的沟通方式。

7. 表达尊重

表达尊重是指尊重家人的个性及能力,而不是凭自己的感情用事;接纳家人的信念和所做出的选择或决定,而不是评论或试图代替其做决定;善意理解对方的观点及行为,而不是简单采取排斥的态度。

有一次,鲁迅在家中宴客,儿子海婴同席。在吃鱼圆时,客人均说新鲜可口。只有海婴说:"妈妈,鱼圆是酸的!"妈妈以为儿子胡闹,便责备了几句,海婴老大不高兴。鲁迅听后,便把海婴咬过的那只鱼圆尝了尝,果然不怎么新鲜,便颇为感慨地说:"子女说不新鲜,我们不加以查看,就抹杀是不对的,看来我们也得尊重子女说的话啊!"

社会心理学领域的大量研究发现,人们对于关系亲密的家人,所涉及的亲密话题和非亲密话题都很广泛。但是必须注意,对于任何人,无论关系多么亲密,人们都有不愿意暴露的领域。因此,在生活中,没有理由因为关系亲密或者是夫妻、亲子关系而要求对方完全敞开心扉,更不能任意侵犯对方所不愿暴露的领域;否则,对方会产生强烈的排斥情绪,从而导致对你的接纳性大大降低。

相关链接 9-9

1. 沟通

狮子和老虎之间爆发了一场激烈的战争,到了最后,两败俱伤。

狮子快要断气的时候对老虎说:"如果不是你非要抢我的地盘,我们也不会弄成现在这样。"老虎吃惊地说:"我从未想过要抢你的地盘,我一直以为是你要侵略我!"

观点:相互沟通是维系家庭幸福的一个关键要素。有什么话不要憋在肚子里,多同家人交流,也让家人多了解自己,这样可以避免许多无谓的误会和矛盾。

2. 信任

两只鸟在一起生活,雄鸟采集了满满一巢果仁让雌鸟保存,由于天气干燥,果仁脱水变小,一巢果仁看上去只剩下原来的一半。

雄鸟以为是雌鸟偷吃了,就把它啄死了,过了几天,下了几场雨后,空气湿润了,果仁又涨成满满的一巢。这时雄鸟十分后悔地说:"是我错怪了它!"

观点:很多幸福的家庭就毁于怀疑和猜忌。所以,家庭成员之间要相互信任,不要让猜疑毁了家庭的幸福。

3. 慎重

两只乌鸦在树上对骂起来,它们越骂越凶,越吵越激动,最后一只乌鸦随手捡起一样东西向另一只乌鸦打去。

那个东西击中另一只乌鸦后碎裂开来,这时丢东西的乌鸦才发现,它打出去的东西原来是它的一只尚未孵化好的蛋。

观点:在家里,遇到事情要冷静对待,尤其是遇到问题和矛盾时,要保持理智,不可冲动,冲动不仅不能解决问题,反而会使问题变得更糟,最后受损失的还是整个家庭。

4. 换位

小羊请小狗吃饭,它准备了一桌鲜嫩的青草,结果小狗勉强吃了两口就再也吃不下去了。

过了几天,小狗请小羊吃饭,小狗想:我不能像小羊那样小气,我一定要用最丰盛的宴席来招待它。于是小狗准备了一桌上好的排骨,结果小羊一口也吃不下去。

观点:有时候,己所不欲,勿施于人。凡事不要把自己的观点强加给家人,遇到问题时多进行换位思考,从对方的角度考虑一下。这样,你会更好地理解家人。

5. 快乐

小猪开始学做蛋糕,但它做出的蛋糕总是不好吃。它问公鸡师傅,公鸡想想,问它做蛋糕的原料是什么。小猪说,为了怕浪费,它做蛋糕用的全是一些快要坏了的鸡蛋。

公鸡对小猪说:"记住,只有用好的原料才能做出好的蛋糕。"

观点:是的,只有用好的原料才能做出好的蛋糕,同样地,只有用快乐的心情才能构建起幸福的家庭。所以,进家门之前,请把在外面的烦恼通通抛掉,带一张笑脸回家。如果所有的家庭成员都能这样做,那么这个家一定会成为一个最幸福的家庭。

【问题与讨论】

看了一个幸福家庭必备的 5 个基本要素,你有何感受?

9.3 亲情的回归与幸福

亲情除了需要表露和沟通,还需要精心维护,这样才能获得持久的、稳定的幸福。

9.3.1 积极培育积极健康的心态

亲情的核心要素是在血缘和共同生活的基础上而形成的共情心、责任心和同理心,由此产生安全、依恋、尊重、关注、信任、沟通、奉献、包容、温暖、担忧、悲哀、爱护、牵挂、幸福、快乐、求助等情感与行为。鲁杰在《亲子关系中亲情的意义》一文中对此进行了专门的论述。

1. 培育共情心,真诚地从亲人的角度看待问题

亲情中的首要因素就是共情心。共情心是一种首要的亲情联结纽带,这对建立家人之间的信任感会有积极的影响,会使家人感到自己被理解、悦纳,从而会感到愉快、满足。《戴尔·卡耐基全集》中戴尔·卡耐基建议创造美好的生活、创造生活的奇迹,要"尝试着了解别人,站在他的立场来看问题:如果我是他,我会有什么感觉,有何反应? 那你就会节省出很多时间,也会减少一些不必要的苦恼。""你是否想拥有一个神奇的句子,可以让你阻止争执,消除厌恶感,创造出良好的氛围,又能让别人认真倾听你? 这句话就是:我一点也不奇怪你会有这种感受。如果我是你,无疑我会和你想的一样。"

亚瑟·盖茨博士在他的名著《教育心理学》中说:"所有人都渴求同情。如小孩急于向别人展示他的伤口,或者把小伤口弄大,就是为了获得同情。大人也会为了获取同情而展示自己的伤痕,讲述他们的意外、病痛,特别是手术的细节。为真实或想象的不幸而自怜,这是很普遍的心理现象。"许多家庭亲情关系之所以恶化,就是一方对另一方的情绪情感变化几乎麻木了。

2. 培育责任心,言行必须一致

责任心是亲情中最高级的因素,是家庭和睦、社会安定的保障。

很多年前,美国芝加哥有一个人称"铁齿埃迪"的大律师名声大噪,埃迪伶牙俐齿,精通法律条文,他的如簧之舌让一个罪大恶极的黑社会头子,一次又一次摆脱牢狱之灾。为了感谢他,黑社会头子给了他很高的报酬和红利。但是,铁石心肠的埃迪,心中也有一块柔软的地方,那就是他的儿子。他深爱他的儿子,希望他拥有世界上最好的一切——最好的衣食、最好的汽车,并享受最好的教育。他最希望儿子将来能走正道,然而,他发现,要让儿子走正道,他有两样东西始终无法给予——好名声和好榜样。经过一番思想斗争,终于有一天,埃迪决心改邪归正。他向警方揭露了黑社会头子的滔天罪行,但这是以他的生命作为代价的。如他所愿,他的儿子奥黑尔长大后成为"二战"中美国海军的第一位王牌飞行员,也是第一位获得国会荣誉奖章的海军飞行员。"二战"中,奥黑尔在一次空战中阵亡,为了纪念这位英雄,他的家乡建立了芝加哥奥黑尔国际机场。由此看见,子女责任感的形成过程是一个在人际交往中观察、模仿他人责任行为的学习过程。

父母是子女经常接触、观察、学习、模仿的对象。家长的言行对子女的影响最深,父母的责任感会通过生活小事点点滴滴传递给学生。子女对家庭的责任感、对社会的责任感,都是在家庭生活中和与社会的接触中汲取有价值的、宝贵的营养而形成与发展起来的。所以,父母应该用自己良好的道德品质去浇灌子女的责任心。这样,子女会真正理解父母的深厚情感,明白做

人的道理,为自己和家人负责任。

相关链接 9-10

　　老谭有下班关手机的习惯。前些日子,老谭与同事老徐一起出差,同住一屋。老徐的生活习惯与老谭差不多,但有一点让老谭难受,晚上,老徐不关手机。有时,睡眠正酣,就有电话打来,往往是骚扰电话,却害得老谭一夜无眠,老徐很是抱歉。忍了两夜,等到第三天,老谭对老徐说:"老兄,晚上,你把手机关了吧,影响休息。"

　　老徐说:"老弟,手机不能关啊,我家里老母亲都 80 岁了,身板还硬朗,只是老年人了,要是夜里起床摔倒,或是突然生病,她打我电话打不通,那可糟了。"老谭说:"你在外地,即使那些事情发生,你也赶不回去啊!"

　　老徐说:"我能接电话,对老人而言,也是安慰,电话通了,老母亲感觉我就在她身边,她就踏实一些。我也可以想办法,比如联系邻居,或是联系医院去急救。现在,交通方便,我可以马上回去。很多病症,时间就是生命,早一分钟,就多一分安全把握。总不能因为有人打扰你,你就连父母的事都不管吧。被扰事小,父母事大。"

　　听了老徐一席话,从此,老谭夜里也不关机了,手机 24 小时都开着,保持电话畅通状态。

　　资料来源:刘诚龙. 父母在不关机[J]. 黄河黄土黄种人,2009(2).

【问题与讨论】

　　1. 你对文中老徐"父母在,不关机"的行为是否赞同? 为什么?

　　2. "父母在,不关机"实际上表达了一种什么思想?

---

3. 培育同理心,将心比心,就事论事

　　同理心就是站在对方立场设身处地思考的一种方式。同理心要求体会对方的情绪和想法、理解对方的立场和感受,最重要的是要站在对方的角度来理解问题,将心比心,这样就知道对方为什么会那么想,从而更能理解对方的做法,减少误会和冲突。

　　社会心理学家认为无论在家庭人际交往中发现什么问题,只要能坚持设身处地、将心比心,尽量了解并重视亲人的想法,就比较容易找到解决问题的方法。尤其在发生冲突和误解时,当事人如果能够把自己放在亲人的处境中想一想,也许就可以了解到对方的立场和初衷,进而求同存异、消除误会。亲人之间冲突的来源,通常起源于对彼此的误解,或是一方态度咄咄逼人,或是一方拉不下脸来,或是情绪过于激动,或是过于固执己见……其实这些都是可以避免的。有了同理心,亲人之间将不会处处挑剔对方,抱怨、责怪、嘲笑、讥讽便也大大减少;取而代之的是赞赏、鼓励、谅解、扶持。这样一来,亲人之间的相处自然会变得愉快、和谐。

9.3.2　确立正确的幸福认知

　　幸福观是人们对自身所具备的生存与发展条件的一种肯定的情感体验。建立幸福的家庭,家庭主体的家庭幸福观非常重要。

　　一要深刻理解幸福,正确定位幸福。注意把握物质幸福和精神愉悦的和谐统一,既要追求富足的物质生活,又要积极培养愉悦的精神幸福,不断增强对幸福的感受能力。

　　二要理性感受幸福。幸福不是索取,不是攀比,不是逃避,更不是占据物质财富的多少,而

是付出和给予,这样亲人之间才能感知到自己生命的存在是有用的、有价值的,从而感受到真正的幸福。

9.3.3　坚持民主与平等的原则

民主与平等的原则是创建幸福家庭的重要基础。有两则消息:一则是某初中一年级男生经常因犯错被父亲打罚。一次他又犯了错误。父亲罚他跪在那里,孩子很伤心,从早一直跪到晚,不吃不喝。父亲慌了,在万般无奈的情况下,当父亲的又给儿子下跪,恳求儿子起来。另一则是一夫妇老来得子,对儿子百依百顺,在两人的溺爱下,儿子骄横跋扈。有一次,父亲哀求孩子好好学习,被儿子一脚踹在腰部,母亲上前劝说,又被儿子踹在脸上。长此以往,事情发展到某一天儿子不知何故大喊一声:跪下!让两位五十多岁的双亲给他跪下,磕不响头不许起来,两人流着泪跪下,围观的人感慨:如果子女再如此发展下去,下一步就有可能把父母打死了。

以上这两个家庭的亲情关系都是不正常的,前者片面强调家庭中父母的权威、支配地位,以及子女在家庭中被动、顺从的附属地位,后者则是家长对子女一味忍让,这都会影响家庭的幸福。所以,创建幸福家庭,父母要有民主平等的思想,既要摈弃传统的家长作风,不能忽视子女的独立人格,剥夺子女的各种权利,父母与子女之间应该相互了解、相互接纳、相互学习、相互爱护。同时,父母也不能一味只关心子女衣食住行和学习成绩,更要关注子女的心理发展和健康人格的培养,了解子女心中真实的想法,让子女发表自己的见解,同时要尊重子女合理的愿望和要求。这样,才能和子女建立民主平等、相互尊重的亲子关系。

9.3.4　掌握良好的沟通技巧

据调查,对家庭中亲子沟通互动,父母一方的体验如何呢? 30.4%有愉悦感受;44.8%有宽松感受;1.5%有紧张感受;10.2%有困难感受;13.0%有无奈感觉。总计有1/4的家长有消极的情感体验。那么,什么原因导致了这种结果呢?因为有40%家长缺少良好的沟通技巧与方法。

调查结果显示,37.9%的家长认为子女大了,有自己的见解,家长讲话他(她)不大愿意接受;21.9%认为子女太小,好多道理讲不清;18.6%认为现在社会变化太快了,家长不知道怎样告诉子女去适应社会;9.7%认为相处的时间太少。在沟通的内容上,27.8%只谈子女的学习;在沟通的方法上,6.0%家长仍然以家长制自居,以命令口吻说话或把自己的意见强加于子女;只有13.2%的家长能以民主平等的态度尊重子女;1.1%的家长则自叹无法与子女沟通。可见,掌握良好的沟通技巧,建立有效的沟通桥梁对于构建和谐家庭是非常关键的。

那么,如何让子女领会父母心,懂得珍重亲情呢?

1. 把养育子女的辛苦告诉子女,让子女知道亲情互动的道理

亲情是需要互动的。这种互动首先要求父母爱子女,时刻把子女的安危冷暖挂在心上,珍视子女的每一点感受,关注子女的每一点变化,让子女时时都能感到家人的浓浓亲情。其次要求子女爱父母,珍视父辈、祖辈对自己的期望和要求,除了在校努力学习外,在家能体谅父母关爱自己的良苦用心,知道父母工作的艰辛,支撑家庭的不易,对父母的付出有一颗感恩之心,能主动对父母嘘寒问暖,在他们需要帮助的时候能助他们一臂之力,使父母有一种舒心、愉悦、有寄托、有盼头的感觉。最后,对于大学生而言,也许可以用以下方式去爱父母。

（1）尽量好好学习，拿出优异的成绩，即使学得不是很好，也让他们知道你很努力。

（2）放假时能回家就尽量回家。如果回家，一定安排时间陪父母，带他们吃饭，陪他们上街，而不要只是和同学喝酒、K歌。

（3）定期地给父母打电话，最好写信。因为在这个时代，写信的作用更好，用手写，让他们知道给他们写信的是他们的子女，而不是打印机或计算机。

（4）把你生活、学习、恋爱中的喜怒哀乐和父母沟通，他们不希望大学把你培养成一个陌生人，你在他们眼里永远是他们的子女。他们也许会有些抱怨，但请相信父母是爱你的。

（5）绝对不要为了让消费上档次而向父母要更多的生活费；相反，你应该合理地计划自己的开支，因为你已经逐渐长大了。

（6）认真关注父母的身体状况，询问他们有没有什么病痛。当你感觉自己越来越强壮的时候，你应该意识到父母的身体也许已经不是那么健康了。这个时候你应该明白，父母开始需要你关心和照顾了。

（7）不要忘记父母的生日和其他重要日子，不需要买什么礼物，寄一张贺卡，写上让他们宽慰的话语，让他们知道你是爱他们的。

（8）倾听他们的唠叨，不要觉得厌烦，更不要和父母大吵大闹。父母的人生经历是你积累不了的，他们只是在担心你才会对你啰唆。

（9）避免危险的活动，注意自己的人身安全，在父母的心里没有什么比你的生命健康更重要的了。

2. 通过字条、书信、电话、网络和手机短信，加强和子女的沟通

父母和子女培育感情的方式有很多，在信息技术如此发达的今天，即使不能和子女天天见面，也可通过各种手段与子女保持密切的联系。子女放学回到家，看到空无一人的房子，心中免不了会产生一种孤独的感觉。如果这个时候，子女能在茶几上、餐桌上发现父母留给他们的饱含温情的字条，孤独感就会骤然减少。时代在发展，亲子间交流的工具在不断增多。书信适合比较严肃、深入、冷静的交流；电话、网络和手机短信适合快捷、及时、面对面的交流。亲人间只要充分利用了这些便捷的工具，亲情就会进一步得到浓缩和伸延。除此之外，在生活中，父母还可以用以下方式去和子女沟通。

（1）关心的眼神。在和子女说话时，父母一定要用关心的眼神注视着子女，随时注意子女的表情、行为，以适时给予辅导与协助，这也能让子女有更多被重视的感觉。

（2）多使用短句。和子女说话时，如果要充分吸引子女的注意力，就一定要让子女能听明白。因此，使用的句子最好短一些，并且要重复自己所说的话，直到子女了解为止。

（3）语调有变化。在不影响别人的情况下，说话的语调可以高一些，或者有一些高低起伏、抑扬顿挫的变化，这样更能吸引子女来注意倾听。

（4）内容要具体。说话的内容要具体，而且是说现在的事，否则子女提不起足够的兴趣来交流。

（5）语气要温柔。不要老是用责备的语气，多使用温柔、建议的语气，如"不然，你说说看……""妈妈很想听听你的想法"，这样一来沟通的气氛才会好，子女也更愿意说出自己的心事。

（6）要面带微笑。当子女愿意说出自己的心事时，要面带微笑注意倾听，这样子女才觉得父母对自己很关心、很重视。千万不要边做其他事边听子女说话，那样子女今后可能就不愿意和父母交流了。

(7) 能发现优点。父母应该主动发现子女的优点,及时给予鼓励。要知道,奖励往往比惩罚更有效,而且亲子关系也不致太紧张。

(8) 会换位思考。要将心比心,父母应该多站在子女的立场去考虑事情,这有助于进入子女的内心世界,让彼此之间更贴近。

相关链接 9-11

有一类家庭犹如钢管,父母对子女的情感较为冷漠、坚硬。他们给予子女的成长空间犹如管道般狭窄,子女在里面无论如何也不能触及更开阔的世界,享受不到外界的风和日丽。心灵上最珍贵的天性之花,在这样的空间里,只能开一朵,灭一朵,到最后,只剩下一片杂草丛生的荒芜。而这些子女,却再也无力向上攀爬。

"钢管家庭"中的父母不了解,子女对父母的精神需求远比物质需求更强烈,他们需要父母在精神上的关爱。在任何时候,隐性的、精神方面的因素都比物质方面的内容重要得多,子女对父母的精神需求远比物质需求更强烈。而在精神因素中,最基本和最重要的内容则是父母公正无私的"爱"。但在现实生活中,父母往往更重视孩子智力方面的物质投入,只关心考试分数,很少顾及子女在各个阶段不同的心理需求,从而忽略了对子女健康人格的培养。

资料来源:阮梅,孙云晓. 拿什么来爱你,我的孩子[M]. 长沙:湖南文艺出版社,2011.

【问题与讨论】

1. "钢管家庭"的特征是什么?

2. 请结合实际分析"钢管家庭"的危害。

3. 关爱父母、长辈,给子女做榜样

父母是子女人生道路的引路人。父母尊敬长辈,对长辈尽职尽责,子女也会学着父母尊敬长辈,爱长辈;父母关爱亲人,把大家庭的人牢记心中,带着子女经常走访一些亲戚,或在家经常接待一些远近亲戚,子女自然就会记住一些亲戚的名字,对亲人间的走动、交流充满感激和向往。如果父母借口工作忙,不愿参加大家庭的聚会,不愿回家看老人,子女就很难形成大家庭的意识,长大也不愿回家看老人。如果父母不主动消除和老人的隔阂和误解,子女在和父母发生争执后,也会学着父母的样子,拒不认错。如果父母借口经济紧张,逃避赡养老人的责任,子女长大后也会借口经济紧张,逃避赡养父母的责任。

9.3.5 建立良好的家庭人文环境

随着全社会物质生活的改善,每个家庭都有了住房的"宽度"、家用电器的"高度",却往往缺少人文关怀的"温度"。家庭的人文环境对子女的成长起着奠基作用,这是一种隐性环境、一种心理环境,是金钱不能代替的。

有一个单亲妈妈事业非常成功,个人资产有上千万元。儿子 17 岁时,她给他买了辆宝马车;儿子 18 岁时,她给他买了套房子。儿子 19 岁时对她说:"妈妈,你知道我哪天最高兴吗?就是你死的那天。你死了你的钱都是我的。"她这才知道把钱留给子女留错了,应该把人生的奋斗目标、创业精神留给子女。后来,她把儿子送去培训、接受磨炼,两年后儿子更加成熟了,终于懂得了妈妈的良苦用心。因此,子女的成长离不开家庭教育环境。良好的环境是子女的好老师,不良的环境是子女的教唆犯。父母应当构建良好的家庭人文环境。不同的家庭人文环境其模式是千姿百态的,但构建良好的家庭人文环境的基本要素是相通的,其中主要因素有:崇尚学习,跨越代沟,沟通对话,情感支持,生活中学习,共同分享,自我改变等。只要积极去构建具有上述因素的家庭人文环境,家庭幸福的内涵将更为丰富。

问题与讨论

1. 结合实际谈谈亲情的价值是什么。
2. 如何理解亲情表露的重要性?
3. 如何在现实生活中把握亲情回归与幸福的技巧?

实 训 练 习

1. 亲情测试

下面是一份大学生如何看待亲情的调查问卷,根据自己的实际情况进行回答。

(1) 你是否会经常从家人的角度去思考问题?

  A. 经常会(2分)　　　　B. 偶尔(1分)　　　　C. 从不(0分)

(2) 离开家后一般多久与家里联系一次?

  A. 一星期以内(2分)　　B. 两星期以内(1分)　　C. 两星期以上(0分)

(3) 是你主动联系家里还是家人主动联系你?

  A. 我主动(2分)　　　　B. 双方都主动(1分)　　C. 家人主动(0分)

(4) 你是否会在家人生日那天与家人取得联系并送上你的祝福?

  A. 会(2分)　　　　　　B. 以前没有但以后会(1分)　C. 不会(0分)

(5) 回家后一般花多长时间与家人在一起?

  A. 大部分时间(2分)　　B. 一部分时间(1分)　　C. 小部分时间(0分)

(6) 有机会是否与家人谈过心?

  A. 经常(2分)　　　　　B. 偶尔会(1分)　　　　C. 不想(0分)

(7) 你是否对父母表示过感谢或做过这方面的实际行动?

  A. 有过(2分)　　　　　B. 以前没有但将来会(1分)　C. 从来没有(0分)

(8) 对家人的关心,你是怎样看的?

  A. 很感激(2分)　　　　B. 天经地义(1分)　　　C. 没什么感觉(0分)

(9) 当你认为你的想法不被父母理解时,你会采取什么样的态度?

  A. 寻找机会,再次沟通(2分)　B. 据理力争(1分)　　C. 保持沉默(0分)

(10) 父母年纪大了,免不了啰唆,遇到这种情况,你会怎样?

  A. 很理解,乐意当他们的听众(2分)

  B. 视心情而定(1分)

  C. 很不耐烦,马上打断(0分)

思考与讨论

测试自己与亲人之间的关系状况。

结果解释

以上 10 题满分为 20 分,如果你的得分在 17 分以上,那么说明你与亲人的相处很好,而且,你能从与亲人的相处中,得到许多乐趣;12～16 分之间为一般;11 分以下说明你与亲人的相处存在比较大的问题,必须要注意与亲人的沟通。

2. 开展感恩活动——我所了解的父母

活动目的:让学生加深对自己父母的了解,感激父母的养育之恩。让学生把感恩意识融入自己的日常生活中。

活动时间:25 分钟左右。

活动准备:歌曲《感恩的心》;每个同学填写一份"我所了解的父母"的问卷,主要内容如下:

爸爸的生日	妈妈的生日
爸爸最喜欢吃的食品	妈妈最喜欢吃的食品
爸爸所穿鞋子的尺码	妈妈所穿鞋子的尺码
爸爸的兴趣爱好	妈妈的兴趣爱好
爸爸年轻时的理想	妈妈年轻时的理想
爸爸最得意的一件事	妈妈最得意的一件事
爸爸最后悔的一件事	妈妈最后悔的一件事
爸爸的最大优点	妈妈的最大优点
爸爸对我的期望	妈妈对我的期望

活动方法:

(1) 教师引入——"父母不只给了我们生命,还养育我们成长,父母为我们付出了很多,而你对他们有多少了解呢?"

(2) 我所了解的父母——播放背景音乐《感恩的心》,给学生 5 分钟的时间,让学生填写"我所了解的父母"问卷。

(3) 学生填写完后,让一部分学生起来分享他们对父母的了解。

注意事项:在分享的时候,一定要向学生说明要本着真诚、认真的态度。有的学生不知道父母的生日,又害怕同桌或周围的同学看不起自己,就随便填一个生日数字。对于其他问题,个别学生觉得是自己家的隐私问题,不愿意回答,此时教师就不要强求学生回答。

参考资料:蔺桂瑞、杨芷英. 大学生心理健康与人生发展——成长,从关爱心灵开始[M]. 北京:高等教育出版社,2010.

3. 组织一次辩论赛

活动目的:通过激烈的辩论,从多角度追根溯源,深入挖掘,使学生澄清在亲情问题上的一些疑惑和困扰,对亲情问题的认识由特征层面深入本质层面,加深对父母的了解,感激父母的养育之恩。

活动时间:50 分钟左右。

活动方法:教师公布辩论题目,比赛前将学生分组,抽签决定比赛正反双方。给学生充足的准备时间。比赛由学生主持,全过程分为五个阶段:陈词阶段,攻辩阶段,小结阶段,自由辩论阶段和总结陈词阶段。最后是指导教师进行点评。

参考辩题

(1) 代沟的责任在于父母/子女

(2) 父母是否有权决定子女未来

(3) 父母的教诲是否需静听

(4) 父母对我们的精神付出和物质付出哪个更重要

（5）提议给父母磕头感恩是否可取

……

4. 写一封致全班同学的倡议书——感恩于心，回报于行

爱要说出来，呼吁母亲节这天，大声向妈妈说句："我爱你！"

拓 展 阅 读

火车六年不到站

我到武警医院看望哥哥时，意外遇到两个老乡。他们是兄弟俩，弟弟因为车祸住进医院。"你弟弟住院多久了？""6 年。"

"6 年？"我震惊。

他弟弟能说能笑，只是走不了路，记忆力很差。他记不起任何人，除了他哥哥。

半夜，我听到弟弟说："哥，什么时候下车，别忘了喊我起来。"

"知道了。"

这样的对话，一晚上至少有 5 次。第二天，我问起这事，他告诉我，弟弟是在 6 年前回家时被车撞的，出事时，刚下火车，所以醒来后，一直以为自己还在火车上。

他总是趁弟弟睡着的时候，默默地踱到外面抽会儿烟。从 25 岁到现在，他把自己最美好的青春全耗在了医院里。

这天，弟弟吃了药，睡得很沉。他找到我，说："你去不去逛街？"我惊讶地问："这里有街可逛吗？"他兴冲冲地说："我带你去。"

从医院走出来，他兴奋地说，他要去买件衣服，很久没有买新衣服了。这里很荒凉，过了河才有集市。我们乘船过去，那里只有十几家商铺。他来来回回逛了好几趟，最后，他买了只烧鸡，说他弟弟从小就好这口。准备往回走的时候，他看看手表惊呼："下午 4 点了，弟弟一定醒了！"我们飞快地跑到了江边，发现一只船停在岸边。他扯开喉咙喊："开船的呢？"旁边的老板说："那人吃饭去了，要一会儿才能回来。"他很着急，我安慰他："你弟弟醒来，护士会照顾他的。"他不听，开始脱衣服。

我惊呼："你干吗？"

"我游过去。"

"天这么冷，你会冻坏的。"

他挣脱我的手，跳进河里。那可是冬天啊！

街上的人全跑来看热闹："有人跳水了！"

我看着他把衣服、烧鸡顶在头上，一点一点地向对岸游去。直到他上岸，我才松了口气。他在对岸向我挥挥手，然后一边穿衣服一边向医院跑去。

当我回到医院时，看到他坐在床上看着弟弟吃烧鸡。弟弟好像哭了很久，一边抽泣，一边吃烧鸡："哥，我以为你先下车了呢。"

"怎么会呢？要下车，我一定会喊你一起下的。"

弟弟点点头："那我们什么时候下车？"他肯定地说："明天就到了。"

我转过头，泪流满面。这路真长，火车一坐就是 6 年，也许，还要坐很多年。

资料来源：魏岚 . 火车六年不到站[J]. 写作，2012(Z2).

问卷调查

在一所大学，一位老教授面带微笑，走进教室，告诉同学们今天的课堂作业是做一项问卷调查。问卷表发下来，同学们一看，只有两道题。

（1）他很爱她，她细细的瓜子脸，弯弯的蛾眉，面色白皙，美丽动人。可是有一天，她不幸遇上了车祸，痊愈后，脸上留下几道大大的丑陋疤痕。你认为他会一如既往地爱她吗？

    A. 他一定会   B. 他一定不会   C. 他可能会

（2）她很爱他。他是商界的精英，儒雅沉稳，敢打敢拼。忽然有一天，他破产了。你觉得，她还会像以前一样爱他吗？

    A. 她一定会   B. 她一定不会   C. 她可能会

一会儿，同学们就做好了。问卷收上来，教授一统计，发现：

第一题有10%的同学选A，10%的同学选B，80%的同学选C。

第二题有30%的同学选A，30%的同学选B，40%的同学选C。

"看来，美女毁容比男人破产，更让人不能容忍啊。"教授笑了，"做这两题时，潜意识里，你们是不是把他和她当成了恋人关系？"

"是啊。"同学们答得很整齐。

"可是，题目本身并没有说他和她是恋人关系啊？"教授意味深长地看着大家，"现在，我们来假设一下，如果，第一题中的'他'是'她'的父亲，第二题中的'她'是'他'的母亲。让你把这两道题重新做一遍，你还会坚持原来的选择吗？"

问卷再次发到同学们的手中，教室里忽然变得非常宁静，一张张年轻的面庞变得凝重而深沉。几分钟后，问卷收了上来，教授统计了结果，两道题，同学们都100%地选了A。

教授的语调深沉而动情："这个世界上，有一种爱，亘古绵长，无私无求；不因季节更替，不因名利浮沉，这就是父母的爱！你的什么都可以改变，但请记住，永恒的、唯一的亲情永不改变！"

父 亲 的 咒

63岁的父亲，还没老，可他特烦人。自从给他装了电话后，他隔三岔五打来电话问：快放假了，你们回家吗？

我在部队工作，即使节假日，也有忙不完的事。我在电话里解释了半天，他仿佛没听清楚似的问：是说回来吗？哦，不回来？然后，他通常会把电话再交给母亲，让母亲再絮絮叨叨地问我一遍。

母亲是一个健谈的人，和她通电话，没有十分钟，话是讲不完的。什么父亲采了很多你爱吃的菱角，还有院子里的那棵梨树，结满了梨子，你回来尝尝吧。

我叹气说：事情多，请不到假呢！这个时候，我听见话筒里突然传来了父亲的声音，他着急地说：你就说，父亲病重，快不行了！

父亲怎能咒自己呢？他虽然得了癌症，但病情一直很稳定的。他一定是想我们想疯了，出此下策。于是我心一软，告诉他，容我给领导说说看，如果请到假，我一定回家去看看。听说我要请假回家去看看，电话里的父亲竟高兴得说不出话来，他像怕我会变卦似的，啪一声挂断了电话。

后来，姑姑打电话告诉我：你爸病重了，你快回来看看吧。我立即朝家里打电话，可家里的电话始终无人接听。看来，父亲的癌症是真复发了。我急急忙忙请了假，带上妻儿坐上回家的车，一路上，我都在焦急地想着重病中的父亲会是什么样。

出乎我的预料，还未进入家门，父亲就过来迎接我们了。我哭笑不得，责怪他们不该开如此玩笑。

可父亲似乎全然不理会这些，只顾在一边傻笑着。吃饭时，父亲端来母亲做的鸭汤，还一个劲地说，这只鸭子，可是从猪獾的嘴里夺来的。母亲告诉我们，有一天深夜，在睡梦中，父亲隐约听见外面有动静，起床发现，原来是一只猪獾，正叼了鸭子走。父亲起身去追，夜色中摔了3个跟头。母亲讲这个故事时，父亲只顾看着我们津津有味地吃着鸭子，眼神里流露出无比的自豪。

在老家几天后，我们该返城了。母亲从菜园里采摘了许多蔬菜装进蛇皮口袋里时，父亲说，这蛇皮口袋沉，不好提，等下我送你们上车。当父亲提着蛇皮口袋歪歪扭扭送我们到车上时，直到车子快要开了，他才慌忙下车。就在他下车那一刻，我发现他的裤脚，被车门夹住，差点跌倒。我背过脸去，任由眼泪奔涌而出。

那次回家后，在电话里，父亲好久都没有问我回家的事。我只知道，他和母亲都好，这个消息对我来说，比什么都重要。一晃3个月过去了，那天，我又接到姑姑的电话。她说：你爸病了，很重，快回来吧。我说：姑姑，你是不是又开玩笑了？她说：是真的。我将信将疑，赶紧坐车朝老家奔去。快到家门口时，和往常不太一样，不仅父亲没有出门迎接，就连母亲，也看不到身影。我的心里突然有了不祥的预感。

当我跨进堂屋，发现父亲已经离开人世了，我的眼泪不禁决堤而出。母亲哭着说，就在你们上次回家时，你爸就知道自己的病没得救了。他没有告诉任何人，父亲走得很安详，他的病情加重后，知道我在部队很忙，坚决让母亲对我封锁消息。想不到，那段时间，父亲在电话里，总爱问我回不回老家，原来，他是想让我在他有生之年，能够回家再陪他吃一顿饭，和他再拉一次家常。而我，竟然以为那一次，父亲是在咒自己，是为了我能回家去看他。

资料来源：钱永广. 父亲的咒[J]. 意林文汇，2012(01).

十亿元也买不到的小书桌

每天临睡前，我总会在小书桌前静坐片刻，仔细触摸墨迹斑斑的桌面，回想小书桌和我之间的种种。

从前，敲敲打打是爸爸的嗜好，而我则经常缠着他，在他身边担任递钉锤的工作。

小学三年级的一天下午，爸爸又在动不知名的工程，我则像小帮手般地递工具、材料。等到完工以后，才知道是为我而"钉"做的小书桌、小椅子。

第一次坐在书桌前怎么也没法子专心写功课、念书，因为我的胸口涨满了骄傲与满足，觉得自己长大了，受到重视了。

从此，小书桌成了我独享的小天地。

我一天天长大，小书桌也逐渐塞满了我的小秘密。最后，我大到无法缩在小书桌前读书写字。爸爸特地又为我把书桌腿加长了好几寸，也为抽屉加了锁，好让我安心珍藏秘密。

好几年以后，我答应了男朋友的求婚，这书桌自然成了我的嫁妆。但男朋友却千方百计想说服我，放弃这又脏又破的小书桌。

他说："我会为你再添一张既实用又豪华的书桌，那张小书桌，就留给你弟弟吧！"

我一口拒绝："不！我跟小书桌已经有二十几年的感情了，无法割舍。"

男朋友恼羞成怒地说："如果你把这张五八怪的小书桌带进新房，那么我就得重新衡量我们之间的感情。"

　　最后老公让了步，我还是把小书桌搬进了新居。于是小书桌又像以前一样伴我欢笑、哀愁。每当我与老公为了小事大吵一番时，我总会抽抽噎噎地对着小书桌倾诉我的委屈，而老公总是不解地说："我的天呀！你感情也太丰富了吧，对一张小桌子也能说上半天的话。"

　　我想，他永远不会懂的，因为，小书桌对我来说，就等于是父亲对我的爱。

　　每当我坐在书桌前，似乎又看见父亲拿着铁锤敲敲打打的模样，也看见这二十几年来，书桌陪我走过的无数欢笑和伤心的画面。

　　有一天，老公问我这小书桌要卖多少钱，他愿意花钱买下它好把它送走。

　　我说："就算你拿 10 亿元来，我也不卖！"

　　我很清楚，父亲给我的爱是再多金钱也买不到的。

　　小时候，父亲的工作所得不多，家里很穷，我却拥有十亿元都买不到的"真情"。

资料来源：何书沂．真爱像一壶热的茶[M]．北京：现代出版社，2003．

参 考 文 献

[1] 张应杭. 人生哲学论[M]. 杭州:浙江大学出版社,2000.

[2] 时蓉华. 现代社会心理学[M]. 上海:华东师范大学出版社,1997.

[3] 杨国枢. 华人本土心理学[M]. 重庆:重庆大学出版社,2011.

[4] 李宗吾. 厚黑学[M]. 北京:群言出版社,2006.

[5] 曾仕强. 人际关系与沟通[M]. 北京:清华大学出版社,2011.

[6] 曾仕强. 圆通的人际关系[M]. 北京:北京大学出版社,2008.

[7] 郭腾尹. 人脉是画出来的:用曼陀罗提升你的人脉经营[M]. 北京:北京大学出版社,2011.

[8] 李克. 杜拉拉升职记[M]. 西安:陕西师范大学出版社,2007.

[9] 戴尔·卡耐基. 人性的弱点全集[M]. 林杰,译. 北京:百花洲文艺出版社,2009.

[10] 张岩松,孟顺英,樊桂林,等. 人际沟通与语言艺术[M]. 北京:清华大学出版社,2010.

[11] 王庆. 20 几岁就定位[M]. 北京:中国长安出版社,2011.

[12] 张文光. 人际关系与沟通[M]. 北京:机械工业出版社,2009.

[13] 贺淑曼,聂振伟,金树湘,等. 人际交往与人才发展[M]. 北京:世界图书出版社,1999.

[14] 常桦. 中国式人脉[M]. 武汉:武汉大学出版社,2006.

[15] 张岩松. 现代交际礼仪[M]. 北京:中国社会科学出版社,2006.

[16] 卢孟来. 古典散文美化口才[M]. 呼和浩特:内蒙古文化出版社,2008.

[17] 李树斌. 领导口才全书[M]. 北京:线装书局出版社,2008.

[18] 亚伦·皮斯,芭芭拉·皮斯. 身体语言密码[M]. 王甜甜,黄佼,译. 北京:中国城市出版社,2008.

[19] 郭鹏. 史上最强的沟通术[M]. 北京:机械工业出版社,2009.

[20] 史锋. 人际沟通与礼仪[M]. 北京:北京师范大学出版社,2011.

[21] 柏莹. 秘书人际沟通[M]. 北京:中国人民大学出版社,2011.

[22] 刘维亚. 口才与演讲教程[M]. 武汉:华中师范大学出版社,2007.

[23] 郭庆光. 传播学教程[M]. 北京:中国人民大学出版社,1999.

[24] 谭一平. 秘书人际关系与沟通实务[M]. 北京:外语教学与研究出版社,2009.

[25] 王育. 秘书实务[M]. 北京:高等教育出版社,2009.

[26] 赵中利. 现代秘书心理学[M]. 北京:高等教育出版社,2008.

[27] 刘金章,孙可娜. 现代人力资源管理[M]. 北京:高等教育出版社,2007.

[28] 张喜春,刘康声,盛暑寒. 人际交流艺术[M]. 北京:清华大学出版社,2009.

[29] 许玲. 人际沟通与交流[M]. 北京:清华大学出版社,2007.

[30] 金正昆. 公关礼仪[M]. 西安:陕西师范大学出版社,2007.

[31] 龙妮妮,郭凌辉. 学生的情感世界——亲情·友情·爱情[M]. 武汉:武汉大学出版社,2006.

[32] 石晓轩. 青少年探索文库:友情永恒[M]. 长春:吉林人民出版社,2011.

[33] 吴守贞. 让友情和爱充满心灵[M]. 北京:中国青年出版社,2006.

[34] 吴鳏. 让青少年学会感恩友情的经典故事(最新版)[M]. 合肥:安徽人民出版社,2011.

[35] 沈洲. 婚姻的 30 个忠告[M]. 北京:中国城市出版社,2002.

[36] 阿图. 爱情的 30 个忠告[M]. 北京:中国城市出版社,2002.

[37] 余心言,尤畏. 恋爱与婚姻[M]. 沈阳:辽宁科学技术出版社,1981.

[38] 周裕新. 公关礼仪艺术[M]. 上海:同济大学出版社,2004.

[39] 张践. 公共关系:从理论到实务[M]. 北京:人民出版社,2003.

[40] 白巍. 公关礼仪[M]. 北京:中国经济出版社,2008.

［41］秦启文．公共关系与公关礼仪［M］．重庆：西南师范大学出版社，1999．

［42］姚明．谈当代大学生亲情教育［J］．工会论坛，2006(9)．

［43］袁艳红．大学生亲情教育：本义、困境与优化策略［J］．山东省青年管理干部学院学报，2011(3)．

［44］唐海珍，李国强．当代大学生亲情观调查研究［J］．长沙民政职业技术学院学报，2006(9)．

［45］赵志毅．论大学生友情教育——兼议大学生正确人际交往观的形成［J］．南京师范大学学报：社会科学版，2004(5)．

［46］杜斌，李亭．论当代大学生亲情意识淡化的原因及对策［J］．当代教育论坛(宏观教育研究)，2008(10)．